KB069670

청소년을 위한
멘토링 이해와 실제

권일남 · 마상욱 · 김세광 공저

학지사

멘토(mentor)는 고대 그리스의 문호인 호메로스가 쓴 서사시 『오디세이(*The Odyssey*)』에서 그 문헌적 유래를 찾아볼 수 있다. B.C. 1200년경 오디세우스(Odysseus)가 전쟁을 하기 위해 집을 떠나면서 친구인 멘토(Mentor)에게 자신의 아들인 텔레마쿠스(Telemachus) 왕자를 도와 그의 왕국을 잘 보호하고 장차 통치자로서 인도해 줄 것을 부탁하였다. 오디세우스가 전쟁에서 돌아오기까지 약 20년 동안 멘토는 텔레마쿠스의 친구이자 아버지, 선생님, 상담자로서의 역할을 맡아 수행했고, 텔레마쿠스가 왕국을 통치할 수 있도록 훌륭한 지도자로 성장시켰다. 이러한 기원에 의해 '멘토'라는 용어는 그 분야에서 경험이 많은 사람이 상호 신뢰적 관계 속에서 경험이 적은 사람에게 조언, 상담, 지원을 제공하고, 지식을 기꺼이 공유하려는 사람이라는 의미로 쓰여 왔다.

즉, 지식과 경험이 많은 사람이 대상자를 꾸준히 지도하고 조언하면서 그 대상자의 실력과 잠재력을 향상시키는 것 또는 그러한 체계를 '멘토링(mentoring)'이라고 한다. 이때 스승의 역할을 하는 사람을 '멘토(mentor)', 지도를 받는 사람을 '멘티(mentee)'라고 한다. 멘토링은 멘토와 멘티 사이의 의도적이고 목적 지향적인 관계를 엮어 가는 과정을 의미한다(김세웅, 장경로, 2005).

멘토는 역량, 지식과 지혜, 긍정적 가치관을 갖춘 사람으로서 멘티에게 건강한 역할모델이 된다. 인간은 본능적으로 타인을 모방하려는 심리적인 욕구가 있다. 따라서 긍정적 역할모델이 있다는 것은 인간의 성장에 좋은 영향을 미치게 된다. 이러한 멘토링의 역사는 그리스 신화에서부터 시작되어 중세 도제 형태의 기술지도 그리고 산업사회 이후 미국의 빅브라더·빅시스터 운동으로 이어져 왔다. 현재 멘토링은 전 세계적으로 널리 시행되고 있으며, 멘토링 프로그램은 청소년의 학업 성취, 자아의식, 사회적 행동 및 대인관계를 향상시키는 데 도움이 되는 것으로 그 효과성이 입증되고 있다(김수임, 윤숙경, 이자명, 신선임, 김은향, 2012).

멘토를 단순히 기술을 알려 주는 사람에서 전인적인 돌봄을 하는 스승으로까지 광범위하게 이해하고 있는 것이 현실이다. 멘토링은 학교 수업과 같이 책상에서만 이루어지는 것이 아니라 직접 지도하는 삶의 전 영역에서 이루어진다. 또한 선생님이 다수의 학생에게 지식을 전달하는 방식이 아닌 일대일의 지도 방식을 가진다. 이는 산업사회 이후 학교를 중심으로 한 대량 지식의 전달 방식에 대한 비판적 시도라고 볼 수 있다.

멘토링은 학교교육으로 대표되는 공교육의 부족한 점을 보충할 수 있는 전인교육을 제공한다. 특히 멘토링은 청소년의 경우 에릭슨의 주장대로 '나는 누구인가?'와 '무엇을 할 것인가?'라는 자아 정체성과 진로에 관한 핵심 과업을 완성하기 위한 중요한 교육적 대안이라고 할 수 있다. 그 예로는 교육분야에서 잘 알려진 애니 설리번과 헬렌 켈러와 같은 관계를 들 수 있다. 즉, 멘토링은 단순히 인지교육에서 그치는 것이 아니라 정서와 행동까지 아우르는 전인적인 지도를 의미한다.

최근에 청소년과 관련해서 연구되고 있는 학습 멘토링 역시 학업 성취도에 있어서 인지·정서·행동이 골고루 영향을 미친다는 결론을 발표하고 있다. 우리나라의 경우 자아정체성을 찾는 중요한 과업보다 입시와 관련된 학업 스트레스가 청소년기에 많은 영향을 미치고 있다. 그 결과 청소년기 주입식 교육으로 인해 자기주도성과 창의성이 결여된 학생을 양산해 내고 있다.

이러한 청소년 교육 문제의 해결 방안으로 멘토링을 제시하고자 한다. 멘토링의 방법과 유익을 정리하면 다음과 같다. 첫째, 멘토링은 기존에 획일화된 교육

방법을 멘티에 맞는 다양한 방법으로 변화시킬 수 있도록 통찰력을 제공한다. 둘째, 인지교육의 주된 교육방법인 행동주의가 아닌 사회적 구성주의를 통해서, 교육의 방향이 교사에서 학생으로의 일방적인 것이 아닌 멘토와 멘티의 상호작용을 통해 만들어 간다. 셋째, 교육의 평가 역시 획일화된 기준에 의해 진행되는 것이 아니라 개인에게 맞는 다양한 방법으로 이루어진다. 넷째, 이러한 멘토링은 대량생산으로 대표되는 현대사회에서 다양성으로 표현되는 정보화 사회에 적당한 교육방법이라 할 수 있다. 다섯째, 일인의 교사와 다수의 학생과의 형식적인 관계에 머물렀던 교육이 멘토와 멘티의 깊은 상호 관계를 통해 친근한 비형식적인 관계까지 들어갈 수 있는 장점이 있다.

전인적인 교육을 위해서는 먼저 인간의 전인적 발달을 위해 필요한 요소를 알아야 한다. 그래서 개인의 발달을 위해 필요한 영역에 개입할 수 있어야 한다. 이 책은 아동 · 청소년 멘티의 전인적 발달과 역량 개발을 위해 고민하고 실제 현장에서 활용하기를 원하는 공교육 교사, 청소년지도사, 청소년상담사, 대안학교 담당자, 아동과 청소년의 멘토가 되기를 원하는 예비 멘토들을 위한 지침서라고 할 수 있다.

제1부에서는 청소년 멘토링의 이해와 원리로 구성하였으며, 청소년 역량 개발을 위한 멘토링의 실제 사례와 프로그램을 제시하였다. 청소년 역량 개발 멘토링을 위한 실제 프로그램 과정을 제시하여 현장에서 응용하여 활용할 수 있도록 하였다.

제2부에서는 청소년의 전인적 발달을 위해 개입해야 할 영역을 12가지로 구분하여 제시하였다. 이 영역은 이론적인 구분이며, 인간 발달에 반드시 필요한 요소로 사회적 구성주의에서 발달한 유럽의 중재교육 방법에서 분류한 개념이다. 12가지 멘토링 영역은 의도성과 상호성, 협동, 의미 부여, 원리, 자기통제, 변화, 자기이해, 자신감, 목표 설정, 도전, 긍정적 태도, 소속감이다. 인간에게 반드시 필요한 12가지 영역을 2가지씩 묶어 1장에 담았으며, 그 적용을 위해 학교와 가정 그리고 청소년 활동 영역에서의 구체적인 예시를 제공하였다. 또한 12가지 영역 각각의 교육학적 · 심리적 · 상담적 이론을 제시함으로써 멘토링을

통해 멘티를 돕는 깊은 원리를 접할 수 있도록 구성하였다.

또한 이러한 원리에 의해 청소년을 멘토링하기 위하여 직접 만든 활동 프로그램인 '크자 멘토링 숨겨진 나 발견하기'를 부록으로 제시하였다. 이는 삶의 원리를 가르치는 방법을 직접 현장에서 활용할 수 있도록 하기 위함이다.

제3부에서는 청소년의 전인적 발달과 역량 개발을 위한 멘토링의 미래적 대안을 제시하였다. 또한 각 장이 끝나는 부분에서 '영화로 만나는 멘토링'을 가르침의 현장에서, 그리고 멘토링의 실제 가운데 활용할 수 있도록 하였다.

이 책은 이론서이자, 현장에서 멘토링을 실시하기 위한 기본적인 이론과 실제 방법을 제시하고 있다. 이러한 청소년 멘토링의 철학과 실천 방안을 통해 청소년을 지도하는 가정과 학교 그리고 청소년 활동 현장에서 활용되기를 바란다.

대한민국 청소년이 행복해질 수 있도록
청소년의 전인성과 역량이 건강하게 회복될 수 있도록
각 가정과 학교와 각 기관과 필요한 곳곳에서
'청소년 멘토링'이 영향력을 발휘하기를 바라며……

2014년 2월
저자 일동

-- 차 례

제9장 | 목표 설정과 도전하기 ··· 207

제10장 | 긍정적 태도와 소속감 ··· 231

제3부   청소년 멘토링의 미래

제11장 | 청소년 멘토링의 미래와 기대 ··· 255

청소년 역량과 멘토링

제1부

제1장
청소년 멘토링의 이해

　'멘토'는 이제 낯선 단어가 아닌 익숙한 단어로 각종 매체에서 많이 사용되고 있다. 특정 인물을 '나의 멘토' 혹은 '우리 시대의 멘토'라고 명명하는 현상이 더 이상 낯설지 않게 느껴진다. 이렇게 익숙해진 멘토 혹은 멘토링에 대하여 우리는 어떤 개념을 가지고 있는지 점검해 보아야 한다. 우리 사회는 급속히 현대화되면서 청소년에 대한 관심 역시 급격히 증가하고 있고 그들의 삶을 지지해 주는 멘토의 필요성이 강조되고 있다. 그저 나이가 많거나 어른이기 때문에 멘토가 될 수는 없다. 멘토로서 청소년이 균형 있는 성장을 할 수 있도록 지지해 주고, 그들의 핵심 역량을 이해하며, 이 시대에 진정한 영향을 미칠 수 있는 사람으로 성장하도록 이끌어 주기 위해서는 멘토다운 역량이 필요하다. 다양성의 시대에 각 멘티의 욕구에 적합한 멘토가 필요하다는 것은 사실이지만 누구나 멘토가 될 수 있는 것은 아니다. 일반적인 개념의 멘토링과 청소년 멘토링의 차이점을 이해하고, 청소년의 균형 있는 성장을 도모하기 위해 청소년 멘토링 전문가로서 갖추어야 할 자질을 살펴보고자 한다.

1. 멘토링의 유래와 역사[1]

멘토의 개념은 유사 이전으로 거슬러 올라가고, 멘토(mentor)라는 용어는 호메로스의 『오디세이(*The Odyssey*)』(B.C. 875년경 추정)에서 처음으로 나타난다. 오디세우스(Odysseus) 왕은 트로이전쟁에 참가하는 동안 그의 아들 텔레마쿠스(Telemachus)와 왕국을 멘토에게 맡겼다.

멘토라는 단어의 어원에 대한 조사에서 그리스 단어에서 유래된 것을 알 수 있다. 이 말은 생각하는 사람이라는 뜻의 'men-'과 근육질이라는 뜻의 접미사 '-tor'로 구성되어 있다(Klein, 1967). 멘토가 'men'을 어근으로 하고 있는 것으로 미루어 볼 때, 위계 구조상 우세한 힘을 갖고 있던 시대와 직접적으로 관련 있다는 것을 유추할 수 있다. '신뢰할 수 있는 안내'라는 의미로 '멘토'라는 단어를 사용한 것은 오늘날에 이르러 구축된 것이다.

기록에 나타난 멘토의 현대적인 사용은 1699년 프랑스 작가 프랑수아 페넬론(Francois Fenelon)이 쓴 『텔레마쿠스의 모험(*Les Adventures de Telemaque*)』이란 책에서 찾아볼 수 있다(Roberts, 1999). 이 책에서 핵심 인물은 '멘토'다. 텔레마쿠스는 고전인 '텔레마쿠스'의 모방이다. 멘토라는 단어는 1750년 전까지는 영어에서 나타나지 않은 것으로 보인다(Anderson & Shannon, 1995).

2000년대 들어 새로운 멘토링에 대한 접근을 하고 있다. 멘토링과 코칭의 유용성을 둘러싼 좀 더 상업적인 관점을 띠고 있는 것이다. 영향력과 경험이 있고 객관적인 공정한 멘토와 학습 조직을 위한 응용에 초점을 두고 있다(Conway, 1995). 사람들의 잠재력을 극대화하고, 자신의 기술을 개발하고, 성과를 개선하며, 자신이 원하는 사람이 되기 위해서 자신의 학습을 잘 관리하도록 돕고 지원하는 것으로 개념이 발전되어 왔다(Parsloe, 1999). 2000년대에 들어와서는 모든

---

[1] 멘토링 포럼(http://www.12manage.com/methods_mentoring_ko.html)에서 Guy Bloom의 내용을 중심으로 정리함.

역할을 보여 주고 구현하는 사람으로서 포괄적인 접근 방식으로 보고 있다. 최근에는 멘토의 역할을 전인적(holistic)이고, 반성적 학습(reflective learning)에 기초하는 사람으로 본다. 영적으로 돌보는 역할을 하는 사람이며, 조망능력이 있는 존재로 확대되고 있다(Cranwell et al., 2004).

2. 멘토링의 개념

위키백과에 따르면, 멘토링(mentoring)이란 원래 풍부한 경험과 지혜를 겸비한 신뢰할 수 있는 사람이 일대일로 지도와 조언을 하는 것이다. 그리스 신화에서 유래한 말로 '조력자의 역할을 하는 사람'을 멘토(mentor)라고 하며, 조력을 받는 사람을 멘티(mentee)라고 한다. 멘토링은 일반적으로 기업체, 학교 등에서 우수한 경력과 풍부한 경험을 가진 선배가 후배나 신출내기의 능률과 적응력의 향상을 돕기 위해 활용하고 있다. 교육 분야에서 멘토링도 이와 유사하며, 우수한 능력을 지닌 선배 교사가 교육계에 새로 발을 디딘 후배 교사나 대학에서 교사 교육을 받고 있는 학생(예비교사)을 돕는 것에 활용할 수 있다. 현대사회에서는 의미가 포괄적으로 변하여 단지 일대일로 지도하고 조언하는 것이 아니어도 선배가 후배에게 조언을 하는 자리나 행사, 프로젝트 등에 모두 멘토링이란 단어를 사용하고 있다. 이처럼 멘토링의 의미가 점점 많은 상황에서 쓰이고 있는 실정이다.[2]

'멘토'라는 말은 '멘토르(mentor)'라는 말에서 유래하였다. 그리스 신화에서 오디세우스가 트로이 전쟁에 나가기 전에 가장 믿을 만한 사람인 멘토르에게 아들의 양육을 부탁한 데서 유래하여 이후 멘토르의 이름은 '현명하고 책임감 있는 보호자'라는 의미를 갖게 되었다(김상균 외, 1997). 멘토링은 지도(coaching)하는 일을 포함하여 그와 관계된 모든 역할을 의미하는 단어로 사용되었다. 멘

---

2) 위키백과(http://ko.wikipedia.org/wiki/%EB%A9%98%ED%86%A0%EB%A7%81)

토링(mentoring)이란 경험이 많은 윗사람(멘토)이 경험이 적은 아랫사람(멘티)으로 하여금 잠재적 능력을 최대한 발휘할 수 있도록, 즉 그의 성장과 발달을 최대한 돕기 위해 일대일로 지속적인 관계 속에서 다양한 역할―후원자, 역할 모델, 교사, 코치, 상담자, 스승, 안내자, 조언자, 상담자, 친구 등―을 수행하는 것을 뜻한다(유성경, 이소래, 1999; 이종연, 1995).

멘토링의 일반적인 개념에 비추어 볼 때, 청소년을 대상으로 하는 멘토링 프로그램은 성인과 청소년이 한 쌍을 이루어 신뢰를 기반으로 일대일 관계를 맺는 것 혹은 그 관계라고 정의할 수 있다(이동혁, 유성경, 2000: 65). 이런 관계 속에서 한 개인(mentor)은 도움을 필요로 하는 다른 사람(mentee)의 욕구에 초점을 두고, 그들이 자신의 잠재력을 개발하여 학업적 및 직업적·사회적·개인적 목표를 달성하도록 지지하고, 가르치며, 상담하고, 돕는 역할을 하는 것이다.

오해섭, 김경준, 모상현(2011)에 따르면, 멘토링은 모든 문화와 다양한 개인과 그룹 내에서 오랜 기간 동안 긍정적이고 보조적인 인간관계를 유지하고 발달시킨 실제적인 교육과정으로 인정할 수 있게 되었다. 그러한 체계를 '멘토링(mentoring)'이라고 한다.

이처럼 멘토링에 대한 정의는 학자마다 조금씩 차이가 있기는 하지만, 종합하면 멘토링은 한 번의 개입이 아닌 오랜 기간 형성되는 일련의 관계적 경험으로 개념화된다. 즉, 멘토링을 통해서 청소년과 긍정적인 성인 역할 모델 간에 밀접하면서 긍정적인 관계를 형성하기 위해 노력하며, 이러한 관계성은 청소년의 발달적 성과에 영향을 미치고, 이를 통해 청소년이 성공적인 성인으로 발전하는 데 도움을 주는 것이다. 그러므로 청소년 멘토링은 그 목적이 청소년을 돌보는 것이며, 경험을 가진 건강한 성인과 청소년 사이에 관계성을 증진시키는 것이다. 또한 경험 있고 배려하려는 성인이 멘토링을 통해 청소년을 지지해 주고, 안내 및 지원을 해 주고, 돌봐 주며, 건강하고 행복한 성인으로 성장하도록 돕는 삶의 안내자, 상담자, 지지자 또는 친구로서의 역할을 담당한다(유성경, 이소래, 1999; 이종연, 1995; 천정웅, 남부현, 김상화, 2012).

멘토링을 앞서 언급한 성인과 청소년 사이의 관계성으로 말할 수 있다. 하지

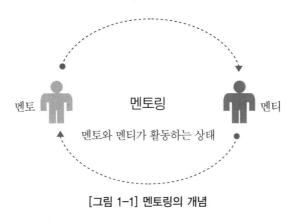

[그림 1-1] 멘토링의 개념

* 출처: 한국청소년활동진흥원(2012).

만 성인이 아닌 청소년과 청소년 사이의 관계성을 통한 상호 성장 또한 멘토링의 중요한 영역이라고 할 수 있다. 그러므로 상대적으로 경험과 지식이 많은 사람이 멘티를 지속적으로 지도 · 조언하면서 멘티의 역량과 잠재력이 향상될 수 있도록 도움을 주는 체계와 과정을 '멘토링(mentoring)'이라고 한다(김수임, 윤숙경, 이자명, 신선임, 김은향, 2012).

3. 멘토링과 유사 개념의 이해

멘토링을 이해하기 위해서는 멘토링과 유사한 개념으로 이해하고 있는 정의와 비교해 보는 것이 필요하다. 특히 멘토링을 학습도우미로 이해하는 경우가 많다. 멘토링과 유사하지만 다른 의미의 개념을 살펴보면서 멘토링을 이해해 보고자 한다.

멘토링, 코칭, 튜터링, 컨설팅, 상담에 대한 정의는 매우 다양하기 때문에 하나로 요약하기가 어렵다. 하지만 각각의 특징을 알기 쉽게 비교하면 다음과 같다.

첫째, 멘토링은 관계에 초점을 두는 반면 튜터링, 학습, 코칭, 컨설팅은 목표

---

3) 어떤 질병, 장애 또는 문제를 치료, 치유, 완화하기 위한 심리치료.

〈표 1-1〉 멘토링, 튜터링, 코칭, 컨설팅, 상담의 차이

	멘토링	튜터링	코칭	컨설팅	상담
의미	보다 숙련된 사람과 비숙련된 사람 사이의 비형식적인 관계	학습에 대한 특별한 지원	조직에서 필요로 하는 일과 관련해서 제공되는 행동 지원	과제의 내용, 프로세스, 구조에 관한 책임을 맡아 이를 수행하는 사람들에게 과제 수행에 대한 실제적인 책임을 맡지 않은 컨설턴트가 컨설팅 프로세스에 따라 도움을 제공하는 것[4]	상담자가 도움을 필요로 하는 사람에게 전문적 지식과 기능을 가지고 내담자 자신과 환경에 대한 이해를 증진시키며, 합리적이고 현실적이며 효율적인 행동양식을 증진시키거나 의사결정을 내릴 수 있도록 원조하는 활동[5]
목적	수행 자체보다는 멘티의 욕구에 맞춘 지원	학습 능력에 초점을 둔 구조화된 지원	수행을 지향하는 특정 코칭	전문성을 가지고 제삼자의 문제 해결을 도와주는 것	내담자의 문제를 해결하는 것
진행방법	멘티가 멘토를 선택하거나 멘토가 멘티를 지정하며, 멘토와 멘티 간의 비위계적인 관계로 멘티의 자율에 의해 종료되고 훈련과정이 없음.	훈련구조(내부, 외부)에 의해 튜터가 선정되며, 튜터를 받는 사람이 기대한 수준의 기술, 지식, 태도에 도달하면 위계적인 관계가 종료됨.	구조에 의해 코치를 선정하며 위계적인 관계로 지속적인 훈련의 형태는 아니지만 지속적인 관찰 수행	과제 혹은 문제가 있는 개인 혹은 조직이 전문적인 컨설턴트에게 의뢰하면 '컨설팅 착수-진단-대안의 개발-실행 종료' 단계를 거침	개인의 문제 혹은 갈등이 있는 내담자가 상담자에게 자신의 문제를 의뢰하는 방식으로 진행하는 것
관계	한 명의 멘토와 한 명의 멘티	한 명의 튜터와 다수의 사람	한 명의 코치와 다수의 사람	한 명의 컨설턴트 전문가와 개인 혹은 집단	한 명의 상담자와 한 명의 내담자 혹은 집단상담 형식 (1: 다수)
시간	일주일에 약 2~3시간	훈련 계획에 의해서 결정함	지속적이고 장기적인 시간 필요	과제 해결 시까지	내담자의 문제에 따라 달라질 수 있음.

* 출처: EQUAL II-TCA 3975-EN-Power, Valorisation of human resources; 김경준, 오해섭, 정익중, 오미선(2011) 재구성함.

4) http://k.daum.net/qna/view.html?qid=2k5XA
5) [네이버 지식백과] 상담(相談, counseling) (교육학용어사전, 1995. 6. 29., 하우동설)

달성을 위한 행동에 초점을 둔다는 점에서 차이가 있다. 상담이나 테라피[3]는 과거의 경험으로부터 현재의 문제에 대한 답을 유추하는 경향이 강하지만, 멘토링의 경우는 현재의 문제와 멘티가 가지고 있는 잠재력과 가능성에 초점을 맞추어 미래 지향적인 방향으로 나아가는 것이 가장 큰 차이점이라고 할 수 있다.

둘째, 멘토링에서는 멘티가 멘토를 선택할 수 있으나, 튜터링과 코칭, 컨설팅에서는 튜터나 코치, 컨설턴트가 배정된다. 또한 멘토링에서 멘토와 멘티는 위계적인 관계가 아니나 튜터링과 코칭, 컨설팅에서는 위계적인 관계다. 관계의 종결에 대해서도 멘토링은 멘티의 자율에 의해서 결정될 수 있지만, 튜터링과 코칭, 컨설팅은 일정한 목표에 도달해야 종료된다. 상담에서는 내담자의 문제에 따라 각 문제에 적합한 상담자를 만날 수 있고, 과정의 종료는 상담의 유형과 내담자와의 협의에 의해 결정된다.

셋째, 관계 방식에서 멘토링은 주로 멘토와 멘티가 일대일로 만나지만, 튜터링과 코칭은 튜터, 코치와 다수의 대상이 관계를 갖는 것이 일반적이다. 멘토링과 비슷한 방식으로 전개되는 것이 상담이다. 상담은 개인의 문제 혹은 갈등이 있는 내담자가 상담자에게 자신의 문제를 의뢰하는 방식으로 진행된다.

넷째, 기간은 멘토링의 경우에 보통 일주일에 약 2~3시간을 만나지만, 튜터링은 훈련 계획에 의해서 결정되며, 컨설팅은 과제의 목표 달성에 따라 결정된다. 코칭은 지속적이고 장기간의 시간을 필요로 하며, 상담 기간은 내담자의 문제에 따라 달라질 수 있다(김경준 외, 2011).

4. 청소년 멘토링의 필요성

우리나라는 OECD 국가 중 8년째 자살률 1위를 기록한 가운데 우울증과 자살 문제로 상담을 받은 만 18세 이하 아동 · 청소년이 급격히 증가한 것으로 나타났다(한갑수, 2012). 보건복지부가 한국보건의료연구원에 의뢰해 수행한 '국내 정신질환 관련 연구 현황 파악 및 우울증 자살에 대한 연구'에서는 우리나라 청소년의 자살 사망률이 2000년에 약 14%에서 2009년에 28%로 급증한 것으로 보고 있다. 자살의 원인으로는 대인관계 스트레스 및 우울증 등 정신건강 문제가 청소년 자살의 주요 위험 요인인 것으로 조사되었다(장윤형, 2012).

이러한 결과에서도 짐작할 수 있듯이, 청소년 문제와 관련하여 부모와 교사, 교육행정가의 인식의 부족과 편견이 더 많은 청소년 문제를 야기하며, 청소년과 충분히 소통되지 않고 있음을 알 수 있다. 이러한 소통의 부재를 멘토링을 통해 해결할 수 있다.

크램(Kram, 1985)은 멘토링에 대해 "사람은 태어나면서부터 여러 사람으로부터 영향을 받게 된다. 아동 초기에는 주변에 있는 부모, 교사, 친구 등 여러 유형으로부터 자연스럽게 영향을 받으며, 이러한 관계 속에서 여러 가지 지식과 기술을 배우며, 문화를 습득하면서 성장하게 된다."라고 밝히고 있다. 이처럼 청소년은 가정과 주변 사람과 관계를 맺으면서 사회의 일원으로 성장해 가는데, 멘토링은 중요한 타인이라 할 수 있는 멘토가 도움을 받는 청소년인 멘티로 하여금 잠재적 능력을 최대한 발휘할 수 있도록 돕고, 그의 성장과 발달을 돕기 위해 일 대일의 지속적인 관계 속에서 친구, 교사, 역할 모델, 안내자, 조언자, 상담자 등의 다양한 역할을 수행하는 관계를 의미한다고 할 수 있다(Dubois & Silverthorn, 2009). 또 일반 청소년보다 사회를 일찍 접하게 되는 청소년에게 있어 현대사회는 조직사회인 만큼 그 조직 속에서 개인의 사회화가 중요하게 인식되고 있다. 조직은 그것이 존재하는 한 그 고유의 활동 목표를 가지며, 이를 달성하기 위하여 그 기능을 가장 효과적으로 구사하는 데 그 존재 의의를 두고 있다.[6] 즉, 인간이 조직 혹은 공동체 속에서 잘 적응하고 자신의 정체성을 유지할 수 있도록 이끌어 주는 작용이 멘토링이다. 그러므로 청소년 멘토링은 청소년의 신체적·정신적 건강을 증진하며, 청소년을 둘러싼 환경과 건강한 상호 작용을 도모하여 청소년과 공동체가 행복한 관계성을 갖도록 안내해 준다.

6) 조희정(http://cafe.naver.com/chosc/604)

5. 멘토링의 유형

멘토링은 비형식적인 멘토링과 공식 멘토링으로 나누어질 수 있다. 먼저 비형식적인 멘토링은 일상생활에서 자주 만나는 부모, 교사 그리고 선후배의 사이에서 이루어질 수 있다. 하지만 이러한 형태를 멘토링이라고 칭하지는 않는다.

공식 멘토링은 비형식적 멘토를 갖지 못한 청소년에게 초점을 둔다. 그러한 청소년과 약속한 일정 기간 동안 정기적인 만남과 활동 지침 준수, 멘토에 대한 지속적인 교육과 훈련, 지도감독 등을 실행한다(김지연, 2009).

♥ 비공식 멘토링과 공식 멘토링(김지연, 2009)
- 비공식 멘토링: 부모, 교사, 선후배, 지인 등을 통해 일정 시간 이상 자연스럽고 잦은 만남 속에서 이루어지는 멘토링
- 공식 멘토링: 일정 기간의 계약, 정기적인 만남, 지침 준수, 지속적인 교육, 멘토링 활동, 상호 노력, 평가 등 일련의 과정을 갖춘 멘토링

♥ 멘토링의 네 가지 유형(노효진, 2007)
- 공식 멘토링과 비공식 멘토링: 공식 멘토링은 도움이 필요한 청소년을 발굴하고, 그들이 원하는 것을 살펴본 후 그에 적합하게 훈련된 멘토와 관계를 맺도록 해 주는 멘토링이고, 비공식 멘토링은 주변 사람들에게 멘토링이라고 지칭하지 않지만 자연스럽게 발생하는 일대일의 관계다.
- 일대일 멘토링과 그룹 멘토링: 일대일 멘토링은 친밀도를 높이고, 청소년 문제 파악에 효과적이며, 그룹 멘토링은 한 명의 멘토에게 여러 명의 멘티를 결연시키거나 여러 명의 멘토가 청소년 집단과 멘토링을 실시하는 것이다.
- 지역사회 기반 멘토링과 학교 기반 멘토링: 이는 기반을 어디에 두느냐에 따라 나누어진다.
- e-멘토링: 온라인상에서 이루어지는 멘토링이다.

청소년 멘토링의 유형을 정리하면 다음과 같다.

〈표 1-2〉 멘토링 프로그램 유형별 특성

구분 \ 유형	일대일 멘토링	e-멘토링	또래 멘토링	그룹 멘토링
개념 정의	성인과 청소년 간의 일대일 멘토링	이메일 혹은 인터넷을 활용한 멘토링	청소년 간의 멘토링	한 명의 성인이 4명 이상의 청소년을 돌보는 멘토링
멘토링 활동 장소	• 지역사회 기관 및 청소년 이용 시설 등 • 박물관, 도서관, 축제 및 행사 개최지 등 • 종교기관 • 온라인 • 학교(교실, 도서관, 체육관)	이메일, 인터넷, 트위터 등 SNS 활용	• 청소년 이용 시설 • 지역사회 • 학교	• 지역사회 기관 및 청소년 이용 시설 등 • 박물관, 도서관, 축제 및 행사 개최지 등 • 종교기관 • 온라인 • 학교(교실, 도서관, 체육관)
멘토 선발	• 지원서 • (성)범죄 경력 • 차량 기록	• 지원서 • (성)범죄 경력 • 차량 기록	• 면담 • 추천서 • 교사 및 학교의 허락	• 지원서 • (성)범죄 경력 • 차량 기록
멘토링 활동의 초점	학업, 사회성, 진로, 고용 등에 초점을 둠.	학업 및 진로, 친구관계 등 다양함.	친구 및 대인관계, 현안 문제 등	구성원과 팀의 특성에 따른 다양한 활동
멘토링 효과	멘토·멘티 활동에 대한 즐거움과 성취감, 돈독한 관계 형성	멘토·멘티 활동에 대한 즐거움과 성취감, 돈독한 관계 형성	멘토·멘티 활동에 대한 즐거움과 성취감, 돈독한 관계 형성	프로그램 참가의 즐거움과 훈련에 대한 만족감

* 출처: 오해섭 외(2011).

6. 국내 청소년 멘토링 정책 현황

한국청소년정책연구원(2011)의 '청소년의 지역사회 참여 패러다임의 전환을 위한 멘토링 활성화 정책 방안' 연구보고서에서는 국내 청소년 멘토링 정책 현황에 대하여 다음과 같이 보고하고 있다.

- 현재 우리나라에서는 교육과학기술부, 보건복지부, 여성가족부, 법무부, 고용노동부 등 각 정부 부처에서 다양한 멘토링 사업을 추진하고 있다.
- 교육과학기술부에서는 다문화가정 학생을 대상으로 하는 멘토링과 기초과학 분야 전공 학생을 대상으로 하는 기초과학 핵심리더 멘토링, 마이스터교와 특성화교 학생을 대상으로 하는 취업 멘토링, 탈북청소년을 대상으로 하는 탈북청소년 멘토링 등 다양한 멘토링을 시행하고 있다.
- 보건복지부에서는 휴먼네트워크를 통해서 취약계층 아동·청소년과 각 분야 직업군의 역량 있는 인재를 연결하고 있으며, 또한 Korea Hands의 청년 봉사단을 통해서 빈곤 아동과 다문화가정 아동을 지원하고 있다.
- 여성가족부에서는 위민넷이라는 사이버멘토링 운영을 통해서 다양한 분야에 있는 전문가와의 교류 기회를 제공하여 여고생과 여대생의 성공적인 직업 이행을 꾀하고 있다.
- 법무부의 경우에는 보호관찰 청소년을 대상으로 청소년동반자 멘토링, 교사-비행청소년 멘토링을 실시하여 학교생활 적응과 재범 방지를 위해 노력하고 있다.
- 고용노동부에서는 대학생과 지역 청소년을 대상으로 직업 능력의 향상과 일자리 창출을 위한 창조캠퍼스 멘토교실 등을 운영하고 있다.

이처럼 우리나라의 각 부처별로 다양한 형태의 멘토링을 실시하고 있음을 알 수 있다. 정책을 담당하는 부처의 멘토링뿐만 아니라 지방자치 단체, 청소년 단

〈표 1-3〉 국내 청소년 멘토링 정책 현황

부처명	사업명		사업 내용
교육 과학 기술부	다문화 가정 학생 멘토링[7]	목적	대학생을 활용하여 다문화가정 학생의 학습과 상담 지원을 통해 국가 근로 장학금을 효율적으로 활용하고, 다문화 이해 및 봉사 의식을 제고함.
		대상	멘토) 10년 다문화 멘토링 참여 대학, 다문화 강좌 개설 대학, 지식봉사 참여 대학 중 희망 대학의 대학생 멘티) 다문화가정 학생
		기간	2011년 6월~2012년 2월
		내용	다문화가정의 아동·청소년과의 만남을 통해 학습 능력과 적응력 향상 등 건강한 성장 환경 조성
		지원금	50억 원
	기초과학 핵심리더 멘토링[8]	목적	국내 대학원 기초과학 분야 전공 학생에게 연구 지원
		대상	멘티) 석사 7명, 박사 13명 등 국내 우수 대학원생 20명
		기간	2010년 5월~2012년 5월(3년간)
		내용	WCU/WCI 해외 석학, 과학기술한림원 등 석학과의 정기적 면담·교류 등을 주선하여 멘토링 지원체제 운영
		지원금	매년 석사 과정생에게 4천만 원, 박사과정생에게 6천만 원
	취업 멘토링[9]	목적	마이스터교와 특성화교 등 취업 중심 학교 학생의 취업 지원
		대상	멘티) 마이스터교와 특성화교 등 취업 중심 학교 학생
		내용	KB굿잡(www.kbgoodjob.co.kr)에 마이스터교와 특성화교 학생 전용관을 설치하여 취업 멘토링 지원
	탈북청소년 멘토링[10]	목적	탈북청소년의 입국 및 국내 학교 입학이 늘고 있으나 탈북과정에서 교육을 제대로 받지 못하고 남한에서는 언어적·문화적 차이 등으로 인해 이들 중 상당수가 겪고 있는 학교 부적응 현상을 해결 및 지원
		대상	멘토) 교사, 대학생, 퇴직 교원 등 멘티) 탈북 학생
		내용	교사, 대학생, 퇴직 교원 등을 활용해 모든 탈북 학생에게 일대일 멘토링 실시
		지원금	45억 원

---

7) 교육과학기술부 공고 제2011-237호.

8) 교육과학기술부 사이트(http://www.mest.go.kr/web/1173/ko/board/view.do?bbsId=205&boar).

9) 교육과학기술부 사이트(http://www.mest.go.kr/web/1173/ko/board/view.do?bbsId=205&boar).

10) 연합뉴스(2009. 8. 13.). '탈북청소년 교육지원 강화한다'.

부처명	사업명		사업 내용
보건 복지부	네트워크[11]	목적	취약계층 아동 · 청소년과 각 분야 직업군의 역량 있는 인재를 일대일 (멘토와 멘티)로 연결하여 직업 비전 형성 및 역량 강화
		대상	멘토) 사회지도층, 전문가 멘티) 저소득층, 조손가정, 다문화가정 등 사회적 관심 계층
		내용	저소득층 아동 등에게 6대 분야(성장넷, 후견넷, 장애넷, 자활넷, 생명넷, 글로벌넷), 8개 민간기관과 함께 2천 명에 대해 멘토링 서비스 제공
	Korea Hands[12]	목적	도움의 손길이 요구되는 지역의 아동을 대상으로 멘토링 및 정서 지원을 함으로써 사회적 문제를 해소하고자 함.
		대상	멘토) Korea Hands의 청년봉사단 멘티) 빈곤 아동, 다문화가정 아동
		내용	빈곤 아동, 다문화가정 아동 등을 대상으로 멘토링 및 정서 지원
여성가족부	사이버 멘토링 (위민넷)[13]	목적	다양한 분야의 여성 역할모델을 제공함으로써 직업의식을 심어 주고, 다 양한 분야의 전문가와 교류할 수 있는 기회를 제공하여 사회적 유대를 넓힘.
		대상	멘토) 각계각층의 전문 여성 멘티) 여고생, 여대생, 실질적 성공을 위해 준비한 여성
		내용	온라인상에서 여성이 삶의 지혜와 용기를 나눌 수 있는 새로운 만남의 장을 마련하고, 실질적인 조언을 제공
법무부	청소년 동반자 멘토링[14]	목적	지역별 네트워크를 구축해 보호관찰 청소년의 '위기 탈출'에 도움을 줌.
		대상	멘토) 청소년상담지원센터 상담사 멘티) 보호관찰 청소년
		내용	보호관찰 청소년 2천 명을 대상으로 주거지 등을 직접 찾아가 고민상담, 진로지도, 심성 순화 등의 활동을 함.

---

11) 보건복지부 휴먼네트워크(www.humannet.or.kr).

12) Korea Hands 사이트(www.koreahands.org).

13) 여성가족부 위민넷(http://www.women.go.kr).

14) 연합뉴스(2011. 6. 1.). '법무부 보호관찰 청소년 1대1 멘토링'.

부처명	사업명		사업 내용
고용 노동부	교사–비행 청소년 멘토링[15]	목적	보호관찰 청소년의 학교생활의 적응을 돕고, 재범을 방지하고자 함.
		대상	멘토) 교사 멘티) 보호관찰 청소년
		내용	법무부 광주보호관찰소는 광주 지역 중·고 교사 60명을 특별범죄예방위원으로 위촉하고 자신이 재직하는 학교에 다니는 보호관찰 대상자와 결연을 통해 멘토링 서비스를 제공
고용 노동부	창조 캠퍼스 멘토교실[16]	목적	창작 아이디어를 구체화하여 직업 능력을 키우고 새로운 일자리를 창출
		대상	멘토) 관련 학과 교수, 외부 전문가, 선배 창직·창업자 등 멘티) 대학생, 지역 청년
		내용	아이디어를 공모·선정하여 자금과 작업 공간 등을 지원하고 맞춤형 컨설팅 및 교육·멘토링을 지원
	청년 멘토를 만나다[17]	목적	소셜 네트워크 서비스 기반의 양방향 방송으로 소통의 장을 마련
		대상	멘토) 교수, 외부 전문가, 선배 창업자 등 멘티) 대학생
		기간	2011년 7~8월(2개월)
		내용	다음(daum) TV팟을 통해 5회의 토크쇼가 진행되며 이 시대의 청년 멘토라 불리는 각계각층의 멘토들이 직접 참여하여 청년들의 고민을 들어 주며 조언을 해 줌.

* 출처: 한국청소년정책연구원(2011).

체, 종교 단체, 학교 등에서도 멘토링을 실시하고 있다. 이제까지 실시된 국내 청소년 멘토링 정책을 분석한 결과 다음과 같은 지원이 필요함을 알 수 있다.

• 멘토링 사업의 다양성에 비해서 멘토, 코디네이터, 슈퍼바이저 등 멘토링 주요 인력성을 위한 체계뿐만 아니라, 멘토링에 대한 연구, 모니터링과 평가, 기타 지원 등 청소년 멘토링 운영과 지원을 위한 체계가 효과적으로 마련되어 있지 못하였다.

---

15) 연합뉴스(2011. 6. 2.). '중단위기' 교사–비행 청소년 멘토링 예산 확보.

16) 고용노동부 창조캠퍼스 사이트(http://www.creativecampus.kr).

17) 고용노동부 보도자료(2011. 7. 14.).

- 멘토의 교육·훈련을 위한 전문기관 없이 각 수행 기관의 형편에 따라 개별적으로 멘토가 양성되고 있고, 코디네이터나 슈퍼바이저 등도 전문 교육·훈련을 받은 인력이라기보다 유사 경험을 가진 사람들로 배치되어 있다.
- 청소년 멘토링의 연구에 대한 투자가 이루어지지 않고 있으며, 프로그램 및 기술 지원, 평가 등에 대한 체계가 마련되어 있지 못한 채 주먹구구 식으로 이루어지고 있다.

이 같은 분석 결과는 국가의 청소년 멘토링 정책을 담당하는 부서뿐 아니라 각종 단체에도 적용 가능하다. 더불어 청소년 멘토링의 목표인 청소년의 전인적인 성장을 위해 멘토로서의 역량과 자질을 향상하고, 청소년에 대한 올바른 이해를 바탕으로 멘토링을 실시해야 한다.

먼저 청소년 멘토링을 올바르게 실천하기 위해서는 청소년을 전인적인 개념으로서 인식해야 한다. 이를 위해 '청소년 역량'에 대한 인식이 우선시되어야 하며, 이를 바탕으로 청소년과의 긍정적인 관계와 상호작용을 이끌어 낼 수 있는 방법을 모색해야 한다.

청소년의 전인적 성장에 대한 이해와 청소년의 잠재력을 긍정적으로 이끌어 낼 방안이 다음 장에서부터 제시될 것이다. 이를 바탕으로 각자의 현장에서 성공적인 청소년 멘토링이 펼쳐지기를 기대해 본다.

Movie & Mentoring 1

- **제목** 완득이[18]
- **감독** 이한
- **출연** 김윤석(동주), 유아인(완득)

♠ **줄거리**

남들보다 키는 작지만 자신에게만은 그 누구보다 커다란 존재인 아버지와 언제인가부터 가족이 된 삼촌과 함께 사는 고등학생 완득이. 가난하고 불우한 가정환경에 공부도 못하는 문제아이지만 싸움만큼은 누구에게도 지지 않는다. 가진 것도, 꿈도, 희망도 없는 완득이가 간절히 바라는 것이 딱 하나 있었으니, 바로 담임 '똥주'가 없어지는 것이다. 사사건건 자신의 일에 간섭하는 데다 급기야 옆집 옥탑방에 살면서 밤낮없이 자신을 부르는 '똥주'. 오늘도 완득은 교회를 찾아 간절히 기도한다. '하나님, 제발 똥주 좀 죽여 주세요.'

입만 열면 막말, 자율학습은 진정한 자율에 맡기는 독특한 교육관으로 학생이 '똥주'라 부르는 동주. 유독 완득에게 무한한 관심을 갖고 있는 동주는 학교에서는 숨기고 싶은 가족사와 사생활을 폭로하여 완득을 창피하게 하고, 집에 오면 학교에서 수급받은 '햇반'마저 빼앗는 행각으로 완득을 괴롭힌다. 오밤중에 쳐들어와 아버지, 삼촌과 술잔을 기울이는 것은 예삿일이 되어 버렸다. 그러던 어느 날, 존재조차

---

18) 'Movie & Mentoring'은 SNS 페이스북에 청소년 멘토링과 관련한 영화 추천하기를 통해 선정된 10편의 영화를 정리한 것입니다(도움을 주신 분 – 고신대학교 백은미 선생님).

모르고 살았던 친어머니를 만나 보라는 동주의 넓은 오지랖에 완득은 더 이상 참지 못하고 가출을 계획하지만, 완득을 향한 동주의 관심은 식을 줄을 모른다. 괴짜 선생님과 학생의 좌충우돌 멘토링 이야기.

♤ 교육적 의미

영화 〈완득이〉는 세상으로부터 숨는 게 편한 열여덟 살의 반항아 '완득'과 어떻게든 그를 세상 밖으로 끊임없이 끄집어내려는 선생 '동주', 자신만의 독특한 방식으로 서로에게 멘토이자 멘티가 되어 준 두 남자의 이야기를 그리고 있다. 동주는 완득의 담임선생이지만 그가 가르치는 것은 공부가 아닌, 세상 밖으로 나와 당당하게 함께 걷는 법이다. 아이들 앞에서 완득의 숨기고 싶은 가정사를 거침없이 이야기하고서는 그것이 부끄러울 것 뭐 있느냐고 되묻는 동주. 완득이는 죽기보다 싫은 순간이지만, 숨기는 것보다 아무렇지 않게 드러내는 것이 세상 밖으로 나아가는 첫걸음이라는 동주의 끈질긴 멘토링은 완득을 변화시키는 출발점이 된다. 자신의 방식대로 완득을 세상 밖으로 끌어내는 동주를 보면 '왜 그렇게까지 해야 하지?' 하는 생각이 절로 든다. 흔히 생각하는 사람을 위로하는 멘토링과는 조금 다를 수 있다. 그러나 동주는 자신의 방식대로 거칠고 투박하지만 그 안에 담긴 마음만은 완득의 삶을 변화시키는 중요한 계기가 된다. 학창 시절 흔히 가장 무서운 선생님이 가장 기억에 많이 남는다고 말한다. 그러나 우리를 훈계할지라도 그 선생님에게는 사랑하는 마음이 녹아 있었기에 제일 싫어했던 선생님이 시간이 지난 뒤에도 기억에 남는 것이 아닐까? 때로는 철천지원수 같고 때로는 가족 같은 두 남자의 교감을 따스한 시선과 유쾌한 터치로 그려 낸 영화 〈완득이〉다.

★ 참고 자료: 네이버 영화

♣ 함께 생각해 보기

• 나를 이끌어 주는 선생님 혹은 멘토가 있는가?

• 선생님이 완득에게 보여 준 모습은 우리 사회가 다문화가정 청소년을 바라
  보는 시선과 어떤 차이가 있는가?

제2장
청소년 멘토링의 특징과 원리

청소년 멘토링의 기본 원리는 멘토링의 대상인 청소년에 대한 이해에서부터 시작한다. 이와 더불어 멘토와 멘티의 개념과 특성을 숙지해야 한다. 그리고 멘토와 멘티에게 멘토링이 어떠한 효과를 가지고 있는지 인식하고, 청소년 멘토링의 필요성에 대하여 알아야 한다. 청소년 멘토링은 결과 중심적 활동이 아닌 과정 중심적 활동이다. 여기서는 청소년 멘토링의 과정에 대해 이해함으로써 실제적인 멘토링 과정에서 활용할 수 있도록 제시해 보고자 한다. 또한 청소년 멘토링은 멘토와 멘티의 상호작용을 통해 일어나는 과정이기 때문에 상호작용을 이끌어 낼 의사소통의 원리에 대하여 알아보고자 한다.

1. 청소년의 특징

사람은 변화하는 존재이며, 변화는 사람과의 만남을 통해서 가능하다. 따라서 만남은 한 사람을 변화시키고 이끌어 가기 위한 시작인 것이다. 그러나 누구와 어떤 만남을 갖느냐가 중요하다. 특히 청소년에게는 그들이 아직 경험하지 못한 사회에서 먼저 경험한 것을 기반으로 조언과 도움을 줄 수 있는 멘토를 만나는 것은 무척 중요한 일이다. 청소년기에 꿈을 꾸며 살아가지 못하고 시작도 하지 못한 채 방황하고 있다면 그것은 국가적으로 인적자원을 잃는 매우 큰 손실이다. 그래서 미래의 교육과정에서는 어떠한 조건하에서도 주도력을 발휘할 수 있는 인재를 양성해야 한다는 필요성이 더욱 높아지고 있다(권일남, 김태균, 최진이, 이상경, 2012). 이러한 이유에서 청소년의 잠재력을 발견해 주고, 청소년의 역량을 개발시켜 줄 멘토링이 주목받고 있는 것이다. 던피(Dunphy, 2008)는 청소년 멘토링을 흥미와 활동이 중심이 된 청소년 중심의 구조화된 정기적인 장기 멘토링으로 설계할 것을 강조하고 있다.

청소년 멘토링이 단기적인 이벤트에 그칠 것이 아니라 청소년이 영향력을 발휘할 수 있는 역량을 갖출 수 있을 때까지 장기적인 지원이 필요하다. 빌 클린턴은 그의 책 『멘토링 메니저(*Mentoring Manager*)』에서 멘토링의 필요성에 대해 이렇게 말하였다. "어려운 환경에서 자랐음에도 성공한 사람에게는 한 가지 공통점이 있다. 청소년기에 중대한 위기를 맞았을 때 그들이 누군가의 적극적인 보살핌을 받았다는 것이다." 이런 면에서 멘토링이란 보살핌과 안정을 제공하는 가족 개념을 다소 형식적인 방식으로 적용하는 것이라 볼 수 있다.

이러한 '청소년 멘토링'의 특징은 바로 대상이 청소년이라는 것이다. 청소년은 어원에 따르면 'adolescence'로 성숙해 간다는 뜻으로 미성숙한 아동의 발달 단계에서 성숙한 성인의 발달 단계로 전환하는 시기를 의미한다. 청소년기의 신체적 특성으로는 ① 급격한 신체적 변화와 ② 2차 성징이 나타나며, 인지 발달의 특성으로는 ③ 추상적 사고가 발달하고, ④ 논리적 추리 능력이 발달하며, 사회적 특성으로는 ⑤ 동일시의 대상이 친구가 되며, ⑥ 자아중심성을 지닌다(이복희, 김종표, 김지환, 2011). 이와 같이 청소년기의 특징은 신체적ㆍ인지적으로 많은 변화가 일어나는 것이다. 더불어 청소년 멘토링은 교사와 같이 조언을 하는 멘토링이 아니라 친구 같은 멘토링이라는 특징을 지닌다. 또한 앞에서 언급한 것처럼 청소년기의 사회적 특성으로 인해 동일시 대상이 부모에서 친구로 옮겨지기 때문에 멘토링 또한 친구 같은 멘토링이 필요하다.

1) 청소년기의 이해

앞서 언급한 것과 같이 성공적인 청소년 멘토링을 실시하기 위해서는 청소년기를 이해해야 한다. 특히 급격한 정신적·신체적 성장이 이루어지는 청소년기의 특징을 아는 것만으로도 청소년 멘토링을 위하여 한 걸음 다가서는 것이라고 볼 수 있다.

청소년기의 이해를 도모하기 위해 먼저 청소년기란 말의 어원을 살펴보자면, 라틴어 'adolescence'의 'adol'과 'scent'에서 유래된 말로 '~로'라는 방향성과 '성장하다'라는 의미를 동시에 지니고 있는 합성어다. 그러므로 청소년기는 '어른으로 성장하는 시기'를 의미한다. 청소년기는 인간 발달 단계 중 신체적·심리적으로 변화가 가장 극심한 시기이며, 청소년 문제의 대부분은 바로 그러한 신체적 및 심리적 변화에 기인하는 바가 크다(한상철, 2008). 따라서 여기서는 그들만의 독특한 문화와 삶의 방식 그리고 다양한 특징 등에 대하여 살펴보기로 한다.

2) 청소년의 문화와 삶

21세기를 살고 있는 청소년의 문화를 살펴보자면, 먼저 같은 전자제품을 사용하고 같은 음악을 듣고 같은 영화를 즐기며, 지구 반대편에 사는 친구와 동시에 대화를 나누기도 하는 그들만의 세계가 있다. 그들만의 선택권을 제공하는 가운데 다양한 하위 그룹이 형성된다. 청소년은 자신이 속한 그룹에 따라 차별화를 즐기며, 자신만의 방식을 추구하는 하위 문화로 자신들의 존재감을 나타낸다(Jonathan, 2005).

3) 청소년기의 발달 과제와 자아정체감

청소년기에 성취해야 할 가장 중요한 것은 무엇인가? 그것은 바로 자신의 정체성을 형성하는 것이다. 에릭슨(Erikson)은 청소년기의 주된 위기를 '정체성의 위기'라고 하였다. 정체감이란 자신이 속한 집단에서의 역할 통합과 개인의 내적 자아 통합의 상보성에 의존하는 것으로서 자기에 대한 동일성과 연속성의 감각, 타인으로부터 자기가 인정받고 있다는 의식 그리고 자기 평가에 근거한 확신감 등을 포함하는 통합적 자기의식이라고 할 수 있다. 즉, 아동기까지 각 개인은 무의식 속에서 자기상을 만들어 왔으나 청소년기에 이르면서 의식적인 노력이 필요함을 인지하게 된다. 정체감이란 자기 자신이 누구이며, 자기가 무슨 의미와 가치가 있는가에 대한 질문에 답을 얻는 것이다. 새로운 사회적 요구에 따라 끝없는 갈등과 혼란과 당혹감을 느끼는 시기이므로 정서적 독립과 새로운 성숙을 위해 도움이 필요한 시기다. 정체성 위기의 청소년기에 건강한 발달을 도울 수 있는 '멘토'가 필요한 궁극적인 원인을 청소년기 발달 과제와 자아정체감 형성에서 찾을 수 있다.

2. 청소년 멘토링의 효과성

청소년 멘토링의 효과성과 관련된 연구로, 최윤희(2005)는 멘토링 프로그램의 실시 이후 멘티의 자아존중감, 사회적 지지, 정서적 및 사회적 고립, 대인관계, 청소년 대처, 학교 적응 유의성, 즉 사회적 순응도에 유의한 변화가 있을 것이라는 연구를 하였다. 이를 통해 멘토링 이후 멘티의 사회적 순응도가 향상된다는 결과가 나왔다. 그리고 한동주(2007)의 연구를 보면, 청소년 멘토링을 통해 자아존중감, 대인관계, 문제해결력, 학교 적응 유연성, 자기통제력이 향상되었음을 말해 준다. 결국 이들의 연구는 청소년 멘토링이 청소년의 사회적 순응도의 향상에 도움을 준다는 것을 보여 준다.

이 외에도 청소년 멘토링은 멘티에게 학업이나 직업 등 청소년들의 다양한 개인적인 문제에서도 효과를 보이는 것으로 알려져 있다. 첫째, 학교 출석률의 향상, 진학 기회의 향상, 타인에 대한 보다 나은 태도의 증진 그리고 성적 향상 등과 같이 학업적 측면에서 혜택을 얻는 것으로 나타난다. 둘째, 약물 남용을 예방하고, 지위비행 등을 포함하는 부정적인 행동을 완화하는 것과 같은 건강과 안전의 측면에서 혜택을 얻는다. 셋째, 긍정적인 사회적 태도와 관계를 증진하고, 청소년의 자기 가치성에 대한 인식을 개선함으로써 사회적 · 정서적 발달의 혜택을 얻을 수 있다. 그리고 직업과 관련하여 블래드퍼드(Bladford, 1998)는 멘토가 멘티에게 직업적인 측면과 인간관계적 측면에서 긍정적인 역할 모델[1]이 된다고 논의하였다. 즉, 멘토는 멘티의 지적 발달을 도와 일련의 교육적 가치와 공부에 대한 목적과 동기부여를 한다. 또는 멘티가 자신의 향후 목표를 명료히 하여 일련의 삶의 기준을 확립하도록 돕는다. 멘토는 멘티와의 인간관계에서 역할 모델링이 되어 앞으로 멘티가 직면하게 되는 수많은 인간관계의 사례와 모범이 된다고 보았다(천전웅, 남부현, 김상화, 2012).

멘토링의 효과를 검증한 국내외 선행 연구를 살펴보면, 멘토링 프로그램에 참가한 멘티는 다양한 긍정적 발달의 산물을 성취하는 것으로 보고하고 있다. 멘토링 프로그램 참가를 통해 멘티는 자존감 또는 유능감의 향상을 경험하고(김순규, 이재경, 2007; 박현선, 2010; 방진희, 2004; 하성민, 2001; 한정우, 2002; Tierney, Grossman, & Resch, 1995), 비행 행동이 감소되거나 태도 및 행동이 개선되며(채형일, 2001; 하성민, 2001; LoSciuto, Rajala, Townsend, & Taylor, 1996; Tierney et al., 1995), 학업 성취뿐만 아니라 학교 적응에서도 긍정적인 영향을 받는 것(김순규 외, 2007; Cave & Quint, 1990)으로 분석되었다. 국내의 경우 멘토링 프로그램의 역사는 10년 남짓이지만, 아동 · 청소년을 대상으로 다양한 멘토링 프로그램이 진행되고 있으며, 학업 성취, 비행 행동 감소, 자아정체감 형성 및 공격성 감소 측면에서 그 효과가 나타났다. 특히 실직 또는 빈곤가정, 한부모가정의 멘

---

1) 10대가 (행동을) 따라 할 좋은 역할 모델로서 인생의 목표를 정하는 데 도움이 된다.

티에게서 그 효과가 크게 나타났으며, 보호관찰 청소년과 같은 비행 청소년 그룹에서도 멘토링을 통해 공격성이 감소하고, 재범 방지 효과가 나타났다. 또한 다양한 멘토링 프로그램에서 참가 멘티뿐만 아니라 대학생 멘토도 청소년 이해의 측면에서 긍정적인 경험을 한 것으로 나타나는 등 멘토와 멘티 모두가 프로그램을 통해 긍정적인 변화를 얻을 수 있다는 다양한 연구결과를 볼 수 있다. 청소년 멘토링은 그 효과성의 결과도 중요하지만 자기정체성을 형성하는 과정에서 방향을 제시해 주는 중요한 나침반이 된다(김수임, 윤숙경, 이자명, 신선임, 김은향, 2012).

3. 청소년 멘토링의 특징

1) 관계로서의 청소년 멘토링

청소년기는 발달단계상 과도기적인 단계로서 다른 어떤 시기보다 불안정하고 의존의 욕구와 독립의 욕구가 동시에 존재하는 갈등의 시기다. 또한 청소년기는 자아정체성에 대한 해답을 얻어 완성된 인간의 삶을 형성하기 시작하는 중요한 시기다. 이와 같은 시기에 청소년은 간혹 사회가 인정하지 않는 행동을 하거나 과도한 행동을 함으로써 사회에 대한 반항을 표출하기도 하는데, 이와 같은 행동은 청소년기에 국한되어 한정적으로 나타나기도 하고, 또는 생의 방향을 결정짓는 돌이킬 수 없는 오류가 되기도 한다(이현아, 2004).

그러므로 청소년이 자신의 잠재적 가능성을 십분 발휘하고 건강한 사회인이 되기 위해서는 여러 가지 도움이 필요하다. 그중 가장 중요한 것이 다양한 사회적 관계다.

멘토링은 청소년 멘티에게 많은 부분을 공유하고 사회적·정서적 지지를 함으로써 멘토로 하여금 자아만족감, 자아정체감, 가치관 정립, 사회적 상호작용 및 성인 역할에 필요한 능력을 얻을 수 있는 기회를 제공하는 기능을 한다. 청소년기에는 자아정체감, 진로 등의 고민과 갈등의 문제를 함께 고민하며 해결책을 찾아 주는 기능을 한다(방진희, 2004).

청소년 멘토링은 상호 관계(mutuality)와 신뢰(trust), 공감(empathy)을 바탕으로 하는 멘토링 관계를 통해서 청소년의 사회적·정서적·인지적 발달과 정체성 계발을 증진하는 것이다. 이처럼 청소년 멘토링에서의 핵심은 의미 있는 상호 관계를 경험하게 하는 데 있다. 부모는 절대적인 후원자이지만 자녀에 대해 객관적이기 어렵다. 또 부모가 없거나 방치된 채 살아가는 청소년도 많다. 청소년 멘토링은 새로운 세계의 사람과 만나 다양하고 확장된 경험을 할 수 있도록 하는 과정인 것이다(이현아, 2004). 다양한 사람들과의 관계를 통해 갈등조절을 배우고 대인관계역량을 향상시키며 폭넓은 영향력을 끼칠 수 있도록 지지해 주는 것이 청소년 멘토링의 주요한 특징이라고 할 수 있다.

2) 사회자본으로서의 청소년 멘토링

사회자본 이론(social capital theory)의 가장 대표적인 학자인 콜먼(Coleman, Rowland, & Robinson, 1990)에 따르면, 사회자본은 아동의 인지적 혹은 사회적 발달에 유용한 가정 내 관계나 지역사회 내 사회조직에 존재하는 일련의 자원을 의미한다. 그것은 구성원 간의 관계 구조 속에 존재하는 것, 즉 특정 행위를 촉진하는 연결망을 사회자본으로 본다. 이러한 연결망은 구성원 간 사회적 관계의 유대망(network) 혹은 관계(connection)라고 할 수 있다. 사회자본의 형태는 구성원 간 의무와 기대, 사회조직 내에 존재하는 신뢰, 유용한 정보 교환, 지역사회 내의 규범과 제재, 권위 관계 그리고 의도적 사회조직 등으로 구분된다. 그리고 이 사회자본은 가정, 학교, 지역사회 내 구성원 간의 관계 속에 존재한다고 이정선(2002)은 언급하고 있다.

사회자본은 행위를 촉진하는 방법으로, 사람들 간의 관계를 변화시킴으로써 생성되는 자본이다. 사회자본의 특성 중 멘토링과 관련된 것으로는 사회자본이 가정, 학교 그리고 지역사회 내에 다양한 형태로 존재한다는 것이다.

멘토링이 관계적 경험으로 개념화된다고 할 때, 우리는 멘토링을 사회자본으로도 볼 수 있다. 콜먼(1988)은 사회자본이 사람들 간의 관계라는 특성으로 정의되며, 개인 간의 관계 속에 존재한다고 보았다(강용원, 이현철, 2010 재인용). 청소년들은 학교에서뿐 아니라 지역사회와 연계를 맺어 청소년의 교육에 관심을 갖는 다른 성인과 상호작용할 수 있는 기회를 갖게 된다. 이때 청소년은 다양한 경험과 정보를 습득하기도 하고 여기서 만나는 성인을 역할 모델로 삼는 등 지역사회의 사회자본은 청소년에게 다양한 기회를 제공할 수 있다. 청소년의 환경적 지지, 주요 성인의 존재 여부 등은 청소년의 학업 성취에도 긍정적인 영향을 미치는 것으로 나타났다. 청소년에게 관심을 갖고 있는 성인과 상호작용을 하며 다양한 경험과 정보를 습득할 수 있고 역할 모델을 만날 수 있는 기회를 얻게 되었을 때, 청소년은 자존감 향상이나 학업 성취 등과 같은 사회자본을 얻게 되며 청소년기의 발달 과제에 긍정적인 영향을 받을 수 있다. 사회자본의 특성 중 가장 중요한 것이 관계성에 있으며, 멘토링에서 멘토와 멘티의 관계성이 멘토링 프로그램의 성공 여부에 있어서 가장 중요한 요인이라 한다면, 멘토링에서 이루어지는 멘토와 멘티의 상호작용 경험에 따른 관계성 확립은 청소년에게 긍정적인 영향을 미치는 사회자본의 산물 중 하나라고 볼 수 있다. 이는 멘토링 프로그램이 사회자본의 바탕을 형성하는 데 도움이 될 수 있음을 보여 준다(김수정, 2011).

청소년 멘토링에서 '상호작용' 핵심적인 힘으로 작용한다. 청소년 멘토링은 일반청소년뿐만 아니라 다양한 청소년 층에서 의미가 있다. 청소년 멘토링이 가지는 의미적인 부분, 즉 다양한 청소년 층이 느끼는 멘티에 대한 인식은 다음과 같다.

첫째, 가정에서 충분한 교육적 지원을 받지 못하는 청소년, 소위 말하는 소외계층의 청소년은 자신의 교육에 관심을 가지는 성인으로부터 관심을 받고 일대일로 대화할 수 있는 시간을 갖게 된다. 멘티의 가정생활과 학교생활 등 일상적인 것에 대하여 이야기를 나누며 멘티에 대하여 점점 알아 가게 되고, 이러한 과정을 통해서 멘티에 대한 기본적인 관심은 멘티에 대한 기대로 바뀌게 된다. 멘티가 책을 읽어 온다거나 활동에 적극적으로 잘 참여하기를 기대하거나 또는 멘티가 어떠한 사람이 되었으면 좋겠다는 기대를 갖게 된다. 멘티는 자신의 개인적인 삶에 따뜻한 관심을 보이고 칭찬과 조언을 해 주는 멘토로부터 친근함을 느끼게 되며, 멘토를 신뢰할 수 있는 사람으로 인식한다.

소외계층 청소년(편부모가정, 조손가정의 자녀, 저소득층)에게 교육적·정서적 지원은 그렇지 않은 경우보다 부족할 수밖에 없다. 이러한 경우 멘토링을 하며 경험하는 성인으로부터의 관심과 조언은 청소년이 성장하는 데 도움이 될 수 있다.

둘째, 멘토는 멘티의 꿈을 공유하며 멘티의 지원자 또는 지지자가 된다. 멘티는 자신의 꿈을 멘토에게 이야기함으로써 더욱 뚜렷한 목표의식을 갖게 되고, 앞으로 살아갈 자신의 미래에 대하여 확실한 목표를 설정하는 데 도움을 얻는다. 멘티 혼자서 실현하는 것이 아니라 자신의 꿈을 지지하고 격려하는 지원자가 있기 때문에 더욱 힘을 얻고 자신감을 가질 수 있게 되는 것이다. 멘토를 통해 멘티는 자신의 꿈에 자부심을 갖게 되고, 혹은 꿈을 찾지 못했더라도 앞으로 어떤 꿈이든 꿀 수 있고 할 수 있다는 자신감을 갖게 된다.

셋째, 청소년기를 지나는 멘티가 가지는 고민, 걱정 등에 대해 때로는 친구처럼, 때로는 언니나 형처럼, 선생님처럼 이야기하고 나눌 수 있는 대상이 생기게 된다. 멘티는 멘토링의 시간을 통해 자신에 대한 고민과 가정에서 생기는 어려움, 학업 문제, 친구 관계 등에 관한 고민을 멘토에게 털어놓는다. 이러한 이야기를 들은 멘토는 멘티를 위로하고 조언하며 문제를 해결할 수 있도록 도움을 준다. 멘토의 조언과 격려를 받은 멘티는 이를 통해 위로를 얻고 다시 한 번 생각함으로써 보다 긍정적으로 문제를 해결하려는 시도를 할 수 있게 된다(김수정, 2011).

마지막으로, 멘토의 공감 능력은 멘티의 자아존중감에도 크게 영향을 미친다. 무비판적이고 수용적이며 공감적인 분위기는 사람들이 자신에 대해 스스로 소중히 여기고 돌봐 주는 태도를 취하게끔 한다. 또한 누군가가 자신을 이해하고 이야기를 들어 주면 사람들은 자기 내면의 깊은 경험과 자기 자신이 모호하게 느꼈던 의미에 대해서 더욱 많이 공감하면서 자신을 좀 더 정확히 인식하고, 존중받으며 수용됨을 느끼게 된다. 특히 자아를 형성해 나가는 과정에 있는 청소년은 의미 있는 타인으로부터 자아를 형성하는 데 중요하고도 좋은 영향을 받게 된다(오미선, 2012). 수용적인 관계 경험에 따른 멘토링은 사회자본으로서 충분한 가치가 있음을 보게 되었다. 이에 청소년 멘토링은 사회구성원 간의 관계구조 속에서 가치 있는 연결망으로서의 역할을 할 것이다.

4. 멘토와 멘티

1) 멘토의 개념

'멘토'라는 말을 사전에서 찾아보면 현명하고 신뢰할 수 있는 상담 상대, 지도자, 스승, 선생의 의미로 쓰이는 말이라 한다. 그리고 이 멘토를 자신의 모델로 정하고, 그를 존경하고 조언을 얻기를 원하는 사람을 바로 '멘티'라고 한다. 이 멘토와 멘티가 만나서 함께 소통하는 것이 '멘토링'이라는 과정이다. 상대적

 VS

[그림 2-1] 고대의 멘토와 현대의 멘토

* 출처: 좌[2], 우[3]. 러빙핸즈 소식지(2011).

---

2) 12매니저(http://www.12manage.com/methods_mentoring_ko.html)

3) 러빙핸즈: 아동,청소년 멘토링전문 사회복지 NGO(http://www.lovinghands.or.kr/)

으로 경험과 지식이 많은 사람이 대상자를 꾸준히 지도 · 조언하면서 그 대상자의 실력과 잠재력을 향상하는 것 또는 도움이 필요한 청소년의 욕구를 파악하여 목적과 세부 목표를 설정하고, 훈련된 일대일 관계를 맺게 해 주는 것이다.

'멘토'라는 단어는 그리스 신화에 처음 등장한다. 그리스 신화에서 나타난 '멘토'의 역할에서 보이듯이 멘토링에서 '멘토'의 역할은 아버지나 스승의 모습과 같다. 오늘날의 멘토는 후원자, 인도자, 조언자, 스승, 선배 등의 다양한 이름으로 부르고 있으며, 멘티는 멘토에게서 조언과 도움을 받는 이를 말하고 있다 (KYC 좋은친구만들기운동, 2006). 이것은 신화에서 제시되고 있는 위계적이고 권위적인 멘토의 모습과는 다른 모습의 멘토가 오늘날 강조되고 있음을 보여 준다. 즉, 함께 삶을 나누는 선배, 친구 같은 모습인 것이다.

멘토는 신뢰할 수 있는 안내자다. 교육은 우리가 학생에게 '주는 것'도 아니고, '하는 것'도 아닌 훨씬 더 복잡하고 다양한 것이다. 교육이란 학생과 교사, 멘토와 멘티가 함께 관계 속에 참여하는 방법이다. 그러한 관계의 특성은 선생이 안내자의 역할을 하는 여행에 비유해 보면 확실히 이해가 된다. 멘토는 안내자다. 멘티는 멘토가 자신이 가 본 그곳을 먼저 가 봤기 때문에 그들을 신뢰한

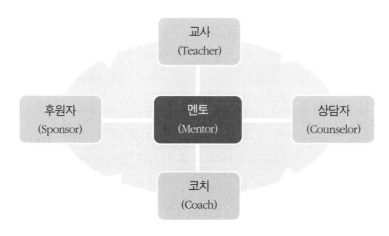

[그림 2-2] 멘토의 다양한 역할

* 출처: http://goham20.com/254

다. 멘토는 멘티의 소망을 구현하고, 앞길에 빛을 비추어 주고, 표시판을 해석하고, 잠재된 위험을 알려 주고, 그 길에 따르는 예상치 못했던 기쁨을 보게 해 준다. 그러므로 멘토링은 멘토가 존재해 온 방식이 드러나는 것이며, 멘토가 가르치는 스타일과 정체감과 역량에 의해 영향을 준다(서정인, 2000). 멘토의 다양한 역할을 [그림 2-2]에서 보면 교사, 후원자, 상담자, 코치 등의 역할로 멘티에게 영향을 미친다.

2) 멘토가 얻는 멘토링의 효과성

멘토링은 멘티와 멘토의 상호작용과 만남을 통해 일어나는 과정이다. 멘토링이 멘티의 성장과 변화를 목적으로 하고 있지만, 멘토링은 멘토에게도 긍정적인 영향을 미친다. 또한 멘토링을 하는 과정은 상호 성장이라고 할 수 있다. 일방적으로 멘토가 멘티에게 도움을 주는 것이 아닌, 쌍방향적으로 소통할 수 있는 관계를 가지면서 상호 성장할 수 있어야 한다. 실제로 멘토링 경험은 청소년에게만 도움이 될 뿐만 아니라 멘토에게도 도움이 된다.

첫째, 멘토는 멘티와의 긍정적인 경험을 통해서 성숙한 성인으로 성장하는 데 도움을 받을 수 있다. 이것은 멘토로 참여한 대학생이 그렇지 않은 대학생보다 표현력이나 자기주장, 미래에 대한 목표 설정, 부모와 가족에 대한 이해나 학교생활, 친구에 대한 의식 등에서 긍정적 변화를 보이는 것을 통해 이해할 수 있다. 둘째, 멘토링 활동을 통해서 멘티들에게 진로와 관련된 기술적 지원이나 아이디어, 열정, 지식을 제공함으로써 오히려 멘토 자신의 진로를 더욱 개발하는 효과를 가질 수 있다. 셋째, 멘토 개인의 정체성을 확립하고 새롭게 형성하는 계기를 마련할 수 있다. 넷째, 지역사회 문제에 대한 관심과 소속감 등을 개발할 수 있다. 결론적으로 청소년과 상호작용함으로써 멘토는 더욱 성숙한 사회 구성원으로서 자신의 정체성을 확립하고 청소년의 성장을 통해 성취감을 얻게 되는 것이다.

델가도(Delgado, 2002)는 멘토가 멘티와의 관계를 통해 받는 보상을 강조한다. 이러한 보상 중의 하나는 미래를 보다 발전시키는 일에 집중하는 것이다. 멘토는 다음 세대의 삶의 질을 향상하기 위해 지속적으로 노력하는 존재로서 중요한 의미를 가진다. 멘토링은 멘토가 생산적으로 활동하고, 청소년에게 긍정적으로 영향을 미침으로써 자신의 '흔적'을 사회에 남기는 하나의 방법이다.

3) 멘토와 멘티의 멘토링에 임하는 자세

(1) 멘토의 자세

청소년 멘토링 프로그램에서 멘토는 멘티를 격려하고 공통 관심사를 찾는 등의 노력을 기울여야 한다. 또 자신이 잘 모르는 부분은 주위의 도움을 받으며 도와줄 수 있어야 하고, 시간과 약속을 통해 신뢰감을 쌓아 나가야 한다. 또 멘티와의 만남에서 자신의 말투와 같이 세세한 부분까지 신경을 쓰면서 솔직함과 편안함으로 멘티를 대하려고 노력해야 한다. 멘티가 적극적이라면 멘토 또한 적극적인 멘토가 되어 멘토링을 이끌어 가야 한다(윤대관, 2012). 또 멘토가 가져야 할 성품으로는 신실함, 정직함, 책임감, 이해, 인내 등이 있다. 그리고 처음에는 소극적일 수도 있는 멘티에게 먼저 적극적인 멘토가 되어 활동에 참여할 수 있도록 힘써야 한다. 스펜서(Spencer, 2006)는 멘토와 멘티의 관계를 형성하는 주요한 요소 중 하나가 공감이라고 하였으며, 관계를 중요시하는 상담이론에서 상담자의 기본적인 태도이자 대표적인 기법의 하나로 공감을 꼽았다(Vivino, Thompson, Hill, & Ladany, 2009). 1961년부터 2000년까지 40년 동안 공감과 치료 결과의 관련성에 대한 47개의 연구를 분석하여 발표한 그린버그(Greenberg)는 상담자의 공감이 상담 결과를 예측하는 강력한 단일 요인이라고 하였다(Greenberg, Watson, Elliot, & Bohart, 2001). 이와 같은 선행 연구 결과를 토대로 볼 때, 공감은 관계에 많은 영향을 주는 변인임을 알 수 있으며, 누군가에게 공감을 받은 경험이 행동을 변화시킨다고 볼 수 있다(오미선, 권일남, 2012). 그렇기에 멘토링을 함에 있어서 멘토는 멘티를 공감하는 태도를 가져야 할 것이다. 또한 가장 기본이 되어야 하는 자세는 멘티를 사랑하는 자세다. 진실하지 않고 가식적인 태도로 멘티를 대하는 것이 아니라 진정한 사랑으로 품어 주는 멘토의 마음이 가장 기본적인 자세임을 염두에 두어야 한다. 멘토의 자세가 이상적인 부분이 있기는 하지만 멘티에게 도움을 주기 위해서는 기본적으로 가져야 할 자세다. 멘토는 어렵더라도 이러한 자세를 가지기 위해 노력해야 한다.

(2) 멘티의 자세

청소년 멘토링 프로그램에서는 멘티가 멘토링에 어느 정도 참여하느냐에 따라 멘토링 활동이 달라지는 편이다. 멘티가 적극적으로 참여하고 멘토에게 마음을 열어 주면 멘토 역시 마음을 열기가 수월하고 멘토링의 시작이 수월하다. 반면 멘티가 냉담해지면 멘토는 마음을 열기가 어려워지고, 멘토링의 시작부터 부담을 느끼게 된다(윤대관, 2012). 멘티가 멘토링에 참여한다는 것은 자신에게 어떠한 어려움이 있어 자신의 의지로 멘토링을 신청하였다는 것을 의미하므로, 그러한 자신의 결정에 대해서 책임을 지는 자세를 가져야 한다. 또한 멘토와 만날 때 약속 시간을 지키고, 멘토링을 하는 동안 적극적으로 참여하고, 멘토와 상호작용하는 데 있어서 기대를 가짐으로써 멘토와 함께 자신의 문제를 적극적으로 해결해 나가야 한다. 일반적으로 멘토의 자세에 대한 강조를 하고 있지만 멘티의 태도에 대하여서는 주목하지 않는다. 성공적인 멘토링을 위해서는 멘토 뿐만 아니라 멘티의 자세도 중요하다. 멘토링은 상호성장, 상호작용의 원리도 작동하기 때문이다.

5. 성공적인 멘토링을 위한 기본 원리

1) 멘토와 멘티의 관계

멘토링이 미치는 긍정적인 영향에 대한 논의가 많이 이루어지고 있지만 멘토링 활동이 청소년 발달에 미치는 구체적인 변인이 무엇인지에 대해 밝힌 연구는 그리 많지 않다(Rhodes, Grossman, & Resch, 2000). 이와 관련하여 로즈(Rhodes, 2007)는 멘토링 관계의 질이 멘토링 활동에 긍정적인 효과를 미친다고 하였다. 여기서 멘토링 관계의 질이란 멘토와 멘티 간에 어느 정도의 유대감이 형성되었는지, 얼마나 서로 신뢰하는지 등을 의미한다. 만약 유대감이 형성되지 않고 멘토와 멘티 모두 관계 속에서 편안함을 느끼지 못한다면 멘토링 활동이 유지되기 어려울 수 있다(Judy, Carl, & Mark, 2007). 반면 멘토와 멘티 간의 일관되고 신뢰할 만한 관계의 형성이 전제될 때 청소년이 멘토링 활동을 통해 얻을 수 있는 심리사회적 산물은 증대될 수 있다고 본다. 즉, 동일한 멘토링 활동에 참여하였다고 할지라도 멘토와의 관계에 대해 긍정적으로 지각하는 청소년일수록 보다 좋은 결과를 보이는 반면, 멘토링 관계에 대해 낮은 평가를 보인 청소년은 긍정적인 산물을 얻기 어려울 수 있다는 것이다(Jeikielek, Morre, Hair, & Scarupa, 2002).

이렇듯 멘토링 활동에서 멘토와 멘티의 관계가 중요하기 때문에 멘토링 활동에 대해 단순히 효과성만을 연구하기보다는 멘토와 멘티의 관계에 중점을 두고, 멘티와 멘토가 관계를 형성하는 데 있어 어떤 것이 긍정적인 효과를 주는지에 대해 살펴볼 필요가 있다. 이에 대해 스펜서(2006)는 그의 연구에서 멘토와 멘티의 효과적인 관계를 위해 진정성, 공감, 협력, 동료애가 필요하다고 하였다. 그는 이 네 가지 요인 중 특히 '공감'을 통해서 멘토와 멘티가 서로 소중하다는 사실을 인식하게 되고 더욱 가까워질 수 있다고 보았다.

2) 청소년 멘토의 기본 자세

공감할 수 있는 멘토링이 실현되기 위해서는 멘토링을 이끌어 가는 멘토의 역할과 자질이 중요하다고 할 수 있다. 청소년기 멘티의 성공적인 삶에 열쇠가 되는 멘토는 특히 멘토링의 긍정적인 효과를 판가름하는 중요한 요소이기 때문이다(Small, 2008; Dubois, 2002: 김남숙, 김승현, 2011 재인용). 여기서는 멘토로서 가져야 할 기본 자세를 살펴보고자 한다.

(1) 긍정적 관심

긍정적 관심은 청소년의 강점을 발견해 주고 칭찬해 주는 행위로 표현된다. 의미 있는 타인의 진심 어린 칭찬은 청소년에게 근거 있는 자신감을 심어 주며 존중받고 수용받는 경험을 하게 한다. 그뿐 아니라 타인을 신뢰하고, 타인에게 호의적인 감정과 협력적인 태도를 가지게 하며, 미래에 대한 희망과 위기에 처했을 때 탄력 있게 회복하는 힘을 기르게 하고, 좌절을 극복하고 재기할 수 있다는 자신감을 가지게 한다.

(2) 공감 능력

공감을 잘하려면 타인의 이야기를 들을 때 자신의 경험에서 유사한 생각과 감정을 찾는 습관을 버려야 한다. 상대방에게 온전히 몰입하고 상대방의 언어적 · 비언어적 표현을 면밀히 살피는 것이 중요하다. 그리고 상대방의 내면에서 어떤 생각이 오가고, 어떤 감정이 일어나는지를 예민하게 포착하여 언어적 혹은 비언어적 표현으로 되돌려 주면 좋은 공감이 될 수 있다.

(3) 이해심

이해란 상대방의 신념, 생각, 감정, 의도를 있는 그대로 알아주는 심리적인 과정이다. 이해는 자신의 선입견이나 부분적으로 알았던 것이 해체되고, 새로우면서도 좀 더 정확하고 구체적으로 상대방에 대한 지식을 가지게 되는 것을 의미한다.

(4) 돕고자 하는 의지

돕고자 하는 의지는 타인에 대한 진정한 관심을 의미한다. 이러한 관심은 존경, 잘되기를 바라는 마음, 신뢰, 타인의 가치를 인정하는 것 등에서 나온다. 돕기로 결정하면 상대방에게 집중하고 관찰하게 된다.

(5) 진정성

진정성을 가진다는 것은 개방적이고 정직하다는 것을 말한다. 외적 표현이 내적 의도와 일치하고, 감정과 사고가 일치해야 한다. 진정성을 가지려면 자신에 대한 신뢰가 있어야 한다. 공포, 불안, 죄책감, 수치심, 혐오감, 분노 등 평상시에 표현하기 어려운 감정을 표현할 수 있어야 하고, 내면의 감정을 정직하게 표현할 수 있어야 한다.

(6) 긍정적인 삶의 태도

긍정적인 삶의 태도는 일에 임하는 태도에서 볼 수 있다. 일상에서 정성을 다하고 최선을 다하며, 일에서 의미를 찾는 태도다. 그리고 현재의 지식에 만족하지 않고 끊임없이 새로운 것을 배우고, 현재의 자신의 틀을 기꺼이 깰 수 있는 용기 있는 태도다.

이상의 여섯 가지 기본 자세를 바탕으로 제2부에서 구체적으로 다루게 될 '성공적인 청소년 멘토링을 위한 열두 가지 전략'을 숙지하면 멘토링의 현장에서

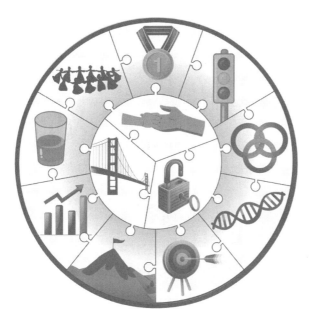

[그림 2-3] 성공적인 멘토링을 위한 열두 가지 전략의 구조

진정한 성장과 변화를 경험하게 될 것이다. '성공적인 청소년 멘토링을 위한 열두 가지 전략'의 전체 구조는 [그림 2-3]과 같으며, 성공적인 멘토링을 위한 열두 가지 전략은 의도성과 상호성, 협동학습, 의미 부여, 원리 찾기, 자기통제, 변화, 자기이해, 자신감, 목표 설정하기, 도전하기, 긍정적 태도, 소속감이다.

〈다른 것과 틀린 것〉   〈목표설정〉   〈도 전〉

〈변 화〉   〈긍정의 힘〉   〈소속감〉

〈좋은 선생님과의 만남〉   〈의미찾기〉   〈지식의 연결〉

〈자신감〉   〈자기통제와 행동조절〉   〈모둠학습〉

[그림 2-4] 멘토링 열두 가지 전략의 세부 내용

Movie & Mentoring 2

- **제목** 홀랜드 오퍼스(Mr. Holland's Opus)
- **감독** 스티븐 헤렉
- **출연** 리처드 드레이퍼스(글렌 홀랜드)

♠ 줄거리

1964년, 글렌 홀랜드는 자신의 최종목표는 위대한 곡을 쓰는 것이라 생각하며 항상 작곡만을 염두에 두고 살아가는 음악가다. 그러나 현실 때문에 할 수 없이 음악 교사의 길을 택한다. 무릎 밑까지 내려오는 치마를 입어야 하는 1960년대의 존 F. 케네디 고등학교. 여유만 되면 언제든지 그만두리라 하는 마음을 먹고 찾아간 학교였다.

꽤 여유 시간이 많을 것으로 생각했던 교직 생활은 생각과 다르게 흘러간다. 침묵과 무관심, 무성의로 일관되는 수업, 빽빽한 시간표, 구제 불능의 오케스트라만이 그를 기다릴 뿐이다. 그런 가운데 아내 아이리스는 임신을 하게 되고, 홀랜드는 어쩔 수 없이 학교에 매이는 몸이 된다. 시간이 지나며 차츰 아이들은 자신의 심리를 이해하는 홀랜드 선생님에게 조금씩 호기심과 친밀감을 느낀다. 홀랜드는 스스로 재능이 없다고 생각하는 클라리넷 연주자 게르트루드 랭을 가르쳐, 1965년도 졸업식에서 교향악단의 연주를 더욱 빛나게 한다.

♧ 교육적 의미

전통적으로 교사의 역할이 중시되었던 것은 사실이다. 그러나 교사의 역할이 중요한 만큼 가르침을 받는 대상자도 중요하다는 사실을 결코 간과해서는 안 된다. 수업은 교사가 자신이 가진 것을 드러내는 시간이 아니며, 학생에게 맞는 수업을 해야 한다.

음악은 '학'이 아닌 '악'이다. 우리가 여러 과목 중에 해 봐야 하는 실습 위주의 과목이다. '학'이 아닌 '악'인 이유는 그것을 느껴야 하기 때문이다. 랭에게 음악은 단순히 박자를 맞추고 음을 맞추는 게 중요한 것이 아니었다. 그녀에게는 학문으로 배우는 것보다 자신이 느낀 것을 표현하는 것이 필요했다. 그때 편안하게 학생을 이끌어 잠재된 기량을 발휘할 수 있도록 하는 것이 교사의 역할이다. 그 역할을 잘 감당하여 랭에게 자신의 기량을 최고로 뽐낼 수 있도록 도왔다.

우리나라의 정해 놓은 틀에 학생을 가둬 놓는 입시 교육 모습과도 비교되는 부분이다. 교사는 단순히 수업만을 하는 사람이 아니다. 교사는 교과를 가르쳐야 하는 기본적인 의무도 있지만, 이 영화에서처럼 학생에게 나침반의 역할을 하는 것도 교사의 역할이다.

단순히 지식을 전달하는 것은 누구나 할 수 있다. 그러나 나침반이 되어서 누군가에게 방향을 제시하는 것, 그것이 진정한 교사가 이루어야 할 가장 행복한 의무이자 가장 무거운 책임이 아닐까?

★ 참고 자료: 네이버 영화

♣ 함께 생각해 보기

• 교육에 있어서 가장 중시되어야 할 부분은 무엇인가?

• 개별성이란 무엇인가?

제3장
청소년 역량과
멘토링

1. 청소년 역량의 개념과 의미

1) 미래 사회의 변화와 청소년의 심리적 불안정

21세기는 과학, 기술, 정보화, 네트워크 등 혁신적인 변화가 일어나는 속도가 급격히 빨라지면서 기술이 인간의 사고를 지배하는 일이 종종 심화되고 있다. 수많은 미래학자가 미래 사회의 변화에 대한 다양한 예측을 내놓고 있지만 제대로 맞은 적이 없다. 그럼에도 미래 사회는 어떠한 형태로든 우리가 생각하는 것 이상으로 빠르고 엄청난 변화가 이루어질 것이라는 것과 그 변화는 [그림 3-1]과 같은 형태로 나타날 것이라고 예측하기도 한다.

[그림 3-1] 미래의 주요 트렌드

* 출처: 하태정(2013).

오늘날에는 크라우드소싱(crowd sourcing)[1]이나 트라이브소싱(tribe sourcing)[2]과 같은 자신의 정보력을 수단으로 타인과의 관계를 재설정하거나 원만한 인간관계를 이끌어 내는 능력이 더욱 강하게 요청되고 있다. 또 자신의 재능을 발판으로 타 분야와의 연계, 융합, 통합을 이루는 다재다능한 능력의 소유자가 제3의 물결을 넘어 제4의 사회를 주도할 것으로 확신하고 있다.

그래서 SNS 같은 정보화 도구를 이용하여 트윗(tweet)이나 리트윗(retweet)을 하는 폴로어(follower)의 수가 얼마나 되는지가 능력의 수준을 판별하는 척도로

---

1) '대중(crowd)'과 '외부 자원 활용(outsourcing)'의 합성어로서, 기업 활동의 전 과정 혹은 기업이 난제에 부딪힌 문제를 해결하는 데 소비자와 대중의 참여를 유도해 기업의 생산력을 증가시키고 소비자의 만족도를 높이는 윈윈 전략을 의미한다(Howe, 2012).
2) 특정 프로젝트나 캠페인을 지원하는 사회적 자원을 의미한다.

작용해 가는 것을 보면, 그만큼 정보화가 주는 인간관계의 단절을 새로운 방식으로 해결해 내는 방법의 다양성이 노정되고 있다. 그만큼 이전과 비교해서 생존을 위한 적응력의 확대 방안이 다양하되 더욱 정교하게 이루어져야 할 필요성이 커지고 있고, 그 대안으로서 개인의 능력을 확장하는 방안이 요청되는 것이다. 급속한 기술의 성장은 생활에 유익한 점도 있지만, 상대적으로 취약한 인간의 정서적·심리적 사고를 자극하여 쉽게 스트레스를 유발하는 등 적응 기제를 무너뜨려 취약한 행동을 유도하는 수단으로 악용되는 경우도 증대되고 있다.

이처럼 장밋빛 희망을 주는 정보화의 새로운 물결은 청소년기에는 오히려 역기능으로 작용하는 경향이 두드러진다. '정보화의 희망'이라는 얼개를 갖기도 전에 인터넷과 게임 중독, 몰입의 편향성은 사고의 다양성을 갖게 하기보다는 오히려 제한된 정보력으로 타인과 집단원과의 관계를 해치거나 자기중심적 성향으로 성장을 제한하는 문제를 야기하곤 한다.

청소년기의 급격한 신체적 성장은 단순한 외적 변화에 그치는 것이 아니라 내적 성장이 동반되어야 한다. 특히 신체적 변화를 통제하는 인지적·정신적 성장이 변화의 속도를 따르지 못하면서 빚어지는 부적응 행동 때문에 청소년기를 마치 적응과 부적응의 경계적 상황에 처한 위험한 대상으로 판단하려는 경향이 매우 크다. 하지만 대부분의 청소년이 그러하듯이 청소년기에 자신의 내적인 성장 요소를 바탕으로 긍정적인 성장을 이루게 되면 오히려 청소년기의 격정적인 갈등과 긴장은 성인기의 어려움을 극복하는 내적인 자양분이 되기도 한다. 그래서 청소년기의 격정과 넘치는 에너지를 갈무리하지 못하는 이들에게 끊임없는 관심과 애정을 줌으로써 스스로 자신을 통제하면서 적응하도록 학습을 유도하는 것이 바로 교육이자 학습의 과정인 셈이다.

따라서 청소년은 신체적·심리적 성숙으로 인하여 부족한 능력을 보완하고 충족하기 위한 각종의 노력이 이전보다 더욱 심화되어야 하며, 과거에는 보편적 관점에서 규정하였던 교육의 성과도 새롭고 혁신적으로 수렴되어야 함을 의미한다.

하지만 교육의 보편적 의미가 변화되면서 개인의 성장과 관리라는 측면에서

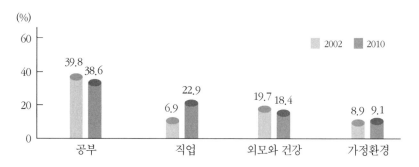

[그림 3-2] 15~24세 청소년의 고민거리

* 출처: 여성가족부(2012).

특히 스펙과 이력 관리에 중점을 두는 등 자기 관리 능력을 자신과 타인에게 보여 주는 시대가 되었다. 그래서인지 학업에 대한 고민은 자신의 능력에 그치지 않고 상호 비교가 일반화되어 [그림 3-2]와 같이 청소년의 가장 큰 고민거리로 자리 잡고 있다.

통상적으로 개인의 능력은 외적으로 화려한 능력을 평가하는 데 주력하여 가장 평이한 방식으로 성적과 유명 대학 입학과 같은 외형적 요소에 관심이 집중되어 대부분의 사람은 이를 추종하고 유지하는 데 많은 노력을 집중하였다. 그 결과 상급 학교 진학과 좋은 대학, 대단한 성취를 목표로 많은 사람이 자신의 모든 것을 걸었고, 모든 것을 결과에 초점을 두었다. 그리고 결과 평가를 중시하여 이를 능력의 다과로 판정하는 유용한 기준뿐만 아니라 개인의 잠재성까지 판단하는 오류를 범하기도 하였다. 성적의 결과, 학업 성취도 수준 그리고 가시적인 판단의 준거에 따라서 개인의 역량을 판단하는 데 주저하지 않았기에 행복은 성적순이라는 결과에 희비가 교차하기도 하였다.

경쟁과 협동이 조화롭게 균형을 갖춘다는 것이 매우 어렵다는 것은 현실적 고민이다. 즉, 청소년의 삶 속에서 현재화되고 있기 때문에 청소년은 과연 이러한 경쟁의 시대적 상황을 격정적으로 이겨 내야 할 것인지, 아니면 포기해야 할 것인지의 기로에 서서 고민하고 있다.

오늘의 한국 사회를 말할 때 지난 수십 년 전의 폐허 속에서 수많은 나라가 도움을 준 자원 공여국에서 수여국으로 탈바꿈한 세계 유일의 국가라고 말한다. 이는 역설적으로 말하면 지구상에 수많은 나라가 존재하지만 그만큼 경제 발전을 이루는 것이 어렵다는 것을 반증하는 일이기도 하다. 그러나 대한민국이 자원 빈국임에도 경쟁과 열정으로 교육입국을 통한 경제대국을 달성한 것은 당시 청년 계층의 열정과 의지 그리고 경쟁을 긍정적으로 승화한 열정의 결과라 할 수 있다. 교육입국을 위한 열정과 할 수 있다는 의지의 발현 속에서 그들이 겪는 스트레스가 많았지만 묵묵히 감내해 왔고, 이는 역량을 잘 표방하는 계기가 되었을 것으로 확신한다.

하지만 시대가 변하고 경쟁의 정도가 더욱 심화되면서 1960~1970년대의 경쟁 수준과는 비교가 되지 않을 정도의 억압과 스트레스를 경험하는 오늘의 청소년은 세계 10위권의 경제적 성장을 지속해야 하는 정당성과 함께 샌드위치의 압력을 그 어느 때보다 크게 느끼고 있다. 청소년의 사회 부적응을 나타내는 각종 지표가 곳곳에서 붉게 나타나면서 청소년의 역량을 승화시키지 못하게 되는 현실에서 청소년의 사고와 행동의 건전성을 표방해 주는 노력이 절실히 필요한 상황이 되었다.

이전도 마찬가지이지만 오늘날의 청소년은 과거에 비해 더욱 심화된 학업 경

〈표 3-1〉 학생 정신건강 · 행동 특성 조사 결과

구 분	검사 실시 학생 수(명)	관심군		주의군	
		학생 수(명)	비율(%)	학생 수(명)	비율(%)
초	2,813,483	466,560	16.6	50,898	2.4
중	1,812,841	332,008	18.3	96,077	7.1
고	1,856,150	255,879	13.8	77,014	5.4
합계	6,482,474	1,054,447	16.3	223,989	4.5

• 관심군: 1차 검사 결과 학교 내 상담 및 관리 등 지속적인 관심이 필요한 학생
• 주의군: 2차 검사 결과 심층상담 등 집중 관리가 필요한 학생

* 출처: 교육과학기술부(2012).

쟁으로 심각한 정서적 불안감을 갖고 있는 것이 현실이다. 교육과학기술부의 2012년 학생 정서·행동 특성 검사 결과에 따르면, 〈표 3-1〉에서와 같이 관심군 및 주의군 학생이 조사되었으며 이 중 특히 중학생의 정신건강이 심각한 상태라는 데 우려를 표명해 볼 수 있다.

이처럼 정신건강과 행동 특성의 불균형 문제를 보이게 되면 스스로 우울과 불안 및 스트레스에 대한 조절력이 떨어져 심각한 심리적 불안감을 갖게 되고, 궁극적으로는 학생으로서 수행해야 할 기초적 역량을 발휘하는 데 많은 어려움을 보이게 된다. 또한 이러한 상황에 그치지 않고 음주, 흡연 등 청소년기의 문제행동에 대한 관문 역할을 하는 행동에 영향을 미쳐 부적응 행동을 하거나 학교폭력 또는 집단 따돌림 등 문제 행동과 함께 비행과 일탈의 과잉 행동으로 이어지게 된다. 또한 심리적 부적응을 유발하는 스트레스 요인 등은 정서적 불안감을 조장하여 학교 및 사회 부적응을 초래하는 가장 큰 문제로 대두되고 있는데, 이들의 정신건강 위기 요인을 살펴보면 〈표 3-2〉와 같이 학업 및 진로에 대한 고민과 고충이 가장 크게 나타나고 있다.

청소년이 갖추어야 할 것에 대한 사회적 압력이 거세지면서 인성과 창의성을 요구하는 대신 무엇을 선택하는 것이 가장 아름다운 일인지에 대해서는 답을 내리지 않은 채 숨 막히는 국면을 연출해 왔다. 하지만 누구나 자신의 삶을 유지하는 보편적 관점에서 심리적 장애를 경험하는 것은 피할 수 없지만 누가, 얼마나, 이러한 외부의 장애를 잘 극복하고 자신의 잠재성을 발현하도록 하는가는 개개인이 가진 능력에 따라 각기 다르게 나타날 수 있다.

결국 개인의 능력을 잘 발휘할 수 있는지의 여부는 적절한 역량을 갖출 수 있는지의 여부와도 밀접한 관계를 갖게 되는데 이러한 역량을 구성하는 지표는 시대적 상황에 따라서 다르게 나타날 수 있다.

〈표 3-2〉 2011년 시·도 및 시·군·구 청소년상담복지센터 문제 유형별 상담 실적

(단위: 명)

구분		가족	일탈 및 비행	학업/진로	성	성격	대인관계	정신건강	생활습관/외모	컴퓨터/인터넷 사용	정보제공	법률정보	활동	기타	합계
개인상담		64,480	83,978	112,455	7,971	58,330	95,120	63,328	5,836	28,836	2,776	172	1,204	252	524,738
집단상담		52,264	119,809	359,883	43,925	66,226	307,299	65,928	9,724	355,695	24,157	0	63,726	0	1,468,636
전화상담		25,687	44,511	48,648	17,935	11,967	30,449	21,231	2,617	19,047	141,464	880	6,509	61,671	432,616
심리검사	개별	6,970	9,243	26,268	716	12,060	9,062	6,916	456	7,454	286	10	90	469	80,000
	집단	1,921	2,538	99,702	373	49,139	15,934	8,959	67	35,139	938	0	1,374	0	216,084
사이버 상담	메일	2,759	1,184	8,045	2,771	1,392	14,245	1,838	1,875	200	3,825	117	147	102	38,500
	채팅	2,295	878	3,346	1,022	1,125	6,554	2,544	280	155	3,063	54	144	2,078	23,538
사업수행 프로그램		346	2,127	11,777	204	683	2,603	945	30	1,365	1,428	7	2,337	0	23,852
지원 서비스 (개별)		104,968	219,715	213,261	14,416	67,003	129,887	97,394	11,662	45,003	30,712	361	7,783	194	942,359
기타 상담		789	1,869	1,820	162	502	1,142	673	61	252	1,435	18	283	76	9,082
합계		262,479	485,852	885,205	89,495	268,427	612,295	269,756	32,608	493,146	210,084	1,619	83,597	64,842	3,759,405

* 출처: 청소년백서(2012).

2) 역량의 개념적 이해

역량의 지표가 시대적 상황에 따라 다르다 하더라도 사회를 유지하고 발전시키는 개인의 역량은 변함없이 유지되거나 중시될 수 있다. 역량의 실제적 의미는 1973년 하버드 대학교의 심리학자인 맥크리랜드(David McClelland)에 의해 처음 제시되었다. 개인이 수행하는 직무에서 실제로 성과로 나타나는 것은 지능보다 그 개인이 갖춘 능력으로서의 역량이 더 의미 있다는 입장이다.

하지만 통상적으로 지능검사나 성과의 결과에 익숙해 있는 우리로서 인간의 성장과 발달에 대한 논리적 판단 준거로 양적 평가 이외에 질적 평가를 해야 한다는 관점에 대해서 쉽게 받아들이기 어려운 측면이 있다. 그러다 보니 그동안 주로 직업과 진로 분야에서만 편향되게 사용한 측면이 강하였다.

역량(competency)의 의미를 보면 '역량 개발' '역량 강화' '생애 역량' '미래 역량' 등의 용어를 사용함으로써 많은 연구를 수행해 왔으며, 주로 기업을 중심으로 인적자원을 효율적으로 배치하고 개개인의 생산성을 극대화하는 방안으로서 제시되었다. 그러나 그 범주를 제한하지 않고 직무, 기획과 연구, 행정 등 모든 영역에서 보편적으로 활용되어 직업 교육·훈련이나 더 나아가서는 학교 교육에서 인적자원을 양성하고 교육하는 차원에까지 확대되어 가고 있다(이상경, 2010).

이처럼 다양한 방향으로 역량의 의미가 확대되는 것은 그만큼 모든 영역에서 개인의 잠재적 능력을 확산시켜야 하는 절박함이 있기에 청소년의 재능을 발현하도록 하는 교육이나 활동의 보편성이 더욱 다각적인 방안으로 확산되어야 함을 의미한다. 미래 사회의 변혁은 이러한 고착화된 시각이 상당 부분 개선되어야 함을 강조하면서 성공과 성공 가능성의 차이는 개인의 타고난 능력과 성취도에도 일정 부분 기인한다. 하지만 환경적 특성과 함께 개인의 성취 지향적 동인이 얼마나 구성되어 있으며, 이를 잘 활용하는 정도의 차이에 따라서 달라질 수 있다는 점을 더욱 중요시해야 한다. 그동안 교육적 영역에서 청소년에 대한 능력을 판단하는 준거로 지능검사 및 성적이나 상급 학교 진학의 성공 가능성을 삼았다. 그럼에도 우리는 역량에 대한 이해에서 질적 평가에 국한하지 않고 양적 평가를 하는 데 매우 익숙해져 있었다. 이는 인간의 사고적 태도와 매우 깊은 연관을 가진다. 인간은 통상적으로 패턴과 유형화에 익숙해져 있기 때문이다.

그래서 패리(Parry, 1996)는 역량을 개인이 수행하는 핵심 업무에 영향을 주고, 업무 성과와 관련성이 높으며, 조직의 성과 기준에 따라 측정될 수 있고, 교육·훈련을 통하여 개선될 수 있는 지식, 태도의 집합체로 정의한다. 스펜서와 스펜서(Spencer & Spencer, 1993)는 특정한 상황이나 직무에서 준거에 따른 효과적이고 우수한 수행의 원인이 되는 개인의 내적인 특성이라고 하였다. 이상에서 살펴본바, 역량에 대한 다양한 정의에서 공통적인 특성으로 업무 성과 및 수행과의 연결성을 강조하고 있다는 점을 알 수 있다.

하지만 이러한 개념이 이제는 획기적으로 변화하고 있다. OECD의 DeSeCo (Definition and Selection Competencies: Theoretical and Conceptual Foundations) 프로젝트는 기존의 역량 논의가 직업 능력 중심으로 이루어진 점을 지적하면서, 역량을 직업 생활 및 개인 생활을 포함하는 사람의 다양한 측면에 적용되는 포괄적 능력으로 정의하여 역량의 기능적 요소에 대한 평가를 확대한 측면이 있다. 역량이라는 것은 개인의 성취 수준을 판정하는 유용한 준거를 말하기도 한다. 그래서 개인의 능력이 출중한가를 판정하는 준거로서 한 개인이 지니는 태도와 능력으로서의 자세도 필요하지만 이는 실제로 잘 나타나지 않기 때문에 관찰이 가능한 측면을 역량으로 판정하려는 성향을 보여 왔다. 하지만 역량은 행동과 기술, 지식 그리고 개인의 흥미와 성격 및 가치관까지도 내재하고 있는 함축적 요소이기 때문에 역량의 여부는 단기간에 쉽게 관찰할 수 없는 한계를 보인다.

3) 청소년 역량의 구성 요소

역량의 특성이 잠재성의 발현이라는 점에서 본다면 청소년의 역량에 대해서는 더욱 신중하게 접근해야만 한다. 그 이유는 청소년기는 표현 그대로 발달과 성장이 함축적으로 이루어지며 계속적인 변화가 진행되는 시기이기 때문이다.

따라서 개인의 성장을 역량이라는 요소를 통해서 양적으로 판단하는 것은 전체적 의미를 협소하게 받아들이는 것과도 같다.

그럼에도 불구하고 양적인 판단으로 청소년의 역량을 규정하는 데 매우 익숙해져 있었기 때문에 잠재적 가치를 판단하는 일에 다양한 기준을 적용하기가 쉽지 않은 것이 사실이다. 개인의 역량을 측정한다는 것이 매우 어려운 일임에는 틀림없지만 이에 대한 판정 기준을 어떻게 설정하는가는 다르다.

따라서 개인의 역량을 개선하는 차원에서 이는 주로 인지적 능력을 개선하는 부분으로 작용하게 된다. 청소년의 역량은 통상적으로 뇌의 변화와도 맥을 같이한다. 일반적으로 뇌의 성장과 발달은 생후 2개월부터 2년 이내에 급격한 변화를 거치면서 완성의 단계에 이르게 된다. 그렇지만 청소년기의 역량에 대해서만큼은 성장의 연속성과 변화 가능성이라는 점에 초점을 두어야 하며, 질적인 성장을 이루고 평가하도록 하는 데 초점을 맞추어야 한다.

유독 청소년기는 성장과 발달이라는 개념이 강조되고, 그 의미에서 자발적이고 자기 주도적인 역량을 지녀야 한다. 그런데 이는 자신의 기본적 욕구를 채우도록 노력함으로써 성인기에 자신은 물론 가족 그리고 주변 사람을 보살피는 능력을 기르는 기반이 되기 때문에 청소년기는 다른 시기보다 더욱 도전과 역량 축적이라는 관점이 필수적이다. 이에 더하여 청소년기의 재능을 보완하는 점은 사회적 · 도덕적 · 정서적 · 신체적 · 인지적 · 직업적 측면에서의 능력을 갖추게 하는 일련의 과정이라고 말할 수 있다. 그러므로 다른 어떠한 시기보다 청소년기는 역량의 개념과 잠재적 의미로서의 능력을 어떻게 채우는가가 중요해지는데, 다만 어려운 점은 청소년기의 역량을 쉽게 규정할 수 없다는 점이다.

청소년기의 성장은 무한한 자신의 재능을 채우고 충족하는 관점에서 본다면 잠재적 능력과 재능으로서의 가치가 어느 대상을 규정하거나 제한할 수 있는 부분은 아니다. 그래서 우수한 두뇌를 가진 청소년에서부터 자신의 미래가 보이지 않는다고 여기는 청소년에 이르기까지 잠재적 역량의 요인과 하위 개념은 저마다 다를 수 있다.

청소년기의 역량에 대한 의미를 개념화하는 것은 청소년기에 필요한 재능을

몇 가지로 규정할 수 없기에 그만큼 어려운 일일 수 있다. 따라서 청소년기의 잠
재적 능력으로서의 재능은 최소한의 재능과 요소에 대한 개념 규정으로 이해해
야 한다. 그래서 청소년의 역량이라는 점은 청소년기에 필요한 개념으로서의 능
력으로, 몇 가지 공통적 요인을 가져야 함을 설명하는 것에서 이해해야 한다. 물
론 이외의 변수가 필요 없다는 것이 아니라 청소년기를 설명하는 데 있어서 나
타날 수 있는 부적응적 요소나 한계를 극복하는 데 있어서 무난한 요인으로 규
정해 내는 준거가 필요할 것으로 보인다.

사실 인간의 발달과 성장에 필요한 요소를 어느 하나의 것이나 기준으로 명시
한다는 것은 불가능하다. 그래서 이러한 잠재적 요소를 측정하기도 어렵고 설령
측정을 하였다고 해도 구체적으로 평가하거나 논리적으로 설명하는 데 많은 어
려움이 있다. 따라서 이러한 역량의 의미를 재구성함으로써 21세기에 필요한 청
소년의 역량을 계발하게 돕거나 스스로 자신의 역량에 대해서 목표를 지각하고

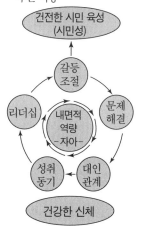

업무와 과업의 역량	청소년 역량	청소년 활동 역량
• 전략 및 업무의 핵심 성공 요인과 연계하여 추출 • 고성과자를 대상으로 역량 추출 • 성과와 관련성이 높음을 중심으로 규정	• 청소년기의 발달과정에서 지식, 기술 및 능력과 함께 내재화된 가치의 발현 등을 행동으로 기술	• 청소년 활동을 통해 조장해 주는 역량

[그림 3-3] 직무 역량과 청소년 역량의 구성 요소

* 출처: 권일남, 김태균, 최진이, 이상경(2012).

계발해 내도록 하는 시도를 제안해 주는 방안이 필요하다.

이를 위해서 청소년의 역량을 개념화한다면 [그림 3-3]과 같이 직무 역량, 청소년 역량 그리고 청소년 활동 역량의 관계로 재구성해 볼 수 있다. 즉, 그림에서 보는 바와 같이 역량을 직무의 영역으로 봐서는 안 되며, 청소년기의 역량은 그림의 중앙에 위치한 빙산에서 제시한 바와 같이 표면적으로 도출된 외현화된 성과로 규정해서는 더더욱 안 될 것이다. 그래서 청소년기의 역량은 [그림 3-3]과 같은 형태로 재구성하였다. 적어도 청소년기에는 성인기에 필요한 재능과 능력을 발현시키기 위해 자신의 잠재 능력을 억압하거나 규제하지 않도록 하는 재능을 가져야 한다. 그래서 역량을 발현하도록 하는 필요성을 가져야 하며 그러

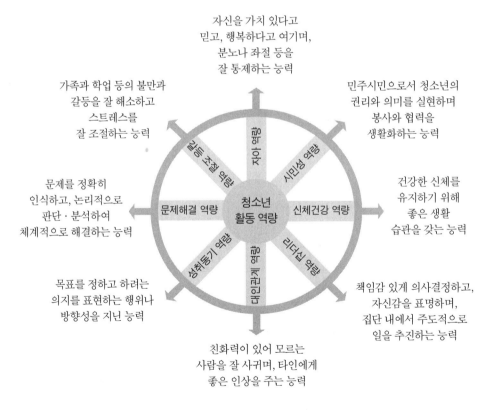

[그림 3-4] 청소년 역량의 구성 요소

* 출처: 권일남, 김태균, 최진이, 이상경(2012).

한 역량은 [그림 3-4]와 같은 형태로 개념화되어야 한다. 따라서 누구든지 청소년기의 역량으로 설명 가능한 핵심 요소를 필수적으로 갖추어야 하며, 이를 보다 상세히 설명해 보면 다음과 같다.

(1) 자아 역량

자아 역량은 청소년기에 자신의 주체적 의지에 따라 스스로 삶을 유지하도록 이끄는 가장 기초적이고 필수적인 핵심 역량이다. 자신과 타인에 대한 판단과 인지 및 정서 능력을 긍정적으로 유도하여 역경을 잘 극복하도록 하고, 도덕적 판단 능력을 보완하여 옳고 그름을 판별하도록 돕는 데 반드시 필요한 기초적인 능력을 말한다.

자아 역량이 높으면 자신에 대해 긍정적인 평가를 내릴 수 있고, 자신을 가치 있다고 여기는 자기신뢰의 정도가 높으며, 자신의 행동에 대해 책임을 질 수 있다. 또한 모든 일에 최선을 다하여 도전정신과 성취감을 높이려는 태도를 보이고, 타인에 대한 이해 능력도 높다. 그러나 자아 역량이 낮을 경우에는 자신과 타인에 대한 긍정적인 이미지 구축에 많은 어려움을 겪게 된다.

자아 역량의 정도는 청소년이 자신의 삶을 얼마나 긍정적으로 인식하는지를 나타내게 된다. 자아 역량은 자아정체감, 자기존중감, 가치관, 행복감, 자기통제 및 조절의 하위 영역을 포함한다.

(2) 신체건강 역량

신체건강 역량은 신체적 변화가 급격하게 이루어지는 청소년기에 청소년 스스로가 적절한 영양을 섭취하고, 활동을 통해 신체 발달에 필요한 요소를 고루 습득하는 능력을 말한다. 청소년기는 에너지가 넘치고 역동적인 시기이므로, 소극적이거나 비활동적일 경우 신체적 비만과 정서적 불안정을 경험할 가능성이 매우 크다. 또한 신체 활동에 적극적이지 못할 경우 정신적 스트레스가 증가하여 신체 기능의 저하를 초래하고 동시에 각종 질환으로도 이어진다. 특히 청소년기의 신체건강 역량은 급격한 성장이 이루어지는 만큼 조숙과 만숙의 차이로 서로 동등한 성장과 발달이 이루어지지 않는다. 그럼에도 청소년은 낮은 자아의식으로 친구나 동료와의 비교를 통해서 자신의 신체상과 이미지를 비하하거나 극단적으로 판단하여 잘못된 해석을 내릴 가능성이 매우 크다. 청소년기에 에너지를 방출하고 균형 있는 신체건강 역량을 갖추도록 유도하는 것은 강건한 체력을 바탕으로 자신의 생활을 균형 있게 유지하는 데 큰 도움을 준다. 신체건강 역량을 구성하는 하위 요소로는 규칙적인 운동 습관, 균형 있는 식습관 등의 영역이 포함되어 있다.

(3) 갈등 조절 역량

갈등 조절 역량은 청소년 스스로가 자신의 갈등의 원인이 어디서부터 나타났는지를 파악하고 해당 요인을 잘 통제하는 능력을 말한다. 청소년기에는 개인 간의 인지 능력의 차이에 따라 사물을 바라보는 시각이 각기 다르며, 충동과 분노를 억제하는 능력이 미흡하기 때문에 상호 간의 갈등이 빈번히 발생한다. 특히 불안과 심리적 억압이 고착화된 상태로 탈자아성이 분화되지 못한 경우에는 자신의 주장을 합리적으로 표현하지 못하거나 심리적 갈등을 크게 느끼게 된다. 갈등은 인간관계를 저해하고 청소년 스스로의 삶을 조화롭게 이끌어 가는 것을 어렵게 하기 때문에 자발적으로 갈등을 조절하는 능력은 매우 중요하다. 따라서 청소년기에 외부로부터 받는 스트레스를 조절하는 것은 손상된 자아와 자존감을 회복하는 데도 큰 도움이 된다. 갈등 조절 역량은 갈등의 주요 원인으로 작용하는 가족 간의 이해 능력, 학업 스트레스, 갈등 관리 등의 하위 요소를 포함한다.

(4) 문제해결 역량

문제해결 역량은 자신에게 주어진 상황이나 현상의 원인이 무엇인지를 파악하고 탐구하여 단순히 문제 파악에서 그치는 것이 아닌, 인지적이고 심리적인 연속선상에서 주어진 문제와 연결하여 해결 방안까지 찾을 수 있는 능력을 말한다. 청소년기에는 자아중심적인 성향이 강하기 때문에 자신의 현실과 도달해야 할 목표 사이의 차이를 인식하고 그로 인한 장애물을 제거하는 능력이 합리적이지 못한 경우가 많다. 그러나 문제해결 역량을 갖추게 되면 독창적인 아이디어를 현실화할 수 있고, 문제의 진단과 우선순위의 결정 그리고 해결 방안을 찾는 핵심을 잘 연결하게 된다. 반면 이러한 문제해결 역량을 갖추지 못하면 자신의 단순한 경험에만 의존하게 되어 문제의 본질이나 복잡한 관계, 현실적 관점에서 타인이 주장하는 의미와 결과를 정확하게 파악하지 못할 뿐만 아니라 그에 따른 효과적인 대안을 찾기가 어렵다. 문제해결 역량이 부족하면 학업 성취나 과제 달성 수준이 낮아지므로, 학습 능력의 강화를 위해서도 문제해결 역량의 증진은 매우 중요하다. 문제해결 역량을 구성하는 하위 요소로는 문제해결 능력, 원인 분석력, 설득력, 창조적 사고력, 종합적 사고력이 있다.

(5) 대인관계 역량

대인관계 역량은 사람 사이에서 서로의 관계를 원활하고 긍정적으로 형성하고 유지하며, 타인과의 간격을 좁히기 위한 개인의 적응력을 의미한다. 대인관계 역량이 높으면 또래와의 관계에서 사적인 감정이나 편견을 배제하고 적극적으로 협력할 수 있고, 자신의 기준을 일관성 있게 유지하면서 교우 관계를 원만하게 유지할 수 있다. 반면 대인관계 역량이 낮으면 집단 내에서 타인의 감정이나 생각을 잘 읽어 내지 못하고, 대화를 할 때도 상대방의 입장이나 특성을 고려하지 못하여 자신의 의견만을 일방적으로 전달하게 된다. 청소년기는 특별한 경우를 제외하고는 자아중심성이 강하고 사회적 관계를 조절하는 능력이 낮아 대인관계 성향과 사교성이 부족하여 특정인과 집단을 형성하거나 폐쇄적인 인간관계를 보이면서 집단 따돌림, 편견 등과 같은 편향적 사고를 보이게 된다. 하지만 낯선 사람과 원만한 관계를 형성하려는 의지가 강하게 되면 서로를 이해하고 타인의 생각을 읽고 다가서는 능력을 갖추도록 함으로써 자아중심적 사고를 탈피하고 긍정적인 인간관계를 형성하여 자신감을 얻을 수 있다. 청소년기의 대인관계 능력을 조절하고 인간관계를 조화롭게 하는 데 필수적인 대인관계 역량은 대인 의사소통, 관계 형성, 갈등 관리와 같은 하위 요소를 포함한다.

(6) 성취동기 역량

성취동기 역량은 어떤 일을 수행하고자 할 때의 행동을 결정하는 원동력으로서 과업의 달성이나 어려움을 극복하고자 하는 필수적인 내적 의욕 또는 내적 성향을 말한다. 성취동기가 높으면 자신이 하고자 하는 일을 열심히 그리고 계속적으로 수행하려는 의욕이 지속되며, 중단된 과제를 완성하려는 경향이 높고, 어려운 상황이 닥쳐도 자기 스스로 결과를 얻고자 노력한다. 또한 전체 활동의 주요 맥락을 잘 이해하고 끝까지 이행하려는 노력을 지속하게 된다. 하지만 성취동기가 낮으면 목표가 자주 변하고, 쉽게 좌절하고 포기하려는 마음이 앞서 과업을 달성하지 못하게 된다. 또한 책임감과 자신감이 결여되어 도전하고 있는 가치를 지속하지 못하는 한계를 나타내게 된다. 성취동기 역량은 학습 실행력, 동기 유발, 성취 지향성의 하위 요소를 포함하고 있다.

(7) 리더십 역량

리더십 역량은 여러 사람과의 관계 속에서 자신의 역량과 책임을 인식하고 수행하며, 과정과 결과에 대한 책임감으로 끝까지 목표를 완수하는 능력을 의미한다. 청소년기의 리더십은 집단과 집단원을 이끌 때 절대 권위적인 힘을 보여 주는 행위가 아니라 약자와 강자가 공존하며 서로를 이해하고 원만한 관계를 맺기 위해 집단 내의 모든 집단원이 반드시 필요한 존재가 되도록 이끄는 능력을 말한다. 리더십 역량이 높으면 구체적인 사실과 정보에 근거한 신속하고 정확한 방향을 결정하는 능력을 토대로 자신의 삶에 영향을 미치는 사태를 스스로 조절할 수 있으며, 집단원 전체가 함께 동일한 목표를 이행하며 나아가게 됨으로써 그에 따라 원하는 결과도 얻을 수 있게 된다. 반면 리더십 역량이 낮으면 능력에 대한 믿음이 부족하고, 어떠한 일을 선택하고 노력을 기울일 것인지에 대한 확신이 잘 서지 않거나 자아중심적으로 판단하고 결정하며 평가하는 성향이 높아 집단 내에서의 신뢰성과 적응력이 떨어지게 된다. 리더십 역량은 책임성, 원인 분석력, 의사결정, 자신감의 하위 구성 요소를 포함하고 있다.

(8) 시민성 역량

시민성 역량은 청소년기에 궁극적으로 도달해야 할 민주 시민의 역량으로서 토대 역량과 활동 역량을 기반으로 청소년으로서 가져야 할 최상의 역량을 말한다. 청소년기의 민주 시민 의식은 단지 생각에 그치는 것이 아니라 청소년의 권리 의식을 위해 보다 적극적으로 사회참여에 앞장서되, 기존의 사회적 질서를 해치지 않고 이타성과 봉사적 감각을 기초 삼아 지역사회의 건전한 사회인으로 성장하는 역량을 말한다. 시민성 역량이 높으면 자신보다 타인의 어려움을 깨닫고 지원하려는 이타적 행동이 적극적으로 이루어지지만, 반대의 경우는 청소년기의 자아중심적 성향으로 인해 협동, 책임, 봉사, 인권 존중 등의 가치 의식이 매우 낮은 속성을 보이게 된다. 청소년의 시민성은 사고와 학습을 통해 이루어지는 것이 아니라 행동과 실천을 통해 계발된다. 시민성 역량은 사회성, 지역사회에의 기여, 참여의식 능력의 하위 요소를 포함한다.

이처럼 청소년기의 역량은 성인기의 역량이나 기업 또는 직장에서 이행되는 직접적인 업무 수행 능력과는 다르게 인식되어야 한다. 통상적으로 기업이나 직장과 같은 곳에서 개인이 업무를 수행하는 능력은 필수적으로 요구되는 능력과는 다소 다를 수 있다. 청소년기는 성장의 연속적 과정이나 개인차에 의하여 성장의 지속성이 다소 다르게 나타날 수 있기 때문이다. 따라서 현재 능력의 성취도가 낮다고 역량이 미흡하거나 부족하다고 낙인찍는 것은 청소년기의 특성을 이해하지 못하는 편협한 시각이라고 보아야 한다. 청소년기의 능력이 다소 결여된 이들이라 하더라도 어느 시점에 이르면 개인의 잠재력을 발휘할 수 있는 기회를 통해 개인의 역량을 기를 수 있게 된다.

2. 청소년 역량 증진과 멘토링의 관계

청소년의 멘토링은 자신의 약점을 보완하고 긍정적인 가치관을 회복하게 만드는 중요한 정신적 표상으로 작용한다. 특히 멘토는 청소년의 정신적 성장에 중요한 기제를 제공하는데, 그 이유는 청소년기의 특수성과 매우 밀접한 관계가 있다. 청소년기의 가장 큰 강점이자 약점인 인지적·정서적 미성숙은 청소년의 문제 행동을 유발할 개연성이 무척 크다는 한계도 있지만, 오히려 인간 발달의 가소성(可塑性)이 크기 때문에 멘토의 장점과 지지적 요소에 대한 흡수력이 매우 큰 장점이 있다.

특히 청소년기의 발달 과정에서 볼 수 있듯이 청소년기가 되면 사회적·법적·도덕적 관점을 일반화하려는 성향을 보인다. 그리하여 멘토와 멘티의 공동의 기대치가 형성되면 긍정적인 발달의 성향이 가속화하는 결과를 보일 수 있다.

특히 멘토링은 청소년에게 사회적 지지라는 공감을 만들어 준다. 개인이 대인관계에서 특정한 기능의 자원을 제공받을 수 있다는 기능적인 측면과 사회 구성원과의 관계 속에서 그 구성원들과의 접촉 빈도가 높아지는 구조적 측면으로 나누어 볼 수 있다. 기능적 측면에서는 정서적 안정감이라든지, 정보나 물질 등과 같은 보호나 복지적 요소를 직접 서비스 받는 경향을 나타내며, 구조적 측면에서는 자신을 지지해 주는 새로운 버팀목을 갖게 됨으로써 안전감과 사회적 네트워크 등을 확장할 수 있다(이난영, 2000). 특히 멘토를 통해서 얻게 되는 사회적 지지는 〈표 3-4〉에서와 같이 물질적 수단부터 정서적·사회적 기능까지 포괄하는 넓은 의미의 지지 형태를 얻게 된다.

결국 멘토링은 멘토와 멘티 관계에 기반을 두고 합의된 목표하에 상호작용과 상징이 이루어지는 과정(윤대관, 2012)이기에 청소년의 성장에 매우 유용한 의미로 작용한다고 볼 수 있다. 특히 멘토링의 경우 다음과 같은 효과성으로 인해 사회적으로 많은 각광을 받고 있다.

- 청소년 멘토와 아동 멘티 모두 성장과 학습의 기회를 제공함으로써 제한된 재원과 자원을 가진 학교와 지역에 호소력을 가질 수 있다.
- 멘토 모집이 용이하여 성인 멘토를 모집하는 데 필요한 마케팅 및 아웃리치 비용을 절감할 수 있다.

〈표 3-3〉 Selman의 사회조망 능력 수준

발달 수준	연 령	특 성	친교 기능	자율성 기능
수준 0	0~4세	자아중심적, 충동적	비반성적 모방을 통한 경험의 공유	비반성적·충동적 행동
수준 1	5~7세	일방적, 독단적	상대방을 고려하지 않고 자기 생각만을 표현함으로써 경험을 공유	일방적인 명령/지시 또는 자동적인 복종이라는 전략에 의한 협상
수준 2	8~10세	호혜적, 반성적	비슷한 지각이나 경험을 함께 고려함으로써 경험을 공유	상대방을 설득 또는 존중하는 자세의 협동적 전략에 의한 협상
수준 3	10~12세	공동적, 제삼자적	협동적·반성적 과정을 통한 경험의 공유	자신과 타인의 욕구를 함께 고려하려는 협동적 전략에 의한 협상
수준 4	12~15세	사회적 혹은 심층적 관점	사회적·법적·도덕적 관점 구상을 일반화	서로 공동의 기대와 함께 나누어 가진 자기이해에서 다양한 측면으로 이해

* 출처: Selman (1980)을 원정숙(2005)이 재구성함. 오미선(2012) 재인용.

〈표 3-4〉 사회적 지지망을 통해 전달되는 사회적 지지의 유형

유 형		내 용
도구적 지지	물질적 원조	금전이나 물적 자원의 제공
	행동적 원조	신체적 노동과 일상적 과업의 분담
정서적 지지	친밀한 상호작용	경청, 존중, 이해, 수용
안내	안내	조언, 정보, 교육
	피드백	행동, 생각, 정서에 대한 피드백
사회화	사회적 상호작용	재미와 이완을 위한 사회적 상호작용, 사회적 정체성과 자아 인식을 향상함.

* 출처: 오미선(2012) 재인용.

- 또래 지향성을 활용하여 나이 차이가 많지 않은 멘토와의 관계 형성이 용이하고, 역할 모델을 제공할 수 있다.
- 지지자의 삶에서 중요한 이행 시점에 도움이 된다. 즉, 멘티는 학교 및 사회적 관계에서 경험하는 변화의 시기에 이를 먼저 경험한 멘토의 도움을 받을 수 있다. 멘토 역시 멘티와의 관계성 속에서 자신감을 포함하여 이후 자신의 삶을 준비하는 데 필요한 개인적 역량을 계발하는 기회가 될 수 있다(김경준, 오해섭, 김지연, 정익중, 정소연, 2010 재인용).

더 나아가 멘토링 활동은 개인적인 차원의 적응력을 키우는 데 매우 유용한 방법이라는 점과 자기 방향 설정, 자기 동기 유발, 자신이 본보기가 되는 셀프 리더십과 같은 자기행위적 표현력을 강화시켜 삶의 만족감을 강화하는 효과도 있음을 보여 준다.

이처럼 멘토링이 청소년의 성장에 긍정적인 영향을 줌으로써 특히 사회적 존재로서의 역할, 책임을 감당할 수 있는 방향으로 성장을 이룰 수 있거나, 심리사회적 성숙의 관점에서 에릭슨(Erikson, 1959)이 제시한 자기수용, 정서적 안정성을 포함한 성장을 이룰 수 있게 된다.

결국 무엇보다 중요한 점은 청소년기의 멘토링은 청소년의 성장과 발달이라는 관점에 초점을 맞출 수 있으며, 영역과 범위도 매우 다양하게 규정해 볼 수 있다. 즉, 청소년기의 가장 핵심적 요소라 할 수 있는 학업 문제나 성적 저하와 이로 인한 스트레스, 불안 등을 지지해 주거나 생활의 긍정적인 지지 역할을 해 주는 관점에서도 효과적인 멘토링을 해낼 수 있다.

학업 문제나 생활 지지의 원인은 매우 다양하지만, 주로 인지적 측면에서는 지능, 학업 기초 능력, 선행학습 수준 등을 고려해 볼 수 있고, 정서적 측면에서는 학습의 동기, 흥미, 자아개념 등과 같은 내면화 요소에 의해서도 큰 영향을 받게 된다.

이러한 점을 고려해 본다면 청소년 멘토링을 통해서 청소년의 긍정적인 역량을 이끌어 내야 한다는 관점이 매우 중요한 과제가 된다. 보편적으로 멘토링은 청소년의 성장에 유익한 영향을 주는데, 멘토링을 통해서 고려해야 할 부분으로 크게 개인적 지지와 사회적 지지의 관점으로 나누어서 설명할 수 있다.

여기서 개인적 지지는 청소년의 내적 역량이 평균 수준에 도달하지 못하는 청소년에게 일정 수준으로 자신의 인지적 · 정서적 안녕감을 갖도록 이끌어 주는 기능을 하며, 사회적 지지는 내적 지지를 통하여 긍정화된 자기 이미지를 바탕으로 관계 개선, 생활 증진 등의 긍정적 전략을 획득하도록 하는 것으로 볼 수 있다.

결국 멘토링이 청소년에게 주는 효과만큼이나 멘토가 멘티의 성장을 이끌도록 하기 위해서는 청소년의 역량 개발이라는 요소를 멘토링의 구체적 변인으로 이해하고, 이를 정점으로 성장하도록 하는 노력을 이행해야 한다. 멘토가 멘티 개개인의 역량에 대한 구성 요소를 이해하고 이를 바탕으로 성장의 어려움을 겪고 있는 요소가 있는지, 이러한 부분에 대한 문제점을 어떻게 개선할 것인지를 구체적인 대안으로 설정하고 개선해 나가려는 노력을 함으로써 멘토링의 목표를 정교화할 수 있게 된다.

3. 청소년 역량 증진을 위한 멘토링의 실제

1) 자아 역량 증진을 위한 멘토링 방법

멘토링의 첫 번째 목표는 멘토와 멘티의 관계를 어떻게 설정하는가의 관계성이다. 초기의 멘토링에서는 멘티와의 어색함, 두려움, 멘티와의 겉도는 대화, 열리지 않는 마음, 멘토링 진행에 대한 고민, 서로 지역이 달라 고민하는 모습을 통해 멘티와 멘토가 서로 경계하는 모습이 나타날 수 있다(윤대관, 2012). 이러한 경계를 뛰어넘을 때 멘토는 관계적인 성장을 이루게 되는데, 멘토링 프로그램에서 멘토의 성장과 더불어 원활한 멘토링이 이뤄질 수 있도록 초기의 불안함에 대한 대처점이 필요하다. 결국 자기이해에 대한 긍정성을 확보하도록 지도해야 하는데, 이를 위해서는 청소년의 자의식에 대한 이해가 반드시 필요하다.

멘토링에 참여하는 청소년 중 많은 이가 자아 역량이 낮으며, 자신에 대해 부정적 인식이 높고, 우울감과 불안한 감정이 지속되며, 자신의 좋은 면을 바라보기보다는 부정적인 해석을 하거나 문제의 원인을 대부분 자신의 탓으로 귀인하려는 속성을 보인다. 그렇게 될 경우 정서적 불안이나 감정의 기복이 심하여 마음의 상처를 쉽게 받는 성향이 있으므로 이들의 마음을 달래 주고 스스로 마음을 굳게 다짐하도록 이끄는 노력이 필요하다.

특히 자아 역량이 낮은 경우 객관적 기준을 마련하는 능력이 부족하여 사물을 주관적으로 바라보면서 동일 대상에 대한 기준이 자주 변하거나 자기중심적으로 바라보고 규정하려는 경향이 두드러지게 된다. 이들에게 사물을 바로 보면서 정확하게 그리고 안정적으로 판단하도록 지지해 주는 것을 멘토링의 목적으로 삼는 노력을 해야 한다.

이 외에도 타인과 좋은 관계를 유지하고자 하나 본인이 먼저 다가가기보다는 자신이 믿거나 좋아하는 특정 사람의 의견을 추종하는 성향이 있으므로, 집단 내에서 구심점 역할을 하는 사람이나 동료를 찾아서 안전감을 얻도록 해 주어야 한다.

2) 신체건강 역량 증진을 위한 멘토링 방법

신체건강 역량이 낮으면 동시에 자존감과 효능감이 매우 낮아 자신의 현재의 모습에 대한 인정감이 매우 낮고, 신체 중 아름답지 않거나 타인과 비교하여 열등하다고 판단되는 모습을 찾는 경향이 매우 두드러지게 된다. 물론 청소년기의 성장이 균일하게 이루어지지 않는다고 알고는 있으나 타인과 끊임없이 비교하면서 자신의 장점보다는 약점을 더욱 확대하려는 성향을 보이게 된다.

이러한 자신의 단점만을 극대화하거나 특정 사건을 집중적으로 조명하는 것은 사고의 함정이 일어나는 여러 가지 요소 중 '확대'와 '축소'와 같은 심리적 함정이라는 요소를 활용하기 때문이다. 예를 들어, 시험공부를 하였지만 특정 교과목에서 낮은 점수를 받아서 학업이 상대적으로 어렵다고 느끼는 경향이 강화되거

3. 청소년 역량 증진을 위한 멘토링의 실제

나 자신의 신체 부위 중 특정 요소가 불만이어서 전체적으로 자신감이 떨어지거나 좋은 신체상을 좋지 않은 이미지로 평가하려는 경향이 강해진다. 결국 부정적인 사건이나 현상을 확대하거나 부추김으로써 내적인 회복력을 손상시키는 기제를 사용하게 되는데, 정작 본인은 이것을 잘 모른다는 데서 어려움이 생긴다.

따라서 자신이 신체와 관련하여 어떠한 판단 요소를 자주 활용하는지를 파악하게 하고 신체건강을 유지하거나 새로운 일을 시작하려는 의지가 얼마나 있는지, 새로운 결심을 한 이후에도 쉽게 포기하거나 다른 생각으로 현재의 상황을 벗어나려는 경향이 큰지를 파악해야 한다. 신체건강 역량이 낮으면 운동이나 신체 활동과 같은 동적인 활동을 선호하지 않으며 주로 방 안에서 생활하거나 컴퓨터(게임) 사용 등을 더 선호하는 경향을 보이는데, 이러한 문제 요인은 없는지를 파악하는 것이 중요하다.

3) 갈등 조절 역량 증진을 위한 멘토링 방법

청소년기에는 통상적으로 가족 구성원으로부터 인정을 받지 못해 성취 욕구가 낮고 부모와의 관계가 원만하지 못한 것이 원인으로 작용하여 기대 욕구와의 격차가 커짐으로써 심리적 위축과 긴장, 충동적인 모습을 보일 수 있다. 또한 낮은 자아존중감이 형성되어 자신의 능력을 낮게 평가하려는 경향이 강하고, 학습무력감과 위축 상태를 보일 때 갈등에 쉽게 노출된다.

갈등에 지나치게 민감하면 학습 동기나 필요성이 낮아 회피하거나 현실을 제대로 바라보기보다는 과도하게 이상화하여 괴리감을 크게 느끼고, 자신에게 지나치게 엄격해지는 성향으로 인해 타인과의 공감 능력이나 사회적 조망 수용 능력이 매우 낮은 모습을 보이게 된다. 따라서 가족이나 친구 등 자신이 선호하는 사람과 친밀한 관계를 유지하거나 대인관계의 중요성을 지각하도록 해 주어 신뢰감이나 인정 등 사회성을 확장하는 데 열중하도록 안내해야 한다.

그리고 어떤 사람과 관계된 사건을 해석함에 있어서 속단하거나 관련 정보 없이 판단하는 경향을 제거하고, 자신이 스스로 상실 믿음(갈등 상황이 반복되는 사람이 특별한 이유 없이 자신을 불렀을 때 자신이 무슨 잘못을 저지른 게 분명하다고 믿고 슬픔과 불안, 속단 등의 결정을 미리 내리고 그에 대응해 도피나 화 등과 같은 선제 행동을 하는 태도)을 가지거나 이로 인해 미래에 대한 위협을 자주 경험하는지를 파악하여 제거해 주어야 한다.

4) 문제 해결 역량 증진을 위한 멘토링 방법

문제 해결은 문제 인식 과정에서 해결하기 어려운 점을 먼저 파악하는 경향이 있고, 그 결과 불안감을 갖게 되는 성향을 말한다. 문제해결 역량이 낮으면 문장 구성 및 이해 능력, 표현력, 논리적 사고력, 추론 능력, 수치 자료의 처리 및 분석, 기초적 통계 처리와 해석 능력, 정보화 능력, 기획, 분석 능력, 판단 및 의사 결정, 문제해결 능력 등 전체적 분야에서 이해력이 상당히 떨어지게 된다.

특히 주로 기존 경험에 의해서 문제를 보고 타인은 문제라 인식하고 주장하는 것에 대해 정작 본인은 문제의 근본적인 원인을 잘 알아채지 못하여 창의적인 생각을 잘 하지 못하는 상태가 지속되는데 이를 개선해 주어야 한다. 또한 자신이 처한 외적 환경과 상황 때문에 문제가 발생하여 수용의 거부감이 크고 자신보다는 외부로 문제의 원인을 돌리는 성향이 강하다면 스스로 이를 인정하도록 안내해 주어야 한다.

5) 성취동기 역량 증진을 위한 멘토링 방법

새로운 일을 찾아 하기보다는 이미 누군가가 했던 일을 따라 하려면 자신이 달성해야 할 목표가 불분명하여 역할이 애매한 상태가 지속될 뿐만 아니라 목표 달성을 위한 시간과 노력을 투자하지 못하게 된다. 성취동기가 낮으면 학습 목표와 과제 달성의 동기가 낮고 자신의 능력을 긍정적으로 평가하지 못하거나 시간 계획표 작성, 시간 관리, 오늘 해야 할 일 등을 자주 미루고 자기 관리가 잘되지 않아 낭패를 보는 경향이 많게 된다.

이러한 성향을 보이는 청소년에게는 자기주도적 역량을 키우도록 하고, 미래 지향적이며, 새로운 일을 꾸리기 위하여 체계적인 계획을 세우고, 얻게 될 성취 만족을 기대하면서 과제에 열중하게 하는 방법을 고민하게 해야 한다. 평이한 과업보다는 다른 사람이 쉽게 이루기 어려운 역경이나 난제를 해결하려는 성향 을 즐기도록 유도하고 자신이 하고 있는 일(학업, 진로, 봉사, 기타 활동 등) 자체 에서 의미와 즐거움을 찾고, 어려움과 고난이 있더라도 극복하고 과업에 몰입시 키는 방안을 지도해야 한다.

6) 대인관계 역량 증진을 위한 멘토링 방법

대인관계 역량이 낮으면 타인과 효과적으로 의사소통하지 못할 수 있으므로 상황 대처 등 사회적 기술 능력을 개선하려는 노력을 하게 해 주어야 한다. 자아 개념이 낮고 자기개방을 잘 하지 못하여 모르는 사람을 사귀기 어렵고, 자신이 좋아하는 특정인과의 관계에만 초점을 맞추는 경향이 크므로, 자기희생적 상황 에서 대인관계를 형성하고 유지하도록 이끌어 주어야 한다.

또한 상대방을 배려하는 언어의 친밀도와 자신의 의견을 표명하는 개방성을 높일 수 있는 언어적 기법을 많이 제시해 주어야 한다. 특히 새로운 친구나 낯선 사람을 만나면 먼저 다가가지 않고, 구석진 곳을 선호하며, 마음속에서는 관계 를 맺고자 하는 욕구는 있으나 행동으로 이행하지 못하는 청소년의 심리적 특성 을 잘 이해하고, 심리적으로 크게 위축되지 않도록 잘 보살펴 주어야 한다.

7) 리더십 역량 증진을 위한 멘토링 방법

리더십 역량이 낮으면 집단 내에서 구성원의 역할과 책임을 잘 이해하지 못하 며 자기중심적으로 행동하고 타인에게 큰 피해를 주어도 잘 깨닫지 못하는 경향 을 보이게 된다. 또한 자신이 결정해야 할 문제나 내용을 파악하지 못하거나 결 정을 앞두고 우유부단하게 행동하거나 심약하게 생각하고 결정을 되돌리려는 성향이 매우 크다.

특히 책임감과 책무성이 낮아 일을 잘 처리하지 못했을 때도 문제의식이 부족하며, 일의 추진 과정 및 결과에 유연하게 대처하지 못하거나, 주도적으로 행동하고 결정하기보다는 타인의 의견을 추종하며, 집단 내에 숨으려는 성향이 강하고, 상황 파악 능력이 떨어지는 모습을 보인다. 이 경우 직관과 통찰력으로 문제를 인식하고 판단하여 의사 결정하는 논리적 체계성을 갖추게 하거나 자신에게 주어진 과업에 대해서 적극적이고 능동적으로 참여하며, 주어진 여러 상황에 대한 책임감과 대처 능력을 증진하도록 유도해 주어야 한다.

8) 시민성 역량 증진을 위한 멘토링 방법

시민성은 청소년기에 반드시 구현해야 할 최상의 역량 개념이므로, 자신이 거주하는 지역의 긍정성, 참여적 기회의 증대 그리고 실천적 사고를 높이도록 해 주어야 한다. 시민성 역량이 낮으면 거주 지역에 대한 애착심이 낮아 공동체적 기준을 반드시 지켜야 할 의무나 일체감을 높이려는 노력도 부족하다. 그리고 지역사회 사람들이 오히려 피해를 주는 경향이 있다거나 문제 행동은 그들이 만들어 낸 것이라는 다소 부정적 성향이 높게 나타난다. 그러면 사회 통념상 이행해야 할 기준이나 규범, 법규, 윤리적 기준 등은 행동을 제약하기 때문에 반드시 지켜야 할 필요는 없다고 여기면서 지역사회의 문제 요인을 발견했더라도 자신과는 무관하기 때문에 굳이 개선하거나 수정해야 할 필요를 느끼지 못하게 된다.

따라서 지역사회에서 의견을 주도하며 다른 사람들과 긍정적인 관계를 잘 형성하게 하려면, 다소 자신의 이익에 배치되더라도 집단이나 공동의 이익을 위해 주도적이고 적극적으로 참여하도록 하는 기회를 보장해 주어야 한다. 특히 지역사회의 문제 행동 요인의 해결을 위해 청소년의 행동 강령을 제정하거나 조직을 결성하는 등 집단 조직적 참여 능력을 수행하게 하여 자신의 삶을 향상하는 지역사회로 탈바꿈하는 데 적극적으로 주도권을 발휘하도록 해 주어야 한다.

Movie & Mentoring 3

- **제목** 블랙(Black)
- **감독** 산제이 릴라 반살리
- **출연** 라니 무케르지(미셸 맥날리), 아미타브 밧찬(데브라이 사하이)
- **등급** [국내] 전체 관람가

♠ 줄거리

소리는 침묵이 되고, 빛은 어둠이 되던 시절, 불가능을 가능으로 바꿔 놓은 한 소녀의 희망 메시지! 보지도 듣지도 못하는 말 그대로 세상이 '블랙' 같은 여덟 살 소녀 미셸에게 끊임없는 사랑과 노력으로 세상과 소통하는 법을 가르쳐 주고, 그녀의 꿈을 펼칠 수 있게 해 준 사하이 선생님. 그러나 알츠하이머병으로 기억상실증에 걸려 그녀조차 알아볼 수 없게 된 사하이 선생님에게 이제 미셸이 기적을 보여 주려 하는데…….

♤ 교육적 의미

현대판 헬렌 켈러 '미셸 맥날리'와 현대판 설리번 선생 '데브라이 사하이'. 보지도 듣지도 못하기 때문에 아이의 행동을 규제할 수 없다고 생각한 미셸의 부모는 미셸의 행동을 그저 받아들이기만 했다. 하지만 사하이 선생은 달랐다. 그만두기로 한 날까지도 아이의 버릇없는 행동은 두고 볼 수 없다며 마지막까지 미셸을 교육한다. 그 순간 미셸은 사하이의 가르침에 반응하기 시작한다. 사하이 선생이 미셸에게

가르치지 않은 유일한 단어는 impossible, 즉 불가능이다. 보이지 않는다면 느끼게 하고 체험하게 하면 된다며 그렇게 가르친다.

이 영화의 주인공은 남보다는 더디지만 분명 성장하고 있다. 물론 어떻게 장애를 극복했는지는 나오지 않는다. 다만 불가능만 가득할 것 같은 미셸의 삶 속에서 불가능이라는 단어는 찾아볼 수 없었다. 불가능한 일도 끊임없이 반복하다 보면 어느새 몸에 익숙해지면서 가능케 되었다.

우리는 흔히 아이들에게 '불가능' 이라는 단어를 암묵적으로 사용한다. 도전을 하려고 하면 제약을 먼저 이야기하며 할 수 없다고 이야기한다. 그런데 사하이 선생과 미셸이 보여 준 결과를 본다면 우리는 아이들에게 '불가능' 이란 단어를 가르치는 것이 얼마나 위험한 것인지 깨닫게 된다. 멘토가 가능하다고 확신하면서 멘티의 상황에 맞게 바꾼 행동이 멘티의 삶에서 얼마나 큰 영향을 미치는지 기억해야 한다.

★ 참고 자료: 네이버 영화

♣ 함께 생각해 보기

• 불가능한 일처럼 보이는 우리 주변의 사건은 무엇이며, 그 일에 대하여 우리는 어떻게 반응하고 있는가?

• 사회에서 장애우를 바라보는 시선과 변화되어야 할 의식은 무엇인가?

제4장

청소년 역량 개발 멘토링 프로그램

1. 청소년 역량 개발과 멘토링

청소년기의 역량의 증진은 청소년이 당면한 문제를 주도적으로 해결하고, 성공적인 성인으로서 발달하도록 촉진한다. 청소년 활동은 세계 시민 의식의 수용을 위하는 목적을 달성하기 위해 개인의 역량이 인지적 · 정의적 차원에서 필요한 기제를 구축하고 실현해 나가는 체득화 과정을 의미하며, 청소년 활동 역량은 이 과정을 통해 개발 가능한 청소년의 총체적인 삶의 영역을 포괄할 수 있는 역량을 의미한다. 청소년 활동 역량의 범주에는 자아 역량, 갈등 조절 역량, 문제해결 역량, 성취동기 역량, 대인관계 역량, 리더십 역량, 신체건강 역량, 시민성 역량이 있다(권일남, 김태균, 2009).

청소년 활동의 역량은 8개 역량 27개 하위 요소로, 청소년 활동의 의미를 세부적으로 세 가지 형태로 설명할 수 있다. 청소년 역량은 청소년의 성장 및 발달과 관계하여 가장 핵심적으로 필요로 하는 '기본 역량(자아 역량, 신체건강 역량)', 기본 역량을 토대로 청소년이 자신의 의도적 사고 및 인지적 태도로 구체적인 행동을 하거나 타인과 더불어 영향력을 발휘하도록 하는 '실천 역량(리더십 역량, 대인관계 역량, 성취동기 역량, 문제해결 역량, 갈등 조절 역량)', 그리고 기초 역량과 실천 역량을 통하여 청소년이 최종적으로 달성해야 하는 통합적 역량인 '결과 역량(시민적 역량)'으로 구분된다.

청소년 역량은 이 세 가지 역량의 구성 요소가 통합적으로 연결되어, 청소년이 각종 활동을 통해서 안정되고 긍정적인 삶을 꾸려 갈 수 있도록 도와주는 종합적인 힘이다.

2. 청소년 역량 개발 멘토링의 의의

청소년이 미래의 유능한 인재가 될 수 있도록 그 기반을 마련해 주는 것은 청소년 개인뿐만 아니라 국가 미래의 발전을 위해서도 필수적이다. 청소년이 이끌어 가야 할 미래는 경제활동인구는 줄어들고 사회적 부담은 커질 것으로 예상되기 때문에 청소년이 짊어지고 가야 할 미래에 대한 대안의 모색이 시급하다.

이러한 시점에서 청소년의 핵심 역량 증진이 미래 사회의 역량과 곧바로 연결된다는 점에서 청소년의 핵심 역량 개발에 관심이 집중되고 있다. 교육과정이나 청소년 정책 등을 통하여 청소년의 역량을 키우는 데 많은 노력을 기울이고 있으나 안타깝게도 우리나라의 교육은 여전히 학업이나 스펙을 중시하고, 입시주의 교육정책으로 인하여 대부분의 청소년이 학업 이외의 다른 활동에 관심을 가질 만한 시간적 · 정신적 여유가 없다.

이로 인하여 오늘날의 청소년은 자신이 무엇을 해야 하는지, 왜 해야 하는지에 대한 정확한 가치관이 형성되지 못함으로써 사회가 필요로 하는 인재로 성장하는 데 필요한 활동 역량의 부족을 경험하고 있다. 청소년의 활동 역량 부족은 청소년의 삶과 학습과 대인관계에서 심각한 문제를 초래하기도 한다. 따라서 청소년에게 있어서 활동 역량의 증진은 미래를 만들어 가는 가장 중요한 활동이라고 할 수 있다. 청소년의 활동 역량 증진에 있어서 다양한 프로그램이 제안되고 있고, 청소년 멘토링 역시 청소년 활동 역량 증진에 큰 도움이 될 것이다(권일남, 김태균, 최진이, 이상경, 2012).

역량(competency)의 개념은 '개인이 수행하는 직무에서 실제로 성과가 나타나도록 사람이 보유하고 있는 능력을 바탕으로 결과를 남기기 위해 취한 행동을 지칭' (이홍민, 김종인, 2003)하거나 맥라건(McLagan, 1980) 등에 의하여 기업이나 작업장과 같은 조직에서 우수한 업무 수행자의 개인적 특성이나 자질을 뜻하는 것으로 1970년대 초에 등장하였다.

역량의 등장 배경으로는 기업의 인사제도가 업적주의를 기준으로 삼으면서 개인의 업적을 평가할 수 있는 객관적인 좌표가 필요해졌고, 기업의 생산성을 높이기 위해 선진화된 인재 선발 기준의 필요성이 부각되었다. 또한 직무에서 실제 성과를 더 잘 예언해 줄 수 있는 평가 도구가 필요해지면서 등장하였다.

역량의 개념은 개인의 특성 중 행동으로 드러나는 수행의 측면만을 뜻할 것인가, 아니면 보이지 않는 개인의 동기나 자아개념 등을 포함한 내적 측면을 포함하는가에 따라 차이를 보이기도 한다. 맥크렐랜드(McClelland, 1973) 등의 초기 연구에서는 주로 행동주의적인 시각의 개념 정의가 이루어졌고, 스펜서와 스펜서(Spencer & Spencer, 1993)는 역량을 개인의 내적 특성으로 정의하고 있다.

종합하면, 역량의 의미는 직무나 평가의 영역에서 활용되는 용어이지만, 개인의 성과 결과 및 현재의 업무성, 내적인 잠재 능력을 평가할 수 있는 구체적인 평가 좌표라고 할 수 있다. 이러한 청소년의 총체적 역량개발을 위해 멘토링은 영향력을 행사할 수 있다. 한국청소년의 학교 부적응에 대한 멘토링 효과 분석(배현옥, 2005), 멘토링 사업이 청소년에게 미치는 영향에 대한 연구(박현수, 2006), 청소년 멘토링 프로그램을 통한 사회적 자본 형성 가능성 탐색(김수정, 2011) 등 멘토링에 대한 여러 연구를 통해 우리는 멘토링이 청소년의 다양한 활동 역량에 긍정적인 영향을 줄 수 있음을 알 수 있다. 청소년역량개발을 위한 멘토링의 가치를 적극 수용하고 청소년의 전인적 성장과 잠재력 개발을 위해 실시되어야 한다.

3. 청소년 멘토링의 과정[1]

청소년 멘토링은 결과를 중심으로 하는 활동이 아니라 과정을 지향하는 활동이다. 여기서는 멘토링 관계의 형성부터 종결까지의 사이클을 통해 각 단계마다 펼쳐지는 주요 내용을 살펴보고자 한다.

[그림 4-1] 멘토링 관계의 사이클

* 출처: 김경준 외(2011).

1) 준비 단계

오리엔테이션, 등록, 교육과 훈련 등의 과정이 포함된다. 이 단계는 초기의 불안감과 함께 설렘과 행복감이 교차하는 단계다.

---

1) 김경준 외(2011)의 내용을 수정 · 보완함.
2) 상담이나 교육을 위한 전제로 신뢰와 친근감으로 이루어진 인간관계.

- 프로그램이 어떻게 운영될지에 대한 설명을 듣는다.
- 멘티와 어떻게 관계를 맺을 것인가에 대한 교육과 훈련을 받는다.
- 멘토와 멘티가 결연을 맺게 된다.
- 멘토는 자신과 관계를 맺은 멘티에 대한 간단한 개인적인 정보(예, 멘티의 나이, 학년, 특성, 성격, 취미)를 습득한다.

2) 발견과 협상의 단계

멘토와 멘티가 서로 알아 가는 단계다. 신뢰를 쌓아 가면서 멘토링의 목표에 대해 서로 의견을 제시하며 멘티의 요구를 바탕으로 목표를 설정한다.

- 서로에 대해 알아 간다.
- 멘티의 요구를 파악하고 멘토와 멘티의 관계에서 이룰 수 있는 몇 가지 목표를 설정한다.

3) 상호 간 친밀감과 신뢰 형성 단계

멘토와 멘티 상호 간에 만족스러운 관계를 형성하기 위한 노력이 필요한 단계다. 관계가 일정하게 지속되며 상호 간에 헌신과 책임감을 보여 주는 단계다.

- 만족스러운 관계 형성을 위해 일정하게 만남을 유지하고 서로 시간을 나누며 헌신하는 모습을 보여야 한다.
- 멘티가 멘토와의 멘토링 관계와 활동 그리고 멘토의 안내로 인해 변화됨을 보게 된다.

4) 목표를 성취하는 단계

이 단계는 멘토가 안정적으로 멘토링을 진행하고 있음을 의미한다. 멘티와의 관계가 진전되고 멘토링 활동의 성취감을 느끼게 된다.

- 멘티와의 관계가 진전됨을 직접적으로 느끼고 보고 분석할 수 있게 된다.
- 멘토는 자신의 목표를 성취함으로써 성취감과 만족감을 느낀다.

5) 멘토링 종결 단계

멘토와 멘티 관계의 결연을 종결하는 단계로 그동안의 노력과 활동을 축하하며 서로 간에 인정을 받는 단계다.

- 멘티와 함께 사려 깊게 반성하는 태도로 그동안의 활동을 종결한다.
- 멘토링을 통해 경험한 즐거움과 어려움 등을 동료 멘토 및 멘티와 나누며 성장과 발전을 깨닫고 축하한다. (TeamMates 내용 재구성)

4. 청소년 역량 개발 멘토링 프로그램 사례[3]

여기서는 청소년 멘토링 과정을 토대로 청소년 활동 역량 개발 멘토링 프로그램 과정을 제시하고자 한다.

---

[3] A대학교에서 2012년 9~11월 동안 총 36명의 대학생 멘토가 매주 1회 청소년을 만나 일대일 멘토링을 8주 동안 실시하였다. 그중 15명은 일반 청소년이 아닌 위기 청소년을 대상으로 멘토링을 실시하였다. 이는 쉼터에서 보호하고 있는 소년원 출소 청소년, 보호관찰 청소년, 위기 청소년, 학교폭력 가해자 청소년과 결연하여 정기적인 멘토링을 실시한 사례 과정을 정리한 것이다.

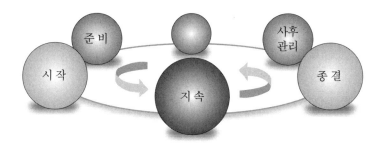

[그림 4-2] 멘토링 과정

* 출처: 김경준 외(2011).

　청소년 역량 개발 멘토링 과정은 멘토링을 실시하기 위한 준비에서부터 멘토링 시작 단계를 거쳐 지속이라는 힘에 의해 종결 단계까지 진행된다. 종결이라는 시간적 한계점에 도달하더라도 사후 관리를 통해 멘토링 과정이 지속됨을 알 수 있다. 앞으로 청소년 역량 개발 멘토링이 '청소년 멘토링 과정'의 시스템 속에서 실제로 어떻게 진행되었는지를 보면서 다양한 멘토링 현장에서 적용점을 찾을 수 있을 것이다.

　먼저 청소년 활동 역량 개발 멘토링의 프로그램 구조를 살펴보면 다음과 같다.

1) 청소년 역량 개발 멘토링 프로그램의 구조

　청소년 역량 개발 멘토링 프로그램의 구조는 〈표 4-1〉과 같이 '멘토링 준비-지속-종결'이라는 과정 속에 순차적으로 이루어지는 활동이다.

　특히 멘토링을 '지속'하기 위한 방안으로서 청소년 활동 역량 여덟 가지를 지속적으로 개발하기 위한 다양한 활동을 실시하여 멘토링이 종결될 때까지 지탱할 수 있는 힘을 제공해 줄 수 있다. 그뿐 아니라 멘토링 과정에서 다양성과 청소년 활동의 요소를 극대화하기 위한 체험 활동을 멘토링 프로그램의 한 부분으로 활용하여 지속성을 이끌어 낸다.

〈표 4-1〉 **청소년 활동 역량 개발 멘토링 프로그램의 구조**

차시	활동 내용		비고
0	멘토링 준비하기	멘토링 준비	멘토 교육 프로그램 실시
1	멘토링 협약서 작성 & 목표 설정하기	멘토링 시작	
2	자아 역량 개발 멘토링	멘토링 지속하기	
3	신체 역량 개발 멘토링		
4	대인관계 역량 개발 멘토링		
5	갈등 조절 역량 개발 멘토링		
6	체험 활동		지역사회 청소년 단체와의 연계
7	리더십 역량 개발 멘토링		
8	문제해결 역량 개발 멘토링		
9	시민성 역량 개발 멘토링		
10	멘토링 종결 활동	멘토링 종결	멘토링 수료식, 파티

2) 청소년 역량 개발 멘토링 과정

(1) 멘토링 준비 단계(김경준 외, 2011)

♥ 첫 만남에서 대화 및 활동 계획 세우기

- 첫 만남에서 멘토와 멘티 서로가 자신에 대하여 소개한다.
- 멘토링 활동에 대한 각자의 생각을 말해 본다.
- 서로의 공통점과 차이점 및 좋아하는 것과 싫어하는 것을 말해 본다.
- 앞으로의 활동 계획 등에 관하여 가볍게 대화한다.

♥ 활동 기간 동안 서로 지켜야 할 원칙 정하기

- 멘토링 활동 기간 동안 서로에 대한 호칭을 정한다.
- 만남의 장소와 시간 및 약속한 내용은 반드시 지키도록 합의한다.
- 개인적인 비밀 유지 내용 등 기본적으로 지켜야 할 원칙을 의논한다.

♥ 멘티에 관한 정보 파악하기

• 학교생활

   – 가장 좋아하는 과목과 가장 싫어하는 과목 무엇인가?

   – 가장 친한 친구와 싫어하는 친구는 누구인가?

   – 수업 시간에 대한 생각 및 선생님과의 관계는 어떠한가?

   – 학교 활동 및 행사에 참여하는 정도는 어떠한가?

• 친구 관계

   – 마음을 터놓고 이야기할 수 있는 친구가 있는가?

   – 이성 친구가 있는가? 혹은 이성 친구를 사귀는 것에 대한 생각은 어떠한가?

   – 멘티에게 영향력을 행사하는 선후배 관계는 어떠한가?

   – 친구와 주로 하는 놀이 및 행동은 무엇인가?

• 가정생활

   – 가족 구성원은 몇 명이고, 가족의 일상적인 분위기는 어떠한가?

   – 멘티와 부모 및 형제와의 관계는 어떠한가?

   – 집안의 경제 사정은 어떠하며 용돈은 어떻게 받는가?

   – 부모님이 하시는 일에 대해 말해 줄 수 있는가?

• 개인적 취향

   – 방과후, 주말 혹은 공휴일에 주로 하는 활동은 무엇인가?

   – 특별히 좋아하는 음식이나 취미는 무엇인가?

   – 현재 하고 있는 아르바이트는 무엇이고 근로 조건은 어떠한가?

(2) 멘토링 시작 단계

멘토링 시작 단계에서 가장 중요한 활동은 멘토링의 목표를 설정하는 것이다. 〈표 4-2〉를 통해 멘토링의 목표를 정하는 방법을 알아보고자 한다.

〈표 4-2〉 멘토링 목표 설정하기

시간: 멘토와 멘티가 함께!	목표를 세우기 전에 서로 믿고 신뢰하는 관계가 설정되어야 한다.
멘토링의 목표 설정은 멘티를 우선으로!	멘토는 가이드라인을 알려 주고 멘티가 목표 설정을 하는 데 주축이 되어 멘토링 목표를 세운다.
실현 가능한 목표로!	멘토링의 목표가 성취하기에 너무 어렵다면 좌절감과 패배감을 느끼게 된다.
도전할 만한 목표로!	멘토링 목표가 너무 어려우면, 멘티는 좌절감과 실패감을 경험할 수 있다. 멘티의 연령과 능력에 적절한 수준의 어려움을 극복하는 것으로 목표를 설정하는 것이 좋다.
목표 달성 시점을 분명히!	멘토링의 목표 성취가 너무 쉽고 기간이 설정되지 않으면, 멘티는 그것을 성취하는 데 대한 노력과 대가를 덜 느끼게 된다.
특별함이 있는 목표로!	그리고 그 목표를 연기하거나 흥미를 잃게 하는 경향이 있다.
성취 가치가 있는 목표로!	멘토와 멘티는 목표가 성취되어 감을 알고 있다.
멘토와 멘티의 헌신적인 목표 수행	아무리 훌륭한 계획도 헌신과 책임이 뒤따르는 노력이 없으면 성취될 수 없다. 또 목표 수행을 위해 필요한 노력에 대한 '동의서' 등을 만드는 것도 필요하다.
목표 성취 실패 시 점검 사항	'목표 설정이 너무 어려웠나? 목표가 멘토와 멘티의 적극적인 참여와 헌신이 없이 수행되었나? 멘토와 멘티가 목표 성취에 두려움을 가지고 있었나?' 많은 멘티가 낮은 자존감으로 인해 스스로를 실패자라고 느끼고 선택과 도전을 하지 않는 경향이 있다.

* 출처: 김경준 외(2011).

멘토링 목표 설정하기 활동지

멘토링 목표

- 목표 설정 날짜: _____년 _____월 _____일
- 목표를 다시 점검하기 위한 날짜: _____년 _____월 _____일

❖ 학업 성취를 위한 목표	❖ 개인적 목표
내 목표는 _____이다.	내 목표는 _____이다.
이 목표를 성취하기 위해 필요한 활동 1._____ 2._____ 3._____	이 목표를 성취하기 위해 필요한 활동 1._____ 2._____ 3._____
이 목표가 성취될 시점 1._____ 2._____ 3._____	이 목표가 성취될 시점 1._____ 2._____ 3._____
❖ 역량 개발 목표	❖ _____ 목표
내 목표는 _____이다.	내 목표는 _____이다.
이 목표를 성취하기 위해 필요한 활동 1._____ 2._____ 3._____	이 목표를 성취하기 위해 필요한 활동 1._____ 2._____ 3._____
이 목표가 성취될 시점 1._____ 2._____ 3._____	이 목표가 성취될 시점 1._____ 2._____ 3._____
멘토 사인:_____	멘티 사인:_____

　　성공적인 멘토링을 하기 위한 시작 단계에서 멘토와 멘티가 함께해야 할 활동은 바로 멘토링 성공 협약서를 작성하는 것이다. 이 과정을 통해 멘토와 멘티는 서로 책임 있는 관계로 발전하기 위한 약속을 한다.

 멘토링 성공 협약서[4)]

멘토와 멘티는 자발적으로 서로에게 도움이 될 것이라는 확신을 가지고 '멘토와 멘티'의 관계를 맺는다. 우리가 함께 계획한 목표를 수행하는 시간과 경험을 통해 서로 간에 도움이 되기를 기대한다. 그래서 다음 사항을 따를 것을 합의하고 기록한다.

▶ 만 남

얼마나 자주 만날까? _____
무슨 요일에 만날까? _____
어디에서 만날까? _____
얼마 동안 우리의 만남이 지속될까? _____

▶ 연락처

집: _____
직장: _____
학교: _____

▶ 멘토의 역할(멘티가 원하는 멘토의 역할을 써 봅시다)

_____이다.

▶ 멘티의 역할

멘토링 프로그램에 적극적으로 참여하기 위해 나는 나의 멘토와 함께 활동할 것이다. 나는 멘토와 정기적으로 만나고 의사소통할 것이다. 비상 상황이 일어나서 참석할 수 없을 때 나는 멘토에게 전화해서 다시 모임 날짜와 시간을 정할 것이다. 나는 나의 개인적인 목표를 성취할 것이고, 나의 멘토의 피드백과 충고를 적극적으로 받아들일 것이다.
그 밖에 나의 역할은 _____이다.

---

4) http://www.beamentor.org

▶ 우리의 약속

멘토는 멘토링 프로그램 코디네이터와 슈퍼바이저를 제외하고 어느 누구에게도 멘티에 대해 말하지 않을 것이다. 만일 멘토가 다른 성인이 같이 참여할 필요가 있다고 느끼면 그것을 멘티와 상의한 후에 결정할 것이다. 그리고 만일 멘티나 다른 사람들에게 신체적인 위협이나 해를 입힐 상황이 발생할 경우, 멘토는 즉시 보호받고 믿을 수 있는 다른 사람을 찾아 상호 신뢰(confidentiality)를 넘어 멘티를 보호하기 위한 도움을 요청할 수 있다.

▶ 멘토링 종결

우리는 위의 멘토링 관계를 진실하게 유지할 것에 동의한다. 하지만 만일 어떤 이유로 어느 한 사람(멘토 또는 멘티)이 관계의 종결을 원하는 경우, 멘토 또는 멘티는 프로그램 코디네이터와 함께 상의할 것이다.

멘티: _____ (서명) 멘토: _____ (서명)

날짜: _____ 　날짜: _____

프로그램 코디네이터: _____ 　날짜:_____
멘토링 슈퍼바이저
: _____ 　날짜:_____

〈표 4-3〉 청소년 역량 개발 멘토링의 지속성을 위한 과정

차 시	활동 내용	비 고
2	자아 역량 개발 멘토링	
3	신체 역량 개발 멘토링	
4	대인관계 역량 개발 멘토링	
5	갈등 조절 역량 개발 멘토링	멘토링
6	체험 활동	지속하기
7	리더십 역량 개발 멘토링	
8	문제해결 역량 개발 멘토링	
9	시민성 역량 개발 멘토링	

* 구조화된 프로그램 활동지는 '부록 4' 참조

3) 청소년 역량 개발 멘토링 종결

멘토링의 종결은 멘토와 멘티 관계의 결연을 종결하는 단계로 멘토와 멘티가 그동안의 노력과 활동을 정리하며 서로를 인정하는 단계다(오해섭, 김경준, 모상현, 2011).

청소년 역량 개발 멘토링의 종결 또한 지금까지 활동을 되돌아보며 정리하는 단계에서 종결의 시간을 가진다. 특히 청소년 멘티의 역량 중에서 두드러지게 발전한 부분은 무엇인지 서로 간에 피드백을 통해 정리하고 멘토링을 통해 얻은 소중한 경험을 나누며 축하하는 시간을 가진다. 멘티와 멘토에게 활동 시간에 대한 수료증을 증여하고, 전체 멘토링 과정에 대한 피드백도 함께 나눈다.

4) 청소년 역량 개발 멘토링에 대한 평가

멘토링에 대한 평가는 다양한 방식으로 할 수 있다. 보통 설문지를 통한 평가를 실시하게 된다. 청소년 역량 개발 멘토링은 실제 멘토링에 참여한 멘토의 피드백을 중심으로 정리해 보고자 한다.

(1) 멘토의 변화와 삶의 경험, 과정으로서의 멘토링[5]

교육의 초점은 무엇을 알고 있느냐가 아니라 어떻게 하면 실행할 수 있고 알고 있는 것을 삶에 적용할 수 있는가에 있다. 어떤 사실을 머리로만 이해하는 것과 개인적인 경험을 통해 정서적 확신을 갖는 것은 차이가 있다(Bob Pike, 2003: 25). 이러한 관점에서 실천학습으로서의 청소년 멘토링을 학기 중에 실제 실행해 보았다.

총 36명의 대학생 멘토가 매주 1회 청소년을 만나 일대일 멘토링을 8주 동안 실시하였다. 그중 15명은 일반 청소년이 아닌 위기 청소년을 대상으로 멘토링을

---

5) 김세광(2013)의 수업 사례에 관한 부분을 발췌하여 정리함.

실시하였다. 쉼터에서 보호하고 있는 소년원 출소 청소년, 보호관찰 청소년, 위기 청소년, 학교폭력 가해자 청소년과 결연하여 정기적인 멘토링을 실시한 것이다. 멘토링 전에 청소년 멘토링에 대한 이론을 실제 현장에서 실천해 봄으로써 진정한 학습 경험을 하게 된 것이다. 학습은 삶과 동떨어진 이상적인 또는 현장으로부터 외떨어진 곳에서 일어나는 무엇이 아니며, 강의실이라는 닫힌 환경에서 다른 일을 멈추고 하는 특별한 활동도 아니다. '삶의 과정 자체가 학습'인 것이다(유영만, 2006).

이렇게 삶의 과정으로서의 학습과 실천은 각 개인의 삶에 특별한 변화를 경험할 수 있는 계기가 된다.

멘토링을 통하여 개인적으로 자아 역량과 성취동기 역량이 많이 발달한 것 같습니다. 자존감이 낮았던 멘티는 이제는 많이 웃기도 하고, 긍정적으로 생각합니다. 또한 지금 상황에서 자신이 무엇을 해야 하는지를 고민합니다. 지금 상황에서 자신이 하고 싶은 활동을 하기 위하여 아르바이트를 열심히 하고 있습니다. 또한 가족을 대하는 태도도 많이 변하여 가족들도 감사하고 있습니다! 멘토링 진행 과정 중 어려운 점은 이제는 자신이 해야 할 일이 무엇인지 알다 보니 아르바이트를 너무 많이 해서 멘토링 시간을 잡는 것이 쉽지 않은 것입니다. 그래도 멘티가 많이 변화되어 보람을 느끼며 감사합니다.

– 17세 남자, 학업 중단 청소년 멘토링 사례(2012년 11월 21일 오전 7:58 모바일에서 페이스북 그룹에 기록한 멘토링 실천에 대한 성찰 중에서)

학습자는 멘토링을 실천하면서 멘티의 변화에 대하여 보람을 느끼며 감사의 마음이 생긴다. 타인의 변화가 자신에게 의미 있게 다가옴을 경험한 것이다.

무뚝뚝하고 자기표현이 없던 멘티가 어느새 제게 먼저 다가와 감정표현을 하며 자신에게 있었던 일과를 이야기해 줍니다. 이것이 가장 큰 변화라고 생각하며, 제게는 관계적인 면과 청소년에 대한 이해 부분에서 도움이 되었습니다. 이때까지 좋은 것과 무엇을 해 주기를 원하던 마음에서 같이 교제하며 함께하는 멘토가 됨을 알게 되어 부담감을 내려놓고 멘토링할 수 있어서 좋습니다.

> – 17세 여자, 학업과 집안일, 교회 일들로 인해 하루하루 바쁘게 살아가는 학생을 멘토링한 사례(2012년 11월 22일 오후 8:20 모바일에서 페이스북 그룹에 기록한 멘토링 실천에 대한 성찰 중에서)

학습자는 실천적 수업을 통해 '관계적인 면에서 도움'을 받았다. 그리고 학습자는 '함께함'의 의미를 새롭게 깨달았다. 관계란 것은 존재로부터 시작한다는 것의 가치를 알게 된 것이다.

(2) 청소년 활동 역량 개발 멘토링에 참여한 멘토의 피드백

청소년 활동 역량 개발 멘토링에 참여한 멘토(대학 재학생)가 멘토링 과정을 마무리하고 난 후 정리한 피드백을 보면 다음과 같다.

질문 사항

- 이름(가명)
- 나이 / 학년 / 지역(○○구 ○○동)
- 성별
- 현재 상황: 현재 멘티의 상황을 간단하게 소개해 주세요(예, 일반 청소년, 학업 중단, 소년원, 보호관찰 청소년, 학교폭력 가해자 혹은 피해자).
- 지금까지 멘토링을 하면서 느낀 점과 멘토 자신이 변화되거나 성장한 부분 혹은 힘든 점 등을 간략하게 써 주세요.

♥ 멘토: 남**

- 멘티: 사랑이
- 14세
- 여자
- 멘티는 일반 청소년이지만 가정적으로 힘든 학생입니다. 멘토링을 통해 전보다 훨씬 밝아지는 모습을 볼 수 있습니다. 멘티가 멘토링 시간을 매우 즐거워합니다.
- 지금까지 멘토링을 하면서 나 외의 다른 사람을 이해하고 공감하는 능력이 더욱 향상된 것 같습니다. 멘티의 변화와 성장을 위해서 매주 고민하는 모습도 저에게 있어 성장의 밑거름이 되는 것 같습니다. 멘토링을 하면서 힘든 점은 멘토링이 멘티의 눈높이와 바라는 점에 항상 초점을 두어야 한다는 점입니다. 이 점을 간과하면 멘토 중심의 멘토링이 될 수 있으니까요.

♥ 멘토: 조**

- 멘티: 소세지 종결자
- 19세
- 남자
- 중학교 중퇴로 검정고시로 중학교 졸업장을 취득하고, 내년 4월에 고등학교 검정고시 준비 중이며, 학원도 다니고 아르바이트도 이것저것 하며 매사에 충실한 멘티입니다.
- 멘토링…… 쉽지 않습니다. 만나서 노는 것은 쉬운데, 역량 개발을 해 줘야 하니 어렵습니다. 그래도 제가 한 사람을 품을 수 있어 좋습니다.

♥ 멘토: 조**

- 멘티: 기린이
- 15세
- 여자

- 일반적인 청소년으로, 학교의 오해로 징계를 받은 후에 선생님과 모든 수업이 싫어졌다는 기린이입니다.
- 기린이는 징계를 받아서 주변에서는 문제아로 생각할지 모르지만 많은 이야기를 나눌수록 성적에도 관심이 많고, 부모님께 더 잘하고 싶어 하는 착한 학생입니다. 하지만 학교에서 기린이를 바라보는 선입견 때문에 기린이는 학교에서만 가면을 쓰고 방황하는 것 같습니다. 그렇기 때문에 어렵다기보다는 제가 기린이의 편이 되어 주기 위해 노력하고 있습니다.

♥ 멘토: 김**
- 멘티: 지니
- 18세
- 여자
- 올해 초 학업 중단 이후 내년 4월 고졸 검정고시를 준비하고 있습니다.
- 지니는 학교 자퇴 후 집 밖에서 보내는 시간이 많아져서 공부할 수 있는 환경이 좋지 않지만 공부해야 한다는 것도 알고, 미래에 대한 현실적인 고민도 하는 성숙한 아이입니다. 서로의 상처도 이야기할 수 있을 만큼 가까워져서 가능하면 일주일에 세 번 정도로 자주 만나면서 가까운 거리에서 계속해서 도움을 주고 싶은 마음입니다. 현재 멘토링하면서 영어 공부를 같이 하면서 검정고시를 준비하고 있습니다. 지니에게 가장 필요한 것을 제가 도와주고 싶지만 가정적인 문제가 커서 쉽게 도와주지 못하는 것이 가장 아쉽습니다.

♥ 멘토: 김**
- 멘티: 린
- 18세
- 여자
- 학업을 중단하고 쉼터에 있습니다.
- 힘든 점은 멘티를 만나러 가는 데 왕복 세 시간이 기본이라 학업과 함께 병

행하니 몸이 지치는 점이네요. 하지만 멘티가 매주 역량 멘토링을 잘 따라 주고, 마음을 점점 열고 있는 것이 느껴져서 행복합니다. 다른 친구와는 다른 경험을 할 수 있도록 노력하는데 환경이 따라 주지 않네요. 멘티를 위해 이것저것 생각하다 보니 예전보다 중·고등학생을 더욱 관심 있게 바라보고 있는 제 모습을 보고는 조금 놀랐어요. 좋습니다, 멘토링!

♥ 멘토: 박**
- 멘티: 오태양
- 16세
- 남자
- 중학교 성적 97%. 실업계 진학밖에 하지 못하는 아이입니다. 주로 멘토링 진행 시 같이 공부하여 공부하는 습관을 들였고, 중간 목표로 **고등학교(커트라인 85%) 진학을 목표로 잡았습니다. 멘티가 잘 따라 준 덕분에 중간 목표 달성! 우리 멘티 '**고등학교'로 진학합니다. 목표를 이뤘다는 자신감에 벅차 있는 상태이므로 요즘 어떠한 도전을 던져 줘도 다 해낼 수 있다는 자신감 속에서 살아가고 있습니다. 가정환경은 좋은 편이 아닙니다. 아버지는 멘티가 어렸을 적에 집을 나가서 얼굴도 모르고, 어머니는 돈을 벌러 타지에 나가 계십니다. 할머니께서 양육을 맡고 있습니다. 할머니는 ○○동 소재 한 빌딩에서 청소부를 하고 계십니다. 가정에서 사랑을 많이 받지 못한 상태이며, 멘토링을 함으로써 멘티와 형제처럼, 때로는 아버지처럼 지내고자 노력하고 있는 상황입니다.

청소년 멘토링에 참여한 멘토의 피드백을 정리해 보면 '상호 성장'이라는 단어로 요약해 볼 수 있다. 유의미한 존재가 필요한 멘티를 위한 멘토링 활동이 멘티에게 도움을 주며 멘티의 성장을 위한 활동이라는 목적을 두고 진행되었지만, 멘티뿐만 아니라 '멘토'의 진정한 성장과 변화에도 큰 도움이 된 것이다.

Movie & Mentoring 4

〈멘토와 천재의 성장 멘토링〉

- **제목** 호로비츠를 위하여
- **감독** 권형진
- **출연** 엄정화(김지수), 신의재(윤경민), 박용우(심광호)

♠ **줄거리**

호로비츠 같은 위대한 피아니스트가 되고 싶었으나, 재능이 부족한 탓에 변두리 피아노 학원 선생을 하고 있는 김지수. 학원으로 이사하던 날, 메트로놈을 훔쳐 달아나는 이상한 아이(경민)를 만나게 된다.

그러던 어느 날 우연히 경민이가 절대음감을 가진 천재 소년이라는 것을 알고 지수의 눈이 번쩍 뜨인다. 그리고는 경민이를 유명한 콩쿠르에 입상시켜 유능한 선생님으로 명성을 떨치고자 열심히 훈련에 매진한다.

마침내 콩쿠르 날을 맞이하는 그들! 그 누구도 따라올 수 없는 경민이의 실력에 지수는 한껏 의기양양한다. 그러나 무대에선 경민이는 무슨 일인지 꼼짝도 하지 않는다. 좌절한 지수는 경민을 매몰차게 내모는데……

♧ **교육적 의미**

호로비츠가 되길 원했던 '지수', 재능은 있지만 드러나지 않은 '경민'. 천재는 태어난다. 그러나 그 천재성을 발견하지 못하면 그냥 묻힐 뿐이다. 지수가 경민이의 천재성을 발견하기 전까지 경민이는 그저 말썽꾸러기 아이일 뿐이었다.

말썽꾸러기의 재능을 알아본 지수는 처음에는 경민이를 그저 자신에게 부와 명예를 가져다줄 도구로밖에 보지 않았다. 그러나 지수는 경민이와 소통하게 되면서 아이의 상처를 들여다보게 되어 정작 자신도 변화하게 된다. 지수는 경민이를 자신의 결핍을 채우려는 도구가 아닌 아이 자체로만 보게 된다. 그리고 그 아이가 가장 잘 성장할 수 있는 방향을 찾는 선생님이 되었다. 이 모습이야말로 교사가 갖춰야 할 자질이라고 생각한다. 자신의 욕심을 좇아 행동하는 것이 아니라 자신이 할 수 있는 것과 할 수 없는 것을 분명히 판단하고 학생에게 진짜 필요한 것을 채워 주는 것이 교사로서 감당해야 할 역할인 것이다.

★ 참고 자료: 네이버 영화

♣ **함께 생각해 보기**

• 자신보다 뛰어난 제자 혹은 멘티를 만난다면 어떻게 지도할 것인가?

성공적인 청소년 멘토링을 위한 열두 가지 전략

제2부

제5장

멘토링
관계 형성

1. 의도성과 상호성

> 사람은 사람으로 말미암아 사람이 된다.
>
> 훼러스타인(Reuven feuerstein)

멘토링에 있어서 의도성과 상호성을 유지하는 것은 핵심적인 상호작용 환경이다. 멘토링은 멘토의 의도적인 개입에 의해서 이루어진다. 멘토링은 목표 지향적이고 의도적인 작업이다. 그렇지만 멘토링은 의도적인 것으로만 이루어지지는 않는다. 멘토링은 상호적인 활동이다. 학습자가 멘토에게 열려 있고 함께 협력해야만 한다. 즉, 멘토의 자극은 의도적인 것이고, 멘티는 그 자극에 함께 상호 반응한다.

멘티에게는 발달의 근원적 요소로서 생득적인 요인도 중요하지만 학습자를 지원하는 주변의 문화적·사회적 요소에 얼마나 노출되어 있는가에 따라서 다양성이 나타날 수 있다. 멘티의 수준과 발달 정도에 적당한 수준의 자극을 주는 것이 멘토의 역할이다.

- 단지 청소년에게 멘토링을 통해 개입해서 자극을 준다는 것은 멘토링의 효과를 보장하지 못한다. 반복적으로 교육하면 변할 것이라는 생각은 교육적으로 볼 때 너무 순진한 생각이다. 이는 책을 쓴다고 해서 독자가 읽을 것이라는 보장을 하지 못하는 것과 마찬가지다.
- 멘토는 학생의 눈높이에 맞추어 학습자의 참여와 목적 중심의 행동을 할 수 있도록 세밀한 관찰을 해야 한다. 아무리 눈높이에 맞는 활동이라 할지라도 목표 지향적이지 않다면 좋은 결과를 얻을 수 없다. 멘토링은 멘티의 수준에 맞는 목표를 설정하고 도전하며 몰입할 수 있도록 만들어 주는 것이다. 이것은 마치 독자가 책을 펼쳐 독서에 깊이 빠져드는 것과 같다.

멘토링 과정에서 학생의 눈높이만 맞추면서 학생의 요구에 민감하게 반응한다면 이것은 의도적인 교육이 될 수 없다. 반대로 잘 준비된 멘토링이라도 학생과의 상호작용이 제대로 이루어지지 않는 경우도 있다. 이럴 경우 학생은 지루해하며, 집중하지 못하고, 동기부여가 결여되어 효과가 떨어진다. 이러한 상호성과 의도성을 가로막고 있는 심리적·환경적 요소를 찾아내어 제거해야 건강한 멘토링이 될 수 있다.

1) 적용

(1) 학교
- 멘토로서의 교사는 특정 주제에 관한 학생의 관심과 동기를 높여 주고, 그것으로부터 적절한 피드백을 제공해야 한다.
- 교사가 가르치는 내용에 대해서 학생이 세밀하게 듣고 반응하도록 지도해야 한다.

- 잘 준비한 교사와 잘 구성된 교실에서 의도적인 의사소통이 이루어져야 한다.
- 교사는 교실에서 이루어지는 학습을 잘 준비하여 이해가 늦는 학습자와 성장이 빠른 학생 모두의 수준에 맞는 의사소통을 할 수 있도록 준비해야 한다.
- 의도적인 대화를 위해서 교사는 철저히 준비하고, 환경은 잘 정돈되어 있어야 한다.

(2) 가 정

- 멘토로서의 부모는 가정에서 자녀가 사물, 사건, 행사와 같은 환경의 자극에 흥미를 갖도록 격려해야 한다.
- 자녀를 양육할 때는 자녀의 흥미에 관심을 보이고 공감하고 이해해 주어야 한다.
- 부모는 자녀가 수준에 맞는 흥미를 찾을 수 있도록 다양한 자극을 주어야 한다.
- 가정에서 자녀와 눈을 맞추며 이야기하고, 자녀의 반응을 격려해야 한다.

(3) 청소년 활동

- 멘토로서의 청소년 지도자는 프로그램의 개발과 실행 과정에 청소년을 적극적으로 참여시켜야 한다.
- 멘토로서의 청소년 지도자는 의사 전달 능력을 개발하고, 청소년과 의사소통할 수 있는 정서적·물리적 환경을 만들어야 한다.
- 청소년은 배운 것을 그대로 실천하기보다 본 것을 따라 할 가능성이 높다. 그렇기 때문에 지도자의 행동이 청소년에게 모델이 되어야 한다. 멘토로서의 청소년 지도자는 청소년에게 모범을 보여야 한다.
- 멘토로서의 청소년 지도자는 청소년에게 문제에 대해 깊이 생각하게 하고, 자신이 결정한 것에 대해 긍정적으로 반응하도록 해야 한다.

2) 이론적 배경: 비고츠키의 ZPD 이론

발달심리학자인 비고츠키(L. Vygotsky, 1896~1934)는 근접발달영역(the zone of proximal development: ZPD) 이론을 주장하였다. 비고츠키(1987)는 ZPD를 '학습자가 타인의 도움 없이 스스로 문제를 해결할 수 있는 실재적인 발달 수준과 유능한 또래 학습자나 지도하는 성인의 도움으로 해결할 수 있는 잠재적인 발달 수준 사이의 영역'이라고 정의하였다.

지능검사는 아동의 현재 발달 수준뿐만 아니라 잠재력까지 측정하는 데 있어서는 한계가 있기 때문에 발달 가능성, 즉 잠재력을 고려하여 교육하는 것이 바람직하다는 것을 비고츠키는 강조하려고 한 것이다. 학습자 스스로 해결할 수 있는 문제라면 쉽게 싫증을 낼 것이며, 반대로 누군가 도와주어도 문제가 너무 어렵다면 그 과제를 회피할 가능성이 크다. 따라서 학습자가 적절한 인지적 갈등을 느끼는 가운데 약간의 도움으로 과제를 수행할 수 있도록 하고, 궁극적으로는 혼자서 그것을 해결함으로써 성취감을 맛보도록 하는 것이 중요하다. 이러한 측면에서 다음에 소개하는 ZPD 이론이 중요한 통찰력을 제공한다.

청소년 멘토는 청소년의 수준을 파악하고, 그들이 발전할 수 있는 영역을 선정하여 자극(의도성)하며, 학습자가 그 발달에 적극적으로 참여할 수 있도록(상호성) 해야 한다. 피아제(Piaget)의 발달에 따른 학습 관계를 비고츠키는 학습에 따른 발달로 설명하여 적극적인 학습이론으로 비판한 것이다. 청소년 멘토는 자신이 전문적인 상담자건 교사 혹은 부모건 간에 청소년의 현재 발달영역을 잘 이해하고 근접영역으로 발전하게 해 주어야 한다. 현재 영역에서 발달한 근접영역이 자신의 확장된 지식이 되기 위해서는 내면화 과정을 거쳐야 하는데, 이를 위해서는 청소년 스스로 갖는 성찰의 시간이 반드시 필요하다. [그림 5-1]은 비고츠키의 ZPD 이론을 그림으로 표현한 것이다.

비고츠키는 근접발달영역이라는 개념을 통해 '지식은 사회적 참여와 상호작용을 통해 구성된다.'는 원칙을 설명하고 있다. 즉, 교사처럼 학습할 영역에 대한 지식을 가지고 있는 사람이 도와줄 경우, 학습자는 스스로 도달할 수 있는 인

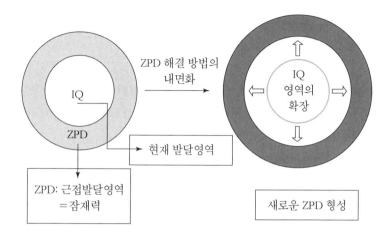

[그림 5-1] 비고츠키의 ZPD 이론

* 출처: 이영옥(2009).

지적 발달 수준보다 더 나은 수준에 이를 수 있다고 하면서 [그림 5-2]와 같은 상호작용에 대한 필요성을 매우 중시하였다.

즉, 비고츠키는 사고력의 발달에 대해 개인 내부의 정신 발달 과정에서 '문화적·사회적 특성'을 지니는 고등 정신기능이 존재한다고 설명하면서, 인간의 고등 정신기능은 '문화적 발달의 일반적 발생의 원리'라고 부르는 과정을 거쳐 발달하게 된다고 하였다. 즉, 고등 정신기능을 '개인 간의 정신기능(intermental functioning)과 개인 내의 정신기능(intramental functioning)'으로 설정하고 정신

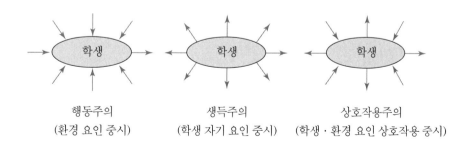

[그림 5-2] 학습자발달 이론의 세 가지 접근 방향

* 출처: 신재한(2006).

기능의 발달이 전자에서 후자로의 전환을 통하여 이루어진다는 발생의 일반 법칙을 주장한 것이다(Vygotsky, 1986).

이러한 기본적 요소를 생각해 볼 때 청소년에게는 발달의 근원적 요소로서 생득적인 요소도 중요하지만 학습자를 지원하는 주변의 문화적이고 사회적인 요소에 의한 조건화에 얼마나 노출되어 있는가에 따라서 발달의 다양성이 나타날 수 있음을 의미한다. 결국 학습의 조건화에서는 자신의 자발적 노력에 의한 기초학습의 유지가 필요하지만 이와 더불어 학습자의 동화와 조절을 유지하며 평형화를 이끌도록 하는 사회적·문화적 지원 체계의 역할이 더욱 중시되어야 한다.

따라서 근접발달영역을 지원하는 비계 설정(scaffolding)의 기능은 매우 중시되는데, 멘토링은 바로 이러한 지지적 기능의 중요한 바탕이 된다. 특히 청소년 활동을 통한 멘토링은 이러한 의도성이 중요한 요소가 된다.

사회적 구성주의에서 가장 중요하게 여기는 사회문화적 환경의 영향 요인 가운데 핵심인 환경과의 접촉과 체험의 조건을 제공함으로써 청소년 스스로가 환경에 대한 자각적 인지와 자신의 근접발달영역을 조화롭게 하는 조건을 만들어 가기 때문에 청소년 활동의 학습 가치나 교육적 효과는 매우 유의미한 관계를 가지게 된다.

청소년 멘토링은 청소년이 학습이나 생활 조건을 유지하기 위한 기준을 스스로 만들어 가는 데 지원의 역할을 하는 것으로서 건축물에서의 비계는 좋은 개념적 설명이 된다. 결국 비계 설정과 같이 학생의 현재 수준에 맞추어 상이한 수준에서 과제 정보를 제공하고 중재(mediate)를 함으로써 학습자를 지지하는 전략을 사용하도록 도와야 하는데, 그 내용을 보면 〈표 5-1〉에서와 같은 형태의 요소가 주류를 이루고 있다.

사회적 구성주의 이론은 집단 내에서 발생하는 역동적인 상호작용을 강조한다. 그래서 경험을 이해하는 관점으로 외부 세계에 대해 개인적으로 이해하고 해석하며 또 내면적 인지 작용과 사회적 관계의 상호작용을 유의미하게 적용하게 된다. 이러한 측면에서 멘토링은 청소년기의 인지, 정서, 행동의 발달에 큰 영향을 미친다.

〈표 5-1〉 비계 설정의 유형

구 분	유 형
Wood(1976)	• 흥미 유발하기 • 좌절 통제 • 자유의 정도 감소시키기 • 과제의 주요 특성 표시하기 • 시범 학습 목표 유지시키기
Sigel(1982)	• 낮은 단계의 거리 두기 • 중간 단계의 거리 두기 • 높은 단계의 거리 두기
Goldenberg(1991)	• 주제의 초점 • 알려진 답이 거의 없는 질문 • 활성화와 배경지식의 활용 • 진술이나 입장 표명에 대한 근거 증가 • 직접적인 가르침 • 자기 선택적 순서가 포함된 일반적 참여 • 보다 복잡한 언어와 표현 확대 • 의욕적이면서 위협적이지 않은 환경 • 학생의 기여에 대한 반응 • 연결된 담화 토론
Bodrova & Leong(1996)	• 계획하기 • 구체화하기 • 쓰기
Roehler(1997)	• 학습자 참여 권유하기 • 학습자가 단서를 제공하도록 권유하기 • 기대 행동 시범 보이기 • 학습자 이해 • 확인 명료화하기 • 설명 제공하기
Tharp & Gallimore(1988)	• 모델링 피드백 주기 • 질문하기 • 유관 조절 • 교수하기 • 인지적 구조화

출처: 권일남 외(2009).

　　청소년은 또래와 협력적 상호작용을 함으로써 점차 새롭게 인식하는 것을 내면화하여 행동 또는 지식을 공유하기 때문에 청소년 활동의 보편적이고 일반화된 체험은 사회적 구성주의에서 말하는 '공동화'를 이끄는 데 큰 역할을 한다.

　　청소년은 멘토링을 통해 청소년 활동을 체험함으로써 자아의 현실적 존재감을 중요하게 느낄 수 있다. 사람은 태어날 때부터 독립된 존재이기 때문에 뛰어나든 그렇지 않든 간에 나름의 존재성을 확립하기 위한 노력을 게을리하지 않는다. 그래서 타인과의 분리불안을 경험하면서도 다른 사람들과 새로운 관계를 형성하고자 하는 것은 스스로가 자아(self)의 존재 목적을 찾고 적응하기 위한 자발적인 노력인 셈이다.

　　그러므로 청소년지도자로서 멘토링을 할 때 가장 먼저 해야 할 것은 멘티의 수준을 진단하는 것이다. 그것을 바탕으로 목표를 설정하고, 발달을 위해 지원하며, 기다리는 역할을 수행하게 된다. 병원에서 의사가 환자를 진단한 후에 처방하듯이, 청소년 멘토는 멘티를 진단하고 처방하는 데 전적으로 멘티의 관점에서 발달을 계획하고 인도하게 된다. 목표를 달성하기 위해서 멘토는 멘티와 지속적으로 상호작용해야 한다.

♥ 주제 관련 명언

　　배움 없는 가르침은 없다(There is, in fact, no teaching without learning).

– 파울로 프레이리(Paulo Freire) –

　　교육은 물통에 물을 붓는 것이 아니라 어둠 속에서 빛을 밝혀 주는 것이다
(Education is not the filling of a bucket, rather, the lighting of a fire).

– 윌리엄 버틀러 예이츠(William Butler Yeats) –

　　인생의 모든 것이 교육이다. 모두가 교사이고 모두가 언제까지나 학생이다
(All of life is education and everybody is a teacher and everybody is
forever a pupil).

- 에이브러햄 매슬로(Abraham Maslow) -

개인적으로 알고 있는 다수의 발도로프 학생을 보면서, 나는 내가 실제 알고 있는 누구보다 그들 스스로의 잠재력 발현에 더 가까이 다가섰다고 말할 수 있다(Being personally acquainted with a number of Waldorf students, I can say that they come closer to realizing their own potentials than practically anyone I know).

- 요제프 바이젠바움(Joseph Weizenbaum) -

교육의 근본적인 역할은 이전 세대가 한 일을 반복하기보다는 새로운 것을 추구할 수 있는 사람을 만들어 내는 것이다(The principle of good education is to create people who are capable of doing new things, not simply of repeating what other generations have done).

- 장 피아제(Jean Piaget) -

♥ 복습
- 청소년 멘토링에서 멘토의 의도성과 멘티와의 상호성이란 무엇이며, 의도성과 상호성이 중요한 이유는 무엇인가요? 또한 어떻게 하면 효과적으로 의도성과 상호성을 만들 수 있을까요?
- 비고츠키의 ZPD 이론을 그림과 함께 설명해 보시오.
- 비계 설정을 이해한 대로 설명해 보시오.
- 학습이론 중에 행동주의와 구성주의 그리고 사회적 구성주의의 관점을 문헌 연구를 통해 정리하시오.

♥ 추천 도서
Vygotsky, L. (2011). 생각과 말 (배희철, 김용호 공역). 서울: 살림터.
Vygotsky, L. (2009). 마인드 인 소사이어티 (정회욱 역). 서울: 학이시습.

2. 협동학습

> 다른 사람이 없이는 나 자신도 없다(There is no self without others).
>
> 레프 비고츠키(Lev Vygotsky)

우리는 누구나 혼자서 살 수 없다. 그렇기 때문에 함께하는 사람들과 상호작용을 할 수 있는 능력은 문제를 해결하는 데 큰 역할을 한다. 자신의 문제를 멘토와 나누는 일은 문제를 해결하는 인지적 과정이며, 혼란스러운 마음을 명확하게 해 주는 역할을 한다. 자신을 개방한다는 것은 서로를 신뢰하는 것이다. 이러한 신뢰 관계가 형성되어야만 계속해서 멘토링이 이루어질 수 있다.

인간관계는 서로에 대한 신뢰를 통해 만들어진다. 모든 사람은 공동체의 일원으로 있을 때 자신이 가치 있는 사람이라고 느낀다. 발달과 학습은 상호작용을 통해서 이루어진다. 그렇기 때문에 청소년에게는 또래 집단 혹은 성인 집단과 상호작용을 할 수 있도록 환경을 만들어 주는 멘토의 역할이 필요하다. 자신에 대한 개념은 성공의 경험을 나눌 수 있는 공동체와 실패를 주의 깊게 들어 주는 사람들을 통해 강화되기 때문이다.

가정에서의 협동학습은 자연스럽게 다른 구성원들과의 관계를 통해 이루어진다. 그러나 학교 교실에서는 이러한 상호 간의 협동이 무시되기 쉽다. 전통적인 교실에서는 교사가 주도권을 갖게 된다. 그리고 학생은 수동적으로 되거나 고립되는 경우가 발생한다. 그렇게 되면서 학생들 상호 간의 협동은 최소화되고, 학습은 철저하게 개인적이고도 경쟁적인 모습을 띠게 된다.

교실에서 경쟁적인 학습을 줄이기 위해서는 협동학습을 최대한 적용해야 한다. 그룹학습, 또래교습, 청소년들의 활동을 통해 학습을 강조해야 한다. 교사로서의 멘토는 학생이 수동적이고 개인적인 학습 태도에서 벗어날 수 있도록 하기 위하여 노력해야만 한다.

상호작용이란 것은 인간이 태어나면서부터 시작된다. 최초 어머니의 뱃속에서부터 상호작용은 시작된다. 자라면서는 형제나 친구와의 상호작용을 통해서 학습이 이루어진다. 그렇기 때문에 사회적인 상호작용은 인간의 발달에 큰 영향을 미치게 된다. 이러한 상호작용의 기초는 가정에서부터 형성된다. 상호작용은 밥상머리 교육과 가정의 여러 대소사를 통해서 이루어진다. 즉, 가정에서 성인과의 상호작용과 교육은 사회생활 기술의 기초가 된다. 멘토로서의 부모는 이렇게 의도적이고 비정형화된 교육 현장을 잘 활용해야 한다. 아이들은 배운 대로 행동하는 것이 아니라 본 것을 따라 한다는 것을 명심해야 한다.

1) 적 용

(1) 학 교

개인 중심의 서열화된 교육은 교실에서 누가 빠른 시간 안에 많은 내용을 정확하게 암기하는가를 측정할 가능성이 많다. 그리고 그러한 암기력과 논리적인 능력에 따라 학습자의 능력을 평가한다. 그러나 멘토로서의 교사는 학생이 호기심과 창의성 그리고 잠재력을 발현하기 위하여 협동학습을 통해 지식을 익히도록 격려해야 한다.

- 멘토로서의 교사는 학생이 서로의 의견을 경청할 수 있도록 해야 한다. 교사는 학생이 서로에게 민감하게 반응하도록 교실 분위기를 만들고 유지해야 한다.
- 멘토로서의 교사는 학생에게 과제를 수행함에 있어서 협동의 중요성을 강조해야 한다. 따라서 교사는 그룹 활동을 강조해야 한다. 그것이 학생의 인지, 정서, 행동을 조화롭게 발전시키는 한 가지 방법이다.
- 멘토로서의 교사는 협동학습법을 적용하고, 학생의 경험을 서로 나누는 것을 격려해야 한다.

(2) 가 정

가정에서 보여 주는 구성원의 역할 수행은 자녀가 사회성을 향상하는 데 큰 역할을 한다. 따라서 민주적이고 합리적이며 상호 지지적인 역할의 모델을 가정에서 보여 주어야 한다.

- 가정에서도 협동을 가르쳐야 한다. 가족 구성원에게 가사를 분담하여 협동을 통해 가정의 일이 이루어진다는 것을 경험하게 해야 한다. 유교적인 전통이 남아 있는 우리 사회의 경우는 가정에서 모든 구성원이 가사를 분담하는 것이 낯선 일일 수 있다. 그것이 바로 학생의 사회 적응 기술을 떨어뜨리는 요인이 되기도 한다.
- 부모는 서로 자신의 감정을 표현하고 나눔으로써 자녀에게 상호작용하는 모습을 보여 주어야 한다. 이러한 상호작용을 할 수 있는 기회가 밥상머리 교육이나 가족 회의 같은 것이다. 가족 구성원은 서로의 의견을 끝까지 경청하고, 자신의 의견을 말하는 훈련을 해야 한다.
- 자녀에게 다른 가족의 활동이나 가족 간의 활동에 참여할 기회를 주어야만 한다.

(3) 청소년 활동

- 멘토로서 청소년지도자 역시 청소년의 문제를 나누고, 그룹 활동을 통해 서로 돕고, 지지할 수 있는 공동체를 만들어 주어야 한다.
- 청소년 활동을 이끄는 청소년지도자는 활동을 통해 이러한 상호작용을 이끌어 내야 한다. 청소년 멘토링의 가장 중요한 부분 중 한 가지는 청소년을 건강한 그룹에 끌어들이는 것이다.
- 멘토로서 청소년지도자는 청소년이 동아리를 형성하고, 그 속에서 역할을 익히고, 함께 만들어 가는 것을 조정해 주어야 한다.
- 멘토로서 청소년지도자는 학습자의 상호작용을 통해 민주적인 행동과 서로의 감정을 이해하는 법 등의 사회적 기술을 익히게 해야 한다.

2) 이론적 배경: 협동학습 이론

(1) 협동학습 이론의 개념

존슨과 존슨(Johnson & Johnson, 1974)이 주장한 협동학습 전략은 멘토링의 협동학습 부분에 중요한 통찰력을 제공한다. 협동학습 이론은 학습자가 함께 작업할 때 더 효과적인 학습을 한다는 내용의 이론이다. 그들은 학습자가 함께 학습할 때 보다 긍정적이고, 효과적이며, 이해가 빨라진다는 연구 결과를 발표하였다.

개인이 어떤 행동을 할 때, 그 행동은 타인의 행동과 세 가지 방식으로 관련되어 있다. 첫째는 타인의 성공을 돕는 관계이고, 둘째는 타인의 성공을 방해하는 관계이며, 셋째는 타인에게 전혀 영향을 주지 않는 관계다(Johnson & Johnson, 1975). 인간은 성공을 위해서 이 세 가지 형태의 행동, 경쟁 그리고 개별적 노력을 통해 상호 의존적인 관계를 형성한다. 이러한 상호 의존성은 인간관계에 있어서 가장 근본적인 모습이라고 할 수 있다. 협동학습 이론은 인간의 상호 의존성에 대한 관심에서 출발한 사회적 상호 의존성 이론을 교육의 현장에 적용하여 발달시킨 것이다.

(2) 상호 의존성 이론

어떤 장소든 학습이 일어나는 곳에는 학습구조가 존재한다. 학습구조 이론은 학습자 사이의 상호작용 방식을 규명하는 사회적 상호 의존성(social interdependence) 이론에 기초를 두고 있다. 사회적 상호 의존성 이론은 레빈(Lewin, 1935)의 장이론(field theory)으로부터 나온 것이다. 레빈(1935)은 "집단 속에서의 개인은 그들의 공동 목표를 통하여 상호 의존적이 되며, 이러한 목표 달성을 위한 동기는 협동적·경쟁적·개별적 행동의 요인이 된다."라고 주장하였다. 그러나 청소년이 가장 많은 시간을 보내고 있는 교실에서는 이러한 사회적 상호 의존의 관계가 충분히 이루어지지 않는 것이 현실이다. 이 부분은 청소년 멘토링을 통해 학교, 가정 그리고 청소년 활동에서 채워야 할 것이다.

존슨과 존슨(1989)은 사회적 상호 의존성 이론을 확장시켜 '결과적(outcome) 상호 의존성'과 '수단적(means) 상호 의존성'의 두 가지 개념으로 범주화하였다. 우선 '결과적 상호 의존성'은 개인이 성취하려는 '목표(goal)'와 '보상(reward)' 차원으로 나누어진다. 개인이 다른 개인과 협동적으로 연결되어 함께 그들의 목표를 달성할 수 있을 때 '긍정적인 목표 상호 의존성'이 존재한다. 또한 각 구성원이 공동 과제를 성공적으로 완수했을 때 똑같이 보상을 받을 수 있다면 '긍정적인 보상 상호 의존성'이 존재한다.

다음으로, '수단적 상호 의존성'은 구성원이 그들의 목표를 달성하는 데 필요한 행동으로서 '자원(resource)' '역할(role)' '과제(task)' 차원으로 나누어진다. '자원 상호 의존성'은 과제를 완수하는 데 필요한 정보, 자원, 자료의 유일한 보유자일 때, 그리고 목표 달성을 위하여 각 구성원의 자원이 서로 결합되어야 할 때 존재한다. '역할 상호 의존성'은 구성원 각자가 책임이 있는 노동의 분화가 있을 때 존재한다.

그러므로 한 개인이 목표나 보상을 받았을 때 다른 개인이 목표나 보상을 받지 못하게 되는 상황에서는 '부정적인 결과적 상호 의존성'이 존재하며, 이러한 상황은 '경쟁적' 상황이 될 수밖에 없다. 그리고 한 구성원의 행동이 다른 구성원 행동의 효과를 방해할 때는 '부정적인 수단적 상호 의존성'이 존재한다. 이 또한 '경쟁적' 상황에서 발생한다. 이처럼 부정적인 상호 의존의 상황을 우리의 교육 현실에서는 쉽게 찾아볼 수 있다. 이러한 교육적 토양은 사회의 곳곳에서 경쟁 상황을 만들어 내고 있다.

결론적으로 긍정적 상호 의존성이 구조화되었을 때 협동이 존재하는데, 이것은 개인으로 하여금 서로의 성공을 위해 상호작용을 하게 하며, 높은 생산성과 성취를 가져온다. 또 보다 긍정적인 인간관계를 맺게 하고, 정신건강과 복지도 가져온다(Johnson & Johnson, 1989). 청소년을 대상으로 하는 멘토링의 중요한 범주로서 협동은 긍정적 상호 의존을 할 수 있는 또래 집단의 형성이 관건이라 할 수 있다. 멘토와 멘티의 긍정적 상호 의존뿐만 아니라 멘티가 속해 있는 공동체에서 긍정적 상호 의존을 격려하고 지지해야 한다.

[그림 5-3]에 제시되었듯이 세 가지 요소는 상호작용을 통하여 긍정적 상호 의존성을 증진시킨다. 공동 목표를 달성하려는 노력은 구성원 간의 보살핌과 헌신을 통해 긍정적 상호 관계(positive relationships)를 증진시킨다. 반대로 긍정적 상호 관계는 공동 목표의 달성을 위해 지속적으로 헌신적인 노력을 요구한다.

공동 목표를 달성하려는 노력은 사회적 능력, 성공의 기회 확대와 생산성, 성취동기, 실패나 긴장에 대한 대처, 타인의 성공을 도와주는 경험, 자신의 삶을 통제하는 느낌, 건설적인 갈등의 조정, 사회적 기능의 사용 등을 통해 참여자의 정신건강을 증진시켜 준다. 공동 목표를 위해 함께 활동하는 경험은 참여자들로 하여금 타인에 대한 신뢰, 관점 채택 능력의 활용, 방향감각이나 목적의식, 상호 의존성의 의식, 개인의 정체성 등을 경험하게 한다. 또한 개인은 협동을 통해 경쟁 구조 속에서 보다 많은 성공 기회와 높은 생산성을 경험하게 된다. 그리고 실패나 두려움도 경쟁이나 개별 구조에서보다 잘 대처할 수 있으며 불안감도 적게

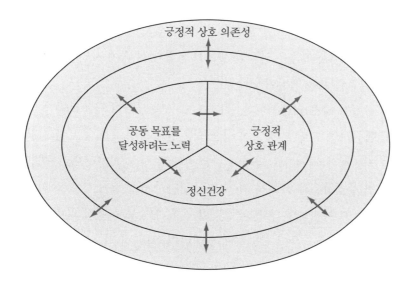

[그림 5-3] 협동의 결과

* 출처: Johnson, D. W., & Johnson, R. T. (1989).

나타난다. 타인을 돕는 경험에서 자아존중감(self-esteem), 자긍심, 친사회적 행동, 간접 경험을 통해서 만약의 사태에 대처하는 능력의 신장, 자신의 문제 행동의 수정 그리고 타인 복지(well-being)에의 기여 등 긍정적인 경험을 하게 된다. 아울러 자신의 행동을 통제하는 능력과 갈등 상황에서 협동적인 분위기를 조성하고 건설적으로 조정하는 경험도 하게 된다. 마지막으로 타인을 알고, 신뢰하며, 정확하게 의사소통하고, 서로를 수용하고, 지지하며, 갈등을 건설적으로 해결하는 사회적 기술(social skills)도 발휘할 수 있게 된다.

우리의 교육 현실에서 이러한 협동학습이 가능한 영역은 교실 안에서보다 교실 밖의 활동인 비교과 영역이라고 할 수 있는 청소년 활동이 대표적이다. 따라서 청소년 멘토링은 청소년이 상호 협력하여 건설적인 사회적 기능을 만들어 갈 수 있도록 적극적으로 개입해야 한다. 사회적 상호작용 능력이야말로 청소년기에 발달시켜야 할 중요한 역량이다.

(3) 협동 · 경쟁 · 개별 학습 구조의 비교

존슨과 존슨(Johnson & Johnson, 1989)은 인간이 '협동적 정언 명령(cooperative imperative)'을 받았으며, 요람에서 무덤까지 타인과 협동할 수밖에 없는 존재로 태어났다고 하였다. 협동은 인간의 생물적 본질과 삶 속에 자연스럽게 배어 있는 개념으로 다음과 같은 특징이 있다.

첫째, 긍정적 상호 의존성이다. 이것은 협동적 상황이 구조화되기 위한 것으로 가장 핵심적인 요소다. 긍정적 상호 의존성은 공동 목표나 보상과 같은 결과적 상호 의존성과 역할이나 과제와 같은 수단적 상호 의존성으로 구별된다. 둘째, 대면적 상호작용과 사회적 기능이다. 집단의 공동 목표 달성을 위해서 구성원 서로가 돕고 격려하며, 기쁨과 슬픔을 공유하는 등 긍정적 피드백 과정을 통해서 대면적인 상호작용이 활발하게 일어나며, 사회적 기능의 핵심적인 역할을 한다. 반면에 경쟁에는 다음과 같은 특징이 있다.

• 경쟁이 이루어지기 위해서는 희소성이 있어야 한다. 즉, 모두가 다 성취하

지 못하는 희소성의 가치가 있어야 하며, 보상이 제한되어 있어야 한다.

- 승자의 수가 얼마냐에 따라 경쟁의 방식은 다양해진다. 그러나 대부분 경쟁은 하나 또는 소수의 승자만을 존재하게 한다.
- 경쟁은 승자를 선출하는 방식에 따라 다양해진다. 주관적인 평가가 있을 수도 있고, 객관적인 기준이 사용될 수도 있다.
- 경쟁은 참여자의 상호작용 방식에 따라 다양해진다. 일대일로 대결할 수도 있고, 여러 명이 나란히 경쟁할 수도 있으며, 경쟁자가 누구인지도 모르고 경쟁할 수도 있다.
- 경쟁은 참여자의 능력이나 자질을 상대적으로 비교하게끔 한다.

한편 타인과의 협동과 경쟁의 관계가 없는 개별 구조는 다음과 같다.

- 상호 의존성과 상호작용이 없다. 개인의 성공과 실패는 타인에게 영향을 주지도 받지도 않는다.
- 혼자 해결해야 하기 때문에 쉽고 단순한 과제가 주어지고 개별적 책무성이 분명하다.
- 목표가 매우 중요한 것으로 받아들여져서 과제에 집중할 수 있어야 하며, 분명하고 쉬운 과정과 규칙이 있어서 개인은 그 과정과 규칙을 따르기만 하면 과제를 완성할 수 있다.
- 개인에게 주어진 과제는 스스로 해결할 수 있는 풍부한 자료가 주어지고, 개인이 사용하는 기능은 과제를 스스로 해결할 수 있을 정도의 기능만 요구된다.

이상의 협동·경쟁·개별 학습 구조의 특징을 비교하면 〈표 5-2〉와 같다. 우리의 교실학습 환경은 많은 부분 경쟁학습의 형태를 띠고 있다. 또한 최근에 발달하고 있는 인터넷을 기반으로 하는 학습 콘텐츠의 보급은 개별학습으로 청소년을 인도하고 있는 실정이다. 이러한 학습 환경에서 청소년은 인지적·정서적·

〈표 5-2〉 협동·경쟁·개별 학습 구조의 특징

구 분	협동학습	경쟁학습	개별학습
교수활동 형태	고등 사고력 중심의 내용을 다양한 활동으로 교수함.	학습해야 할 내용은 분명하며, 경쟁 규칙이 분명히 제시됨.	지식이나 기능을 학생 스스로 얻을 수 있도록 과제가 분명하며, 해야 할 행동도 세분화됨.
학습 목표의 중요성 인식	학습 목표는 각 학생에게 중요한 것으로 받아들여지며, 각 학생은 집단이 그 목표를 달성할 것으로 기대함.	학습 목표는 학생에게 중요하게 받아들여지지 않으며, 단지 성공과 실패에만 관심을 가짐.	학습 목표는 학생에게 매우 중요하게 받아들여지며, 언젠가는 자신의 목표가 달성되기를 기대함.
학생의 활동	각 학생은 다른 학생과 긍정적 상호작용을 하며, 아이디어와 자료를 공유하고, 공동 책임, 집단에의 기여, 과제 분담, 구성원의 다양성을 이용함.	각 학생은 승리할 수 있는 기회를 균등히 가지며, 자신의 학습활동을 즐기며, 경쟁자의 진보 상태를 평가하고, 능력, 기술, 지식 등을 비교함.	각 학생은 다른 학생에 의해 간섭받지 않으며, 과제 완성에 대해 자신이 책임지고, 자신의 노력과 과제 수행의 질을 평가함.
도움의 원천	동료 학생	교사	개별 학습자나 교사

* 출처: Johnson, D. W., & Johnson, R. T. (1999).

행동적 측면에서 불균형적인 성장을 하고 있다고 볼 수 있다. 그렇기 때문에 청소년 멘토링 프로그램은 비경쟁적이고 협동을 중심으로 하는 활동을 통해 교실 환경에서 결핍된 부분을 채워야 한다. 청소년 활동에서 모두가 승자가 될 수 있는 방향으로 이끌기 위해 청소년지도자는 협동학습을 세심하게 준비하여야 한다.

(4) 협동학습의 특징

협동학습은 형태 면에서 지금까지 교실에서 활용되어 오고 있던 다른 소집단 학습 형태와 비슷하다. 그러나 교실 내의 전체 학생을 단지 몇 그룹의 소집단으로 구성했다고 해서 그 수업 형태를 협동학습이라고 할 수는 없다. 지금까지 교실 현장에서 활용된 소집단 형태로는 분단학습, 소집단 학습, 토의법 등이 있다.

이들은 모두 단순하게 학생을 몇 개의 작은 집단으로 묶어 놓았고, 이러한 방법을 통해서 전통적인 수업 방법을 보충하려는 의도가 있었을 뿐 학생을 집단으로 나눠 학습하도록 하는 것과 학생 간에 협동적인 상호 의존 관계를 구축하도록 하는 방법과는 결정적인 차이가 있다(이동원, 1995).

협동학습은 집단을 이룬 학생이 교재 내용에 대해 분석·조사하고, 다른 학생을 서로 도와주며, 학습 자료를 공유하고, 질의와 토의를 활발히 한다. 그리고 서로의 학습에 대해서 책임을 져야 하기 때문에 같은 책상에 신체적으로 가까이 앉아 있는 것 이상의 활동이 요구되는 학습 방법이다. 소집단 학습이 진정한 협동학습이 되기 위해서는 협동학습의 기본 요소로 제시한 다음과 같은 특성이 반드시 포함되어야 한다(Johnson & Johnson, 1989).

♥ 긍정적 상호 의존성(positive interdependence)

학생의 상호 의존성은 공동 목표(목표 상호 의존), 노동의 분업(과제 상호 의존), 교재-자료-정보의 교환(자료 상호 의존), 공동 보상(보상 상호 의존) 등을 통해서 성취될 수 있다. 진정한 협동학습은 학생이 이러한 상호작용의 중요성을 인식할 때 이루어질 수 있다.

♥ 대면적 상호작용(face-to-face interaction)

학습자는 서로 학습하고 있는 것을 설명할 기회를 갖고, 서로가 부여받은 과제를 이해시키고 완성하는 데 도움을 준다.

♥ 개인적 책무성(individual accountability)

각 학습자는 할당된 과제에 대해 완전히 학습하고 이를 설명할 책임을 갖고 있다.

♥ 사회적 기술(social skills)

모든 학습자는 효과적으로 의사소통하고, 집단의 활동을 위해 지도성을 발휘하며, 집단 구성원 간에 신뢰를 유지하고 구축한다. 그리고 건설적으로 집단 내의 갈등을 해결한다.

♥ 집단화 과정(group processing)

집단은 공동으로, 또 정기적으로 얼마나 잘 활동하고 있는가를 평가받고, 집단의 효과성이 얼마나 개선되었는가를 평가받는다.

다섯 가지 협동학습 요소는 다양한 교수-학습 상황에 적용할 수 있다. 협동학습 요소를 이용한 교육 환경은 교사와 학습자 모두에게 강의-암기식 위주의 전통적 학습 형태에 대한 하나의 대안이 될 수 있다. 이에 협동학습은 학습자가 팀 활동, 의사 교환, 효과적인 협력과 같은 다양한 활동에 참여할 기회를 제공받고, 동등한 기회를 부여받은 구성원 사이에서 활동에 대한 과업의 분할과 같은 참여 기회를 제공받는다(Johnson & Johnson, 1989).

특히 청소년 활동과 이를 통한 멘토링에서는 경쟁적인 상황의 교실 수업에서는 결여될 수밖에 없는 협력 활동을 더욱 증진시켜야 한다. 멘토링을 통해 학습자의 협동에 대해 격려하고, 공동체 활동을 통해 학습자의 자아 역량과 대인관계 역량을 높일 수 있어야 한다. 또한 멘티에게 협동학습의 중요성을 강조할 뿐만 아니라 함께하는 방법을 구체적인 활동을 통해 체험하게 해야 한다. 그리고 협동의 긍정적인 부분을 스스로 느낄 수 있게 충분히 활동을 돌아볼 수 있도록 해야 한다.

♥ 주제 관련 명언

타인으로 인해 우리는 비로소 우리 자신이 된다(Though others, we become ourselves).

– L. S. 비고츠키(L. S. Vygotsky) –

혼자서는 아주 적은 일밖에 못하지만 함께하면 많은 일을 할 수 있다(Alone

we can do so little together we can do so much).

– 헬렌 켈러(Helen Keller) –

당신의 사과 한 개와 내 사과 한 개를 서로 바꾸면 당신과 나는 여전히 사과 하나씩을 가지고 있을 뿐이다. 그러나 당신의 아이디어 하나와 내 아이디어 하나를 바꾸면 우리는 각각 두 개의 아이디어를 갖게 된다(If you have an apple and I have an apple and we exchange apples then you and I will still each have an apple. But if you have an idea and I have an idea and we exchange these ideas, then each of us will have two ideas).

– 조지 버나드 쇼(George Bernard Shaw) –

♥ 복습
- 멘토로서의 교사는 협동학습에 관해 교실에서 어떻게 학생을 격려해야 하나요?
- 청소년에게 가정에서의 상호작용을 어떻게 지도해야 하나요?
- 협동학습의 기본 요소를 설명하시오.
- 청소년 멘토링에서 또래 상호작용은 왜 중요한가요? 그리고 멘토링의 기본 원칙(예, 비경쟁성)을 멘토로서 스스로 만들어 보시오.

♥ 추천 도서
Goleman, D. (2011). SQ 사회지능 (장석훈 역). 파주: 웅진지식하우스.

Movie & Mentoring 5

〈진로지도 멘토링〉

- **제목** 죽은 시인의 사회(Dead Poets Society)
- **감독** 피터 위어
- **출연** 로빈 윌리엄스(존 키팅)
- **등급** [국내] 전체 관람가 / [해외] PG(부모 동반, 아동 관람 부적합)

♠ 줄거리

백파이프 연주와 함께 교기를 든 학생들이 강당에 들어서면서 1859년에 창립된 명문 웰튼 고등학교의 새 학기 개강식이 시작된다. 이 학교에 새로 전학 온 토드 앤더슨(에단 호크 분)은 어린 신입생처럼 가슴이 벅차오르고 있다.

이 학교 출신인 존 키팅 선생(로빈 윌리엄스 분)이 영어 교사로 부임한다. 그는 첫 수업 시간부터 파격적인 수업 방식으로 학생에게 '오늘을 살라.'고 역설하며

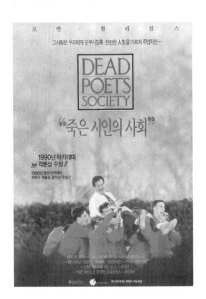

참다운 인생의 눈을 뜨게 한다. 닐 페리(로버트 숀 레오나드 분), 녹스 오버스트리트(조시 찰스 분), 토드 앤더슨 등 7명은 키팅 선생으로부터 '죽은 시인의 사회'라는 서클에 관한 이야기를 듣고 자신들이 그 서클을 이어 가기로 마음먹는다. 그들은 학교 뒷산 동굴에서 모임을 갖고, 가슴 속에 짓눌려 있던 것들을 발산한다. 그러면서 닐은 정말로 하고 싶었던 연극에 대한 동경을 실행으로 옮기고, 녹스는 크리스 노엘(엘렉산드라 파워스 분)이라는 소녀와의

사랑을 이루어 간다. 그러나 닐의 아버지(커트우드 스미스 분)는 닐이 의사가 되어 주길 간절히 바랐는데 아들의 연극을 보자 군사학교로의 전학을 선언한다.

♤ 교육적 의미

어느 나라나 입시는 존재한다. 그러나 입시 가운데 진짜 길을 잃어 가는 건 정작 어른이 아닌 학생이다. 영화에서 보면 키팅 선생은 학생에게 어른이 정해 놓은 규범과 꿈이 아닌 진짜 자신을 바라보도록 가르친다. 그리고 그런 키팅 선생의 교육 방법이 학생들 역시 낯설기만 하다.

키팅 선생은 어떤 사실을 안다고 생각할 때 다른 시각에서 바라보고, 틀리고 바보 같은 일을 할지라도 시도해 보라고 가르친다. 그러나 현실의 벽은 높기만 하다. 우리나라 고등학생은 자신이 원하는 꿈에 대해 생각하기도 전에 꿈을 단순히 성적과 취업으로만 생각한다. 그 벽을 체감하게 된 한 학생이 부모에게 자신의 꿈에 대해 이야기할 때 받아들여지지 못하고 결국 극단적인 선택을 하기도 한다.

진로지도란 무엇일까? 진로지도는 학생이 자신의 꿈이 무엇인지를 알도록 도와주는 작업이지, 우리가 만들어 놓은 틀에 가둬 두는 것이 아니다. 자신이 선택한 꿈을 위해 평생 살아가야 할 것도, 그 인생에서 중요한 결정을 내리는 것도 어른들이 아닌 바로 학생 자신이다.

그 부분에서 키팅 선생은 결국 학교를 떠나지만 선생이 보여 준 또 다른 시각은 남아 있는 아이들에게 영향을 준다. 진로지도 가운데 멘토가 멘티에게 해 줄 수 있는 최선의 방법은 그가 방향을 잡도록 도와주고 무엇을 원하는지 알게 해 주는 것이다.

★ 참고 자료: 네이버 영화

♣ **함께 생각해 보기**

• 키팅 선생님처럼 자신의 잠재력을 알아봐 준 사람이 있는지 생각해 봅시다.

• 자신의 진로와 멘티의 진로에 대하여 정리해 봅시다.

제6장

의미 부여와
원리 찾기

1. 의미 부여

> 인간의 자유는 어떤 조건을 피할 수 있는 자유가 아니라
> 그가 어떤 조건에 처해 있든
> 그것에 대해 자신의 태도를 결정할 수 있는 자유를 말한다.
>
> – 빅토르 프랑클(Viktor Frankl) –

인간은 모두 필연적으로 의미를 추구하는 존재다. 특히 청소년기에는 삶의 의미에 대하여 깊이 생각하기 시작한다. 그리고 현재 자신이 하고 있는 일에 대한 의미를 찾기 시작한다. 그러한 시기에 있는 청소년에게 의미를 찾아 주는 것이 멘토의 중요한 역할이다. 성인을 대상으로 하는 멘토링도 의미를 찾는다는 것에 있어서는 다르지 않다.

의미를 찾는다는 말은 인지적인 면과 정서적인 면을 함께 담고 있다. 인지적

인 면에서는 멘티가 알고 있는 가치나 믿음의 근거를 확고히 할 수 있도록 정보를 제공하거나 찾아 주는 역할을 할 수 있다. 정서적인 면에서는 열정과 에너지를 발현하도록 도울 수 있다. 그리고 정서적인 지지를 통해 감정적인 안정감을 느낄 수 있도록 해야 한다. 의미 부여는 멘토링에 있어서 멘티의 마음의 문을 여는 열쇠와도 같은 역할을 한다.

멘토로서의 교사가 교실에서 아이들에게 가장 먼저 해 주어야 할 일은 동기부여다. 각 과목마다 왜 그 분야를 학습해야만 하는가를 먼저 알려 주어야 한다. 유능한 교사는 항상 학생에게 동기부여를 한다. 수업을 시작하기 전에 동기를 부여하는 것은 그 수업의 성패를 좌우한다고 해도 과언이 아니다.

가정에서 부모는 자녀와의 관계에서 의도적이면서도 자녀의 눈높이에 맞는 상호작용을 한다. 예를 들어, 아이에게 외출 후에 세면을 통해 몸을 청결하게 하도록 유도한다. 그렇게 하려면 자녀에게 몸을 청결하게 하는 것에 대해 의미를 부여해야 한다. 특히 청소년기의 자녀에게는 모든 것을 명령보다는 의미 부여를 통해 인내를 갖고 설명해야만 한다. 그렇지 않을 경우, 자녀와의 대화가 소원해질 것을 각오해야 한다.

청소년 활동이나 상담을 위해 척도검사를 한다면 청소년지도자는 왜 이 검사가 학생에게 필요한가를 먼저 설명해야 한다. 그리고 어떠한 활동이라도 그것을 시작하기 전에는 항상 참여하는 학생에게 의미를 찾도록 해야 한다. 아무리 단순한 활동이라 할지라도 의미가 부여되지 못한다면 소극적이고 부정적이며 타인 주도적인 활동이 될 것이다. 그렇기 때문에 청소년 지도자는 어떻게 하는지(know-how)를 가르치기 이전에 왜 하는지(know-why)를 알려 주어야 한다.

1) 적 용

(1) 교 실

- 멘토로서의 교사는 학생에게 다양한 주제에 관한 가치를 설명한다.
- 멘토로서의 교사는 과제와 관련된 중요한 전략과 기술을 알려 주어야 한다.

- 멘토로서의 교사는 자신의 교수법에 있어서 빈도와 강도의 조절을 통해 열정적으로 학생을 자극해야 한다.
- 멘토로서의 교사는 비언어적 행동(자세, 표정, 음색 등)을 통해 의미를 전달할 수 있어야 한다.
- 교사가 알고 있는 의미를 학생 스스로가 표현하도록 유도한다.

(2) 가정

- 멘토로서의 부모는 자녀에게 어떤 행동에 대해 금지 규정이 왜 존재하는가를 설명해야 한다.
- 멘토로서의 부모는 본을 보이는 행동을 통해 행동의 중요성을 알려 주어야 한다.
- 멘토로서의 부모는 매일같이 반복해서 하는 일을 왜 하는가에 대해 자녀에게 알려 주어야 한다.
- 멘토로서의 부모는 우리의 환경을 이해하기 위해, 그 의미를 찾도록 격려해야 한다.
- 멘토로서의 부모는 우리 사회의 절기 행사에 관한 중요성을 설명해야 한다.

(3) 청소년 활동

- 멘토로서의 청소년지도자는 활동에 있어서 각자의 역할이 왜 중요한가를 설명해야 한다.
- 멘토로서의 청소년지도자는 활동 참가자가 자신의 가치관에 대해서 인식할 수 있도록 도와야 한다.
- 봉사활동과 같이 청소년이 지역사회 활동에 열정적으로 참여하도록 하기 위해서는 먼저 그 활동의 가치에 대한 토론을 유도해야 한다.

2) 이론적 배경: 의미치료

정신과 의사이자 심리학자인 빅토르 프랑클(Viktor Frankl, 1905~1997)은 나치의 수용소에서 홀로코스트(유대인 대학살)를 겪은 사람이었다. 그는 스스로 힘든 경험을 통해 사람이 삶에 대한 이유와 목표를 갖고 있으면 어떠한 어려움도 견뎌낼 수 있다는 것을 깨달았다. 그는 자신의 책 『삶의 의미를 찾아서(*Man's Search for Meaning*)』에서 그리스어인 'logos', 즉 존재의 이유를 빌려와 의미치료(logotherapy)를 주장하였다. 빅토르 프랑클의 의미치료 이론이 청소년 멘토링의 이해를 높여 줄 것이다. 의미치료에 대해 살펴보면 다음과 같다.

(1) 의미치료와 청소년

프랑클은 인간의 건강한 성격의 실존적 특징을 영성, 자유 및 책임의 세 가지로 보았다. 첫째, 영성은 가장 중요한 인간의 특성으로 주어진 조건, 환경에 대하여 초연할 수 있는 인간의 특별한 능력이다. 그는 자신이 경험한 강제 수용소에서의 체험과 관찰을 통하여 인간은 제한된 신체나 마음과는 다른 영적인 자유의 흔적이 있고, 존엄성을 유지하며 결코 빼앗길 수 없는 영적 자유로 인하여 삶이 의미 있고 목적 지향적이게 된다는 것을 확인하였다(Frankl, 1995). 영성은 인간 실존의 뚜렷한 전형이라 할 수 있는 양심, 사랑, 책임감, 의미에의 의지 등에서 찾을 수 있으며, 정신적 차원의 증거들은 자기반성, 자기부정, 자아의식의 표현, 양심적 존재임을 표현할 때 나타난다. 특히 양심적 존재가 된다는 것은 자기초월과 함께 도덕적·윤리적 조건에서 자신의 행위를 평가하는 특별한 인간의 능력에 의해서 나타난다. 청소년기에 있어서 이러한 영성에 관한 인식은 자아정체성을 찾아가는 중요한 길을 제시한다.

둘째, 자유는 어떤 상태로부터의 자유가 아니라 어떤 상태에 대해 태도를 결정할 수 있는 자유, 즉 상황에 맞서는 자유를 의미한다. 인간은 자신을 강압하는 환경으로부터 완전히 벗어날 수는 없지만, 환경적 상황에서 결단을 내릴 수 있는 자유를 가지고 있다. 이는 인간의 자기결정력을 말하는 것으로, 인간은 완전히 조건이 주어지거나 결정된 단순한 존재가 아니라 자신의 실존이 무엇으로 변할 것인가를 결정할 수 있는 존재라는 것이다. 어떠한 순간에도 자기의 실존을 바꿀 수 있는 자유를 가지고 있기 때문에 개인의 성품과 개성은 그 본질에 있어서 예측할 수 있는 것이 아니다. 인간 실존의 주요한 특성인 자유는 주어진 조건을 초월할 수 있는 능력이다. 이러한 의미에서 청소년 멘토링에서는 급격한 발달 단계에 있는 청소년에게 자신이 선택할 수 있는 자유가 있다는 것을 인식시켜야 한다. 그리고 스스로 선택하게 해야 한다.

셋째, 책임 있는 사람이란 자기 자신에 대해 책임지는 존재임을 의미한다. 프랑클은 자신의 행동에 결단을 내릴 수 있는 자유란 소극적인 자유에 불과하고, 책임을 동반한 자유를 가지게 될 때 비로소 인간 존재의 전체성이 완성된다고 본다. 인간은 충동에 의해 수동적으로 움직일 때가 아니라 일에 대한 책임을 가지고 능동적으로 행동할 때 진정으로 존재하게 되며, 진정한 존재란 자기 자신이 결정하고 책임지는 순간에 온전히 존재하는 것이지 충동에 의해서 존재하는 것이 아니다. 의미치료는 개인이 자기 자신의 책임에 대해 충분히 깨닫도록 돕는다. 무엇을, 무엇에, 누구에게 책임져야 하는지를 이해하는 선택권은 개인에게 맡겨진 것으로, 판단에 대한 책임을 타인에게 전가하는 것은 용납되지 않는다. 삶의 유한성과 유일성으로 인해 인간은 자신과 자신의 삶에서 특유한 의미를 실현할 책임이 있다. 궁극적으로 인간은 자신의 문제에 부딪혀 올바른 답을 찾아야 하는 책임을 가지고 있다.

선택과 책임은 인간 행동의 기본적인 형태다. 사람은 누구나 선택을 하고 선택한 것에 책임을 져야 한다. 그렇기 때문에 사람들은 자신이 선택하기를 주저한다. 특히 청소년의 경우, 일상의 선택을 자신이 아닌 부모가 하도록 의지하거나 환경에 맡기는 경우가 많다. 자신이 선택하지 않은 것에 대해 책임을 지려 하지 않는 행동은 당연한 것이다. 그렇기 때문에 청소년이 책임감이 없다고 느끼는 경우가 많을 수 있다. 책임을 져 본 경험이 없는 청소년은 성인이 되어서도 자신의 행동에 대해 책임을 지지 않는 것을 볼 수 있다. 따라서 청소년을 지도할 때 선택하고 책임지는 자연스러운 흐름을 훈련해야 한다. 교사 중심 혹은 부모

중심의 교육은 청소년에게 선택할 권리를 빼앗아 버린다. 그 논리적인 귀결로 청소년은 자신의 삶에 책임 있는 행동을 하지 않는 것이다.

(2) 청소년 멘토링과 의미치료

의미치료는 인간의 자기 초월성과 개인이 자신과 거리를 두는 능력에 바탕을 둔다. 정신과 의사인 프랑클(1995) 박사는 자기 초월성에 대해 인간 존재가 자신이 아닌 어떤 것을 향해 있는 것이라고 설명한다. 예를 들면, 어떤 과제에 자신을 전폭적으로 내맡길 때, 즉 일에 몰두하거나 다른 사람을 사랑하여 자신의 존재를 망각할 때 인간은 온전히 자기 자신일 수 있다는 것이다.

의미치료의 세 가지 기본적인 개념은 인간 의지의 자유, 의미에의 의지 그리고 삶의 의미로 구분된다(Frankl, 1995). 첫째, 의지의 자유(freedom of will)는 오늘날 널리 알려진 결정론과 반대되는 입장이다. 이는 유한한 존재로서 인간 의지의 자유를 말하는 것으로, 인간은 생물학적·심리학적·사회학적 상황에 매어 있지만 이러한 상황에 맞설 수 있는 능력이 있고, 어떤 상황에서든지 최후의 결정은 스스로가 자유롭게 선택할 수 있다는 것이다. 멘토는 청소년에게도 결정된 상황에 맞설 수 있는 힘을 주기 위해 지지를 제공해야 한다. 그리고 멘토 역시 자신의 삶에 주어진 의지의 자유를 이해하고, 주어진 상황에 맞서 스스로 선택하며 살아가야 한다.

사회적 환경, 유전적 재능, 본능적 충동이 인간이 취할 수 있는 자유의 범위를 제한할 수는 있지만, 정신적 존재인 인간은 자신의 자유에 의해 그것을 취하는 태도를 결정한다. 인간은 정신적 존재로서 생물학적·심리학적 차원을 떠나 인간 특유의 영역인 정신적 차원으로 나아간다. 정신적 차원으로 나아가는 존재란 자기 자신을 자기로부터 떼어 놓을 수 있는 자기초월의 의미로 이해할 수 있는데, 자기초월은 상황과 자신으로부터 독립하여 자신의 신체적·심리적 태도를 결정하게 해 주고, 인간을 영적인 차원으로 이끌어 주는 인간 고유의 능력이다. 즉, 인간은 곤경에 처해서도 초연한 상태에서 자기 자신을 바라보게 됨으로써 그 곤경을 초월할 수 있는 의지의 자유가 있다(Frankl, 1967). 멘토는 청소년이 자신의 문제를 상담하고 이야기함으로써 청소년 자신(ego)과 문제를 동일시하지 않고 객관화할 수 있도록 해야 한다. 문제를 자아와 객관화하여야 그 문제와 싸울 수 있기 때문이다. 청소년 멘토는 청소년이 자신의 문제를 자연스럽게 이야기할 수 있도록 도와주는 지원자가 되어야 한다. 그뿐 아니라 청소년 주위에 그들의 이야기를 들어 줄 수 있는 공동체를 만들어야 한다.

의지의 자유는 주어진 삶의 상태나 조건이 인간을 규정하지 않으며, 스스로가 자기 삶에 미칠 영향을 결정할 수 있게 한다. 청소년기는 사회적 압력과 또래 압력 등으로 인해 그 태도가 변할 수 있다. 그렇지만 그것을 초월할 수 있는 것이 인간이다. 우리 사회의 청소년이 처해 있는 상황은 감각적이고 물질적이며 즉흥적이다. 청소년의 문제는 이러한 사회적 현상에서 시작된다고 할 수 있다. 그러한 청소년에게 자신을 바라볼 수 있는 힘을 길러 주어야 한다.

둘째, 의미에의 의지(will to meaning)는 인간의 기본 동기로서 쾌락의 원리나 권력에의 의지와 구분되는 것이다. 프랑클은 인간의 가장 기본적이고 우선적인 동기는 자기실현이 아니라 존재에 있어서 가능한 한 많은 의미를 찾고, 가능한 한 많은 가치를 실현하는 것이라고 주장하였다. 의미에의 의지는 개개인의 삶에서 경험하는 유일성과 독특성 그리고 상황마다의 순간적인 의미라는 특성을 가진다.

의미치료에서는 자기초월이 실존의 본질이라고 주장한다. 인간은 자기 자신이 의미가 될 수 없으며, 사람은 목적을 위한 수단으로 간주되어서도 안 된다. 인간은 무엇인가를 위해, 즉 누군가를 위해 자기를 상실할 정도가 될 때 비로소 자기를 발견한다. 인간이 자기를 넘어서, 즉 자기 위에 있는 어떤 것에 자기를 헌신하고 전념하지 않으면 자기 자신과 자기 주체성에 대한 노력은 실패하게 된다. 인간이 의미를 성취하느냐의 여부를 결정하는 것은 자신에게 달려 있으며, 의미의 성취는 언제나 결단을 요구한다. 의미를 향한 의지는 정신적 및 신체적 건강을 유지시킬 수 있을 뿐 아니라 한 개인이 고통이나 괴로움, 슬픔과 같은 극단의 상황을 견딜 수 있도록 돕는다. 독특한 자신의 사명감을 발견하려는 인간의 동기화된 힘은 심리적 건강을 위해서도 매우 중요한 것이며, 삶의 의미를 찾는 것은 긴장을 증가시키는 도전적인 과제가 되고 이때 주어지는 긴장감은 개인을 보다 더 성장시킬 수 있는 훌륭한 도구가 된다.

최근 청소년기 혹은 청년기에 자살률이 높은 우리의 현실에서 이러한 의미를 찾는 활동은 문제의 해결점을 제시한다. 청소년 멘토링은 이러한 의미를 찾으려는 의도성을 가지고 적극적으로 개입해야 한다. 청소년기에 자신만의 삶의 의미와 다른 특정한 것에 몰입하면서 자아를 찾아가야 한다. 그러기 위해서는 청소년기에 자신을 탐색하고 자기초월을 할 수 있도록 자기만의 시간을 가져야 한다. 그러나 우리의 현실은 이런 시간이 청소년기에 허락되지 않는다는 것이다. 육체적으로 혹은 정신적으로 약한 청소년의 원인은 바로 이 점에 있다고 할 수 있다.

셋째, 삶의 의미(meaning of life)에 대한 추구다. 시간, 공간 및 인간에 따라 끊임없이 변화하는 삶의 의미는 각자에 의해 탐지되어야 한다. 그리고 의미를 포착하는 순간 삶의 용기를 불러일으키거나 북돋우기 때문에 도전적인 특성을 가진다. 사람마다 인생의 모든 의미가 독특하기 때문에 보편적 의미란 있을 수 없으나 공통점을 갖는 상황이 있는데, 이러한 상황은 공통의 의미를 갖게 된다. 그러므로 이러한 이유로 주어진 사회 또는 문화를 가로질러, 심지어 다른 역사적 시간대에 사는 사람도 같은 의미를 공유할 수 있다. 프랑클은 이렇게 공유된 의미를 '가치'라고 불렀다. 그리고 그는 공유된 의미를 '한 사회나 심지어 인류가 직면할 수밖에 없는 어떤 전형적인 상황에서 구체화되는 보편적인 의미'라고 정의하고 있다(Frankl, 1995).

삶의 의미에 대한 책임은 가치실현에 관한 것으로서 창조적 가치, 경험적 가치 및 태도적 가치의 세 가지 방법이 있다. 창조적 가치란 우리가 취미나 직업활동을 통해서 삶에 무엇을 제공할 것인가 하는 창조적이고 생산적인 행위를 말한다. 경험적 가치는 만남과 체험을 통해서 세계로부터 취하는 것으로 학문에의 접근, 타인과의 진정한 만남, 자신과의 만남 등 진선미의 추구를 통해서 의미를 경험할 수 있는 것이다. 태도적 가치는 바꿀 수 없는 운명에 직면해야 할 경우에 이 곤경에 대해 취하는 태도에서 그 의미를 찾을 수 있다. 왜냐하면 피할 수 없는 운명, 어려운 고난이 그에게 주어진 조건이라면 그에 따른 고통도 의미가 있기 때문이다. 고통으로 인하여 인생의 깊이를 더할 기회를 만날 수 있으며, 인내하고 새롭게 노력하게 될 때 인간은 오히려 완전해진다.

의미에의 의지와 삶의 의미는 자아를 추구하는 것이 아니라 실존의 목적을 뒷받침해 줄 의미를 끊임없이 추구하는 인간의 욕구와 관계가 있다. 우리는 자신을 초월해 갈수록 보다 완전하게 인간다워진다. 자신을 초월하여 어떤 사람이나 일에 몰입하는 것은 건강한 성격 발달의 최종적인 기준이 된다(Schultz, 1992). 결론적으로 의미치료에서 인간은 어떠한 극한 상황에서도 선택의 자유를 가지고 있으며, 어떠한 상황 속에서도 의미를 발견할 수 있는데, 삶의 의미는 개인마다 그리고 상황에 따라 달라질 수 있다는 사실을 청소년에게 인식시켜야 한다.

의미치료의 구체적인 목표는 다음과 같다. 첫째는 증상으로부터 분리시키도록 돕는 것이다. 두려움, 강박증, 열등감, 우울 및 정서적 장애로부터 거리를 유지하여 그것에 대해 저항할 수 있도록 만들어 주는 것이다. 둘째는 태도의 수정인데, 일단 증상으로부터 거리를 유지하게 되면 새로운 선택이 가능해진다는 것이다. 셋째는 자신의 역량을 증진시키며 미래에 대한 정신건강에 대비하는 것이다.

의미치료는 정신적 질병보다 정신적 건강을 강조하고 있으며, 미래에 대한 도전을 강조하고 있다. 따라서 치료적 효과뿐만 아니라 현대 생활에서 겪는 어려움을 극복하기 위한 힘을 강화하는 데 도움을 줄 수 있다. 그러므로 의미치료는 자신이 의미와 가치를 창조할 수 있는 창조자가 되고 인생의 목표 설정에 도움을 주어 스스로 자유를 선택하고 책임짐으로써 자신의 삶을 주체적으로 살아갈 수 있도록 하여 인생의 의미를 찾고, 심리적 문제를 해결하는 데 도움이 될 것이라 본다.

청소년기에 멘토와의 상호작용을 통해 자신만의 의미를 찾아가는 것은 그 도전만으로도 청소년의 삶에 큰 영향을 미친다. 멘토링은 청소년이 갖고 있는 문제로부터 자신을 분리하고, 문제와 직면하여 새로운 선택을 하게 하며, 미래를 향하여 자신의 역량을 증진시킬 수 있도록 도와주는 것이다.

또한 청소년을 돕기 위해 멘토의 역할을 하는 지도자 역시 끊임없이 자신의 삶의 의미를 부여하는 활동을 함께 만들어 가야 한다. 그럴 때 멘토는 멘티에게 의미 있는 존재로, 의미를 찾아가는 동반자로, 의미를 찾는 활동의 지원자로 자리매김할 것이다.

(3) 의미치료의 핵심 내용

프랑클은 의미치료에서 인생의 의의를 세 가지로 나누어서 보았는데, 첫째는 행위에 대해서, 둘째는 가치를 경험함으로써, 셋째는 고뇌를 통해서라고 하였다. 따라서 프랑클이 제시한 세 가지 가치인 창조적 가치, 경험적 가치 및 태도적 가치를 프로그램 구성의 핵심 근거로 한다.

첫 번째 핵심 내용인 창조적 가치는 행동에 의해 실현될 수 있는데, 어떤 일을 창조하거나 어떤 창조적인 행위를 통해서 의미를 찾는 것으로, 달성하거나 성취하고자 하는 행위를 통해서 의미를 발견하는 것이다. 즉, 인간은 자신의 창조적인 행위에 따른 결과를 세상에 나누어 주어 자신의 창조적 행위가 타인의 삶에 기여됨으로써 그 속에서 삶의 의미를 발견할 수 있다.

의미치료에서는 창조적 가치가 무엇인지를 이해하고, 각 개인의 활동에서 창조적 가치가 가지는 의미를 탐색하도록 한다. 창조적 가치의 탐색을 통해 발견되는 것은 말이나 숙고가 아닌 행동을 통해 이행되며, 이는 개인의 책임이 요구되는 활동이다. 책임을 의식한다는 것은 각자의 삶에서 가지는 특별한 임무를 의식하게 된다는 것이다. 따라서 창조적 가치에 의해서 주어진 삶의 의미는 자신의 일이나 노력 속에서 발견되거나 실현된다. 창조적 가치는 자신의 개인적인 성취를 통해 삶에 기여하고자 하는 목적으로 이루어지는 것으로 삶 속에서 능동적인 참여를 통해 얻어지는 가치다. 또한 창조적 가치는 인간의 삶을 매일 목적적으로 만드는 기회를 제공한다.

청소년기에 가장 중요한 과업은 자기정체성과 미래의 역할, 즉 진로 탐색이라고 할 수 있다. 우리 사회에서 진로지도에 대한 가치관이 지나치게 안정과 물질적 보상에 맞추어져 있는 것은 청소년의 성장에 역기능적인 영향을 준다. 청소년 멘토링에서 청소년의 정체성과 직업 탐구 역시 삶의 의미와 연결하여 선택할 수 있도록 지도해야 한다.

　두 번째 핵심 내용은 경험적 가치로, 이 세상에서 무엇을 체험하느냐와 관련된다. 선이나 진리, 아름다움을 체험하거나, 자연과 문화를 체험하고, 혹은 다른 어떤 인간을 유일무이한 바로 그 사람 속에서 체험하는 것이다. 즉, 사랑함으로써 의미를 찾는 것이다(Frankl, 1995). 경험적 가치에 속하는 만남은 나 이외의 또 다른 독특한 존재를 그의 독자성 속에서 만나는 것이며, 그 속에서 의미를 발견하게 된다. 프랑클은 인간의 사랑에 대한 태도를 상대의 신체적인 것을 목적으로 하는 성적인 태도, 심리적인 것을 지향하는 에로틱한 태도, 그리고 상대의 인격 구조 안에 깊이 들어가 정신적인 것에 도달할 수 있는 제3형의 태도인 사랑으로 나누고 있다. 사랑은 다른 사람 인격의 가장 깊은 핵심까지 파악할 수 있는 유일한 방법으로, 사랑하는 사람의 본질적인 특성과 특징을 알 수 있게 된다. 이로써 사랑하는 사람은 자신이 가장 사랑하는 사람이 무엇을 할 수 있으며, 무엇이 되어야 하는지 그의 잠재 능력을 실현할 수 있도록 깨닫게 해 준다.

　세 번째로 다루어질 핵심 내용은 태도적 가치로, 변경할 수 없는 운명이나 고통에 대해 어떤 태도를 취하느냐와 관련된 선택을 통해서 삶의 의미를 발견하는 것이다. 태도적 가치는 인간의 잠재력이 고통, 고뇌, 죽음의 불가피한 요인에 의해 제약되었을 때 성취되는 가치다. 변화시킬 수 없는 어떤 환경이나 운명적인 상황을 그대로 받아들이지 않으면 안 될 경우가 이에 해당한다. 인간 실존에서 피할 수 없는 고통, 죄의식 그리고 죽음 등에서 우리가 취하는 태도 속에서 의미를 발견하는 것이다. 태도적 가치는 의미에 대한 가장 고귀한 평가를 내릴 수 있으며, 이것이야말로 삶이 의미를 계속 유지할 수 있는 이유이기도 하다(Frankl, 1995). 우리는 불가피한 비극적 상황에 맞서 자기초월적인 태도의 변화를 통해서 비극적 상황을 의미 있는 삶으로 바꿀 수 있다. 인간 실존의 비극적 상황인 고통, 죄, 죽음에 직면했을 때 자신에게 닥친 고통이 피할 수 없는 것이라면, 그 고통에 대처하는 태도와 양식을 결정하는 것이 삶의 가치를 발견할 수 있는 기회라는 깨달음을 얻어야 한다.

　마지막으로, 삶과 죽음의 의미를 통해서 삶의 의미를 발견하는 것이다. 인간은 죽음에 직면해야 하는 유한한 존재이며, 인간 실존의 본질적인 인생의 무상은 삶의 의미를 더해 준다. 인생에서 무상한 것이 있다면 그것은 잠재적 가능성이지만, 잠재적 가능성은 구현되기만 하면 바로 현실이 된다. 그렇게 되면 잠재적 가능성은 과거로 넘겨 저장되며, 일단 과거 안에 담기게 되면 그것은 더 이상 무상한 것이라고 말할 수 없다(Frankl, 2003). 실현된 과거의 모든 것은 축적되어 삶의 무상함으로부터 우리를 해방시켜 주며, 또한 그것은 절대로 없어질 수 없는 것이다. 실현된 과거의 업적들을 개인의 의미와 관련시킴으로써 삶의 마지막 순간까지도, 더 나아가 죽음을 통해서도 삶의 의미를 잃지 않게 한다. 따라서 삶의 무상함은 삶을 무의미하게 만들기보다는 우리의 책임감을 높여 주며, 부분적으로 인간의 의미나 목적을 향한 필요를 자각하게 한다. 그리고 한계 상황에 잘 대처하는 법을 배우는 것은 우리로 하여금 우리가 가진 것을 잘 평가해 볼 수 있게 한다(Frankl, 1986).

인간은 일상적인 생활 가운데 행하는 활동을 통해서 세상과 소통하고, 세상에 긍정적으로 기여하고 있음을 발견함으로써 창조적 가치의 실현을 이루며, 개방적인 마음을 가지고 세상으로부터 진선미의 가치를 받아들이는 경험적 가치의 실현을 통해 삶의 의미를 발견하게 된다. 창조적 가치와 경험적 가치는 풍부하고, 긍정적인 인간의 경험, 즉 창조적인 행위와 개방적인 경험을 통한 삶의 풍요로움을 다룬다. 그러나 인생이란 고상하고 풍부한 경험으로만 이루어진 것이 아니며, 질병, 죽음 혹은 다른 불가피한 부정적인 힘과 사건이 삶을 위축시키기도 한다. 따라서 인생의 즐거움이나 창조 속에서뿐만 아니라 고뇌하는 가운데서도 의미를 실현하는 방법을 찾아야만 하는데, 고뇌는 어떤 내적인 의미를 가지기 때문에 고뇌를 통하여 태도적 가치를 실현하며 삶의 의미를 발견할 수 있다.

빅토르 프랑클의 의미치료 이론은 멘토링을 진행하는 데 있어 여러 가지 열쇠를 제공한다. 아무리 어린아이라고 할지라도 인간은 의미를 추구하는 존재다. 특히 청소년기는 이런 의미와의 갈등이 시작되는 시기라고 할 수 있다. 그렇기 때문에 청소년을 대상으로 하는 멘토링은 활동을 통해 삶의 의미를 찾을 수 있도록 안내하는 의미 관계에 있는 멘토의 역할이 다른 어떤 역할보다 중요하다고 할 수 있다.

♥ 주제 관련 명언

‘왜’ 라는 질문을 가진 사람은 ‘어떻게?’ 라는 답을 거의 찾은 사람이다(He who has a ‘why’ to live for can bear with almost any ‘how’).

－ 프리드리히 니체(Friedrich Niezche) －

가장 중요한 것은 질문을 계속하는 것이다(The important thing is not to stop questioning).

－ 알베르트 아인슈타인(Albert Einstein) －

목표를 갖는 것은 의미를 갖고 행동하는 것이다(To have an aim is to act with meaning).

－ 존 듀이(John Dewey) －

인간은 그가 자신의 것으로 만들어 놓은 바로 그 원인으로 인해 그와 같은 사람이 된다.

－ 칼 야스퍼스(Karl Jaspers) －

인간은 어떠한 확고한 이념을 지지하고 있는 한 강하다.

－ S. 프로이트(S. Freud) －

♥ **복습**

- 청소년 지도에 있어 '의미 부여'가 왜 중요하다고 생각하나요?
- 빅토르 프랑클의 의미치료(Logotherapy)에 관해서 설명하시오.
- 청소년 지도에 있어서 인지적인 부분과 감성적인 부분을 함께 적용해야 하는 이유를 설명하시오.
- 의미치료의 세 가지 기본 개념에 대해서 설명하시오.

♥ **추천 도서**

Frankl, V. E. (2005). 삶의 의미를 찾아서 (이시형 역). 서울: 청아.

2. 원리 찾기

> 교육은 배운 내용을 잊어버린 후에도 살아 있다(Education is what suvives
> when has been learned has been forgotten).
>
> – B. F. 스키너(B. F. Skinner) –

청소년 멘토는 청소년 자신에게 닥친 문제가 어디에서 시작되었는지 일반화하여 원리를 볼 수 있는 눈을 열어 주어야 한다. 어떠한 문제, 사건, 경험도 독립적으로 존재하지 않는다. 서로가 영향을 주고받으며 나름대로의 규칙이 있게 마련이다. 자신의 문제를 객관적으로 바라볼 수 있는 눈을 열어 주기 위해서는 일반화 작업이 필요하다.

흔히 아동기에 발견되는 '자기중심성'은 사물을 객관적인 눈으로 바라볼 수 없기 때문에 생기는 것이다. 성인에게서도 '과잉 일반화' 내지는 또 다른 '자기중심성'에 빠지는 오류가 발견된다. 청소년기에는 자기중심성에서 벗어나지 못하기 때문에 많은 문제가 발생한다. '자신만의 우화' '청중 속의 자아' 같은 현상이 일어난다. 청소년에게는 모든 사람이 나에게 주목하고 있고, 세상은 나를 중심으로 움직인다는 생각, 나는 불멸의 존재라는 과장된 생각이 있다.

과잉 일반화 역시 자신이 겪었던 경험과 같이 매우 주관적인 현상에 대해 모든 사람이 그럴 것이라고 생각하는 것이다. 이것은 마치 코끼리 다리를 만져 본 장님이 코끼리는 기둥같이 생겼다고 주장하는 것이다. 성인도 과학적인 사고가 아닌 경험에 의한 과잉 일반화된 사고를 하는 경우가 많다. 성별 혹은 인종에 대한 편견 역시 이러한 과잉 일반화에 의해 생길 가능성이 높다.

청소년기에 있는 학생이 현상 가운데서 원리를 파악하고, 그 원리를 자신의 삶 속에 적용할 수 있도록 도와야 한다. 원리를 찾기 위한 다른 방법은 귀납법적으로 많은 사고와 실험을 통해 만들어진 일반적인 규칙을 찾는 것이다. 멘토는 일반적인 원리를 찾게 해 주고 멘티의 삶의 영역에서 발견한 원칙을 적용할 수 있도록 격려해야 한다. 이러한 원리를 찾기 위한 다음과 같은 방법이 있다.

- 청소년이 여러 가지 활동에서 일반적인 규칙을 찾도록 지도한다.
- 멘토는 학생의 경험을 현재 그리고 과거의 경험과 연결시켜 생각하도록 한다.
- 멘토는 현재 상황을 이해하기 위해 반성적 사고를 격려해야 한다.
- 멘토는 청소년이 경험과 생각을 종합적으로 사고하게 해야 한다.

1) 적 용

(1) 교 실

멘토로서의 교사는 자신이 가르치는 것의 근본적인 원리를 알려 주어야 한다. 학업을 삶과 따로 떨어뜨려 설명하면 학생은 지루하고 재미가 없는 것으로 생각할 것이다. 학업과 활동을 통해 원리를 깨달아 갈 때 지적인 쾌감을 얻을 수 있다. 처음에는 교사의 도움을 통해 원리를 밝혀내겠지만 시간이 지나면서 스스로도 원리를 찾아낼 수 있는 힘을 길러야 한다.

- 멘토로서의 교사는 현재 가르치고 있는 내용과 과거에 배웠던 내용 그리고 미래에 배울 내용을 연결하여 제시해야 한다.
- 교사는 특별한 내용을 일반적인 원리와 연결하여 설명해야 한다.
- 교사는 단순히 암기할 수 있는 '누가' '무엇을'과 같은 질문보다 '왜' '어떻게'의 질문을 통해 학생의 사고 능력을 자극해야 한다.
- 교사는 특별한 사건부터 근본적인 규칙까지 일반화하는 내용을 학생에게 질문해야 한다.
- 교사는 학생이 복잡해 보이는 현상에서 원리를 찾아내는 방법을 찾아내도록 도와야 한다. 원리 중심의 가르침은 학생의 응용 능력과 창의성을 길러줄 것이다.

(2) 가정
가정에서 이루어지는 교훈 역시 원리 중심으로 이루어져야 한다.

- 멘토로서의 부모는 하나의 모델을 자녀에게 보여 주고 그것이 다양한 상황에서 적용되는 것을 설명해야 한다.
- 멘토로서의 부모는 자녀에게 연관된 개념의 위계적 단어를 제공해야 한다. 예를 들어, 아동의 경우 교통수단이라는 개념의 하위 개념의 용어로 버스, 승용차, 지하철 등이 있듯이 단어의 개념 이해와 위계적 구성을 설명해 주어야 한다. 청소년 역시 사회의 추상적인 시스템이 위계적인 구조로 구성되어 있음을 알게 해야 한다.
- 부모는 자녀의 새로운 경험을 자녀가 가지고 있는 개념이나 아이디어와 연관시켜 설명해야 한다. 자녀가 가지고 있는 사고에서 새롭게 경험한 부분을 확장해 갈 수 있도록 격려해야 한다.

(3) 청소년 활동
청소년지도자는 공유된 원리를 일상생활의 기술에 적용할 수 있도록 해야 한다. 운동을 하면서도 원리를 가르쳐야 한다. 예를 들어, 축구를 가르치면서 삶의 원리를 함께 지도할 수 있어야 한다. 청소년은 운동을 하면서 스트레스를 풀 수 있다. 그것만으로도 좋은 활동이다. 그러나 그것에서 끝나는 것이 아니라 운동을 통해 역할을 가르치고, 역할의 원리를 가르치며, 사회 활동에 대한 통찰력을 지도해야 한다. 멘토링이라는 것은 원리를 중심으로 삶의 모든 영역에서 이루어져야 한다.

- 청소년 활동을 통해 배운 행동 기술을 가정과 학교에서도 적용하도록 격려한다.
- 청소년이 겪고 있는 다른 여러 문제의 근본적인 원인을 찾아 연결하도록 한다.
- 멘토로서의 청소년지도자는 청소년에게 자신이 가르친 원리를 통해 국가의 운영 시스템과 사회 운영 시스템, 가정 시스템에 적용하도록 안내한다.
- 청소년에게 현재의 어려움을 과거에 겪었던 경험과 연결시켜 어떤 선택을 할지에 관해 지도한다.
- 청소년의 문제를 가족 내의 상호작용을 통해 해석할 수 있어야 한다. 원인과 결과를 찾아내는 논리적 방식으로 자신이 처해 있는 상황에서 일어나는 문제를 이해해야 한다.

2) 이론적 배경: 성공지능

미국의 인지심리학자인 로버트 스턴버그(Robert Sternberg)는 '성공지능'이라는 이론을 주장했다. 그는 인간의 인지 기능이 세 가지 기술에 의해서 균형을 이룬다고 보았다. 그의 이론에서는 인지 기능을 분석적 능력(사물을 분석하거나 비교하는 기술), 창의적 능력(사물을 고안하거나 밝혀내는 능력), 실행적 능력(현실에서 적용하는 능력)으로 나누었는데, 이 이론을 지능의 삼위일체 이론이라고 한다(Sternberg, 1986). 스턴버그는 인간의 지능이 환경이나 상황과 연결되어 있고, 세 가지 능력을 포함한다고 설명하였다. 즉, 분석지능과 실행지능 그리고 창의지능이 본질적인 차원에서는 같은 원리에 의해 발현된다고 보았다. 성공지능은 우리가 흔히 지능이라고 생각했던 분석지능의 원리 습득이 현실에서 실행될 때와 창의적인 작업을 할 때도 그 원리를 사용할 수 있도록 해야 한다는 통찰을 준다.

스턴버그는 지적인 능력은 어떤 정보나 사실을 단순히 암기하는 것이 아니라 정보를 분석하고 평가한 후에 현재 상황뿐 아니라 다른 상황에도 적용할 수 있는 창의적인 능력이라고 주장하였다. 즉, 현상을 통해 원리를 터득하고, 삶의 현장에서 그 원리를 사용하고, 전혀 다른 장소라도 창의적으로 원리를 통해 사용할 수 있는 세 가지 능력을 모두 포함한 것을 지적인 능력이라고 주장한 것이다. 그러므로 인간의 지적인 능력을 분석지능으로만 판단해서는 안 되고, 실행 능력과 창의적인 능력을 포함하여 종합적으로 보아야 한다고 주장하였다. 청소년을 지도하는 영역에서도 흔히 성적으로만 능력을 평가하고 낙인을 찍는 오류를 범할 수 있다. 청소년을 멘토링할 때는 그들이 가지고 있는 능력을 종합적으로 판단하고 균형을 이루도록 지도해야 한다.

(1) 성공지능

성공지능은 삶에서 성공하기 위해 필요한 일련의 통합된 능력이다. 사람들은 자기의 장점을 알고 그것을 잘 이용하고, 동시에 자신의 약점을 알고 그 약점을 수정하는 방법을 찾음으로써 성공지능을 소유하게 된다. 성공지능의 소유자들은 그들의 분석적 · 창의적 · 실행적 능력의 조화를 통해 환경에 적응하고 조형하며 환경을 선택한다.

분석적 능력은 분석하고 평가하고 비교하고 대비할 때 사용하며, 창의적 능력은 사람들이 새로운 것을 고안하고 발견할 때 사용하며, 실행적 능력은 사람들이 자신의 아이디어나 배운 것을 실제화하여 실생활에서 적용하는 것이다. 학교에서 주로 학생에게 기대하는 사고는 분석적 능력이다. 하지만 학교 밖의 실생활에서는 창의적 능력 또는 실행적 능력이 더 중요하다. 따라서 학교 교육에서 부족한 지적 능력은 청소년 활동을 통해 보완해야 한다.

　스턴버그는 이처럼 다양한 인간의 능력을 IQ 점수로 설명하기에는 부족하고, 그 사람의 미래는 더더욱 예측할 수는 없다는 점을 지적하여, 성공적인 삶의 방향으로 나아가는 데 있어 갖추어야 할 능력을 설명하기 위해서는 더 중요한 요소가 있다고 하였다. 이에 새로운 지능 개념을 만들어 냈는데, 그것이 성공지능지수(success quotient: SQ)다. 성공지능은 스턴버그의 삼원지능 이론(triarchic intelligence theory)에서 출발한 것으로, 개인의 삶의 기준과 사회문화적으로 봤을 때 성공을 이끌어 낼 수 있는 능력이며, 이러한 능력은 자신의 장점을 극대화하고 단점을 수정·보완하는 것에 의해 좌우된다고 설명한다(서울대학교 도덕심리연구실, 2003). 이러한 성공지능의 하위 영역으로는 분석적 지능, 창의적 지능, 실용적 지능이 포함된다.

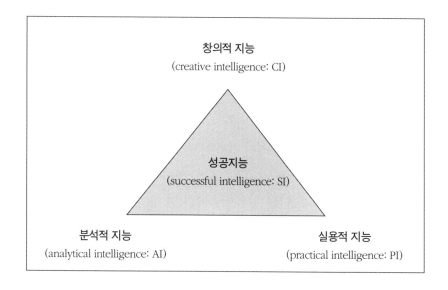

[그림 6-1] 스턴버그의 성공지능의 삼위일체

* 출처: 김정휘, 주영숙, 하종덕(2002).

〈표 6-1〉 삼원지능과 성공지능의 구성 요소 및 내용

삼원지능 구성 요소	성공지능 구성 요소	내용	성공지능 진단검사의 내용
요소 하위이론 (componential subtheory)	분석지능 (analytical intelligence)	• 새로운 지식을 획득하고 논리적 과제 해결에 적용하는 능력 • 효율적인 정보처리 과정	• 정보처리 과정에 초점 • 문제해결 방법 학습 • '무엇을 어떻게 할 것인가' 계획 실제로 행하기
경험 하위이론 (experiential subtheory)	창의지능 (creative intelligence)	• 관련 없는 요소와 연관시켜 새로운 것을 창출하는 능력 • 반복적인 경험을 자동화하는 능력	• 아이디어의 풍부성과 기발성에 초점 • 독서 등의 반복적 경험활동의 집중 여부에 초점
맥락 하위이론 (contextual subtheory)	실용지능 (practical intelligence)	• 주어진 환경과 조화를 이루는 능력 • 환경에 적응하는 능력	• 목표 지향적인 적응행동 • 학습 상황에 따라 요구되는 행동을 적절히 처리하는 능력

(2) 분석지능

분석지능은 개인에게 주어진 환경에서 유용한 선택 사항을 분석하고 평가하는 데 요구되는 것이며, 종래의 지능검사가 측정해 온 일반요인(general factor: G)과 크게 관련되는 것으로, IQ 개념과 가장 유사한 것이라고 할 수 있다(정지영, 2005). 지능검사(IQ)와 학업 성취 간의 관련성에 관한 연구에 따르면, 지능은 단지 학교 성적의 약 50%만을 설명할 수 있을 뿐이며 나머지는 그 외의 다른 요인의 영향을 받는다. 결국 분석지능검사 결과가 곧 학업 성적은 아니다(서울대학교 도덕심리연구실, 2003). 그러나 분석지능이 높은 학생의 학교 성적은 대체로 우수한 편이고, 분석지능 지수는 학교 성적을 예언하는 데 매우 유용하다는 점은 인정하지 않을 수 없다. 이러한 분석지능 지수는 '유전적인 요인인가, 환경적인 요인인가.'에 대한 문제는 아직도 많은 학자 사이에서 논의되고 있다. 이에 대해 스턴버그는 성공지능에서의 분석지능은 학업 성적만을 측정하는 기존의 IQ 개념과는 다르며(이정규, 나동진, 김진철, 2006 재인용), 지능은 환경적인 요인에 의해 변화된다는 의견을 지지하고 있다.

프리먼의 연구에서는 유전자가 동일한 일란성 쌍생아도 가정환경에 따라 IQ
가 20 이상 차이를 보인다는 결과를 도출하였다. 이는 안정되고 좋은 환경에서
교육을 받는 것이 그렇지 못한 환경에서 교육받는 것보다 IQ가 높아진다는 것
을 뜻한다. 여기서 좋은 환경이란 공교육에서 말하는 학습만을 뜻하는 것이 아
니다. 어떠한 경험을 할 수 있는 환경인가에 관한 문제인 것이다. 어린 시절의
경험은 우리가 생각하고 있는 것보다 지능 발달에 더 큰 작용을 한다고 할 수 있
으며, 그 작용은 발달 시기가 빠르면 빠를수록 크게 영향을 미치게 된다. 다시
말해서, 만지고, 깨물고, 부딪히고, 의사소통을 하는 것 등 일상생활의 경험 모
두가 아이의 지능을 발달시키는 원천이 된다(이정식, 2004; Freeman, 1967 재인
용). 이러한 연구를 통해 특히 청소년기에 강조되는 분석지능을 높이는 방법에
는 환경의 영향이 크다는 것을 알 수 있다.

이와 같은 분석지능은 문제를 해결하고 판단하는 데 필요하며, 암기력과도 밀
접한 관계를 갖고 있다. 이러한 면에서 현행 교육제도는 분석지능을 인정하고
그것을 측정하는 것이라고 볼 수 있다. 이때 분석지능을 활용한 문제 해결의 평
가 기준은 얼마나 잘 알고 있는지, 얼마나 논리적이고 조직적이며 균형이 있는
지에 따라 평가하게 된다(이권옥, 2005). 이러한 분석지능은 학교 교육 체제에서
는 유용해 보이지만 사회 상황에서는 분석지능만으로는 충분하지 않아 효용성
이 떨어지는 것을 알 수 있다. 분석지능은 실생활에서의 문제를 해결하는 데 크
게 도움이 안 되는 비활성(inert) 지능이며, 인생에서의 성공을 거두려면 창의지
능과 실용지능이 오히려 기여도가 더 크다는 것이다. 그렇기 때문에 청소년에게
실용지능과 창의지능을 발현하게 하는 환경을 만들어 주는 것이 중요하다. 청소
년지도자로서, 멘토로서 이러한 큰 틀에서의 이해를 통해 청소년이 바르게 성장
할 수 있도록 도와야 한다.

(3) 실용지능

실용지능(practical intelligence: PI)은 '실천적' 혹은 '실용적' 지능이라고도
한다. 실용지능은 학교에서의 우등생이 반드시 사회에서의 우등생이 아니듯이

분석지능이 높다고 해서 반드시 실용지능이 높은 것은 아니라고 가정한다.

스턴버그와 와그너(Sternberg & Wagner, 1993)는 전통적으로 측정되어 오던 학술지능(academic intelligence)이 산업 장면의 직무 수행을 예측할 수 없다는 점에서 직무 수행을 예측할 때 전통적 지능이 보다 광범위한 능력으로 측정되고 보완되어야 함을 주장하였다(김윤숙, 2008 재인용). 스턴버그의 실용지능 개념은 현실적으로 학업지능과 실용지능이 분명하게 구분된다는 생각에서 출발하였다(하대현, 1998). 스턴버그(2000)는 실용지능이 주어진 환경과 조화를 이루고 환경에 적응하는 능력을 의미한다고 하면서, 목표 지향적이며 상황에 따라 요구되는 행동을 적절히 처리하는 능력을 말한다고 하였다(박소연, 2007). 실용지능은 환경에 적응하거나 환경을 조성하고 선택하면서 일상생활에 적용되는 지능이다(Sternberg, 1985, 1999). 영어 수업 시간에 배운 내용을 외국인과의 의사소통에 활용하는 것, 수학 수업 시간에 배운 것을 시장에서 계산할 때 적용하는 것 등을 들 수 있다. 이처럼 실용지능은 개인이 일상생활에서 발휘하는 적응력 정도를 의미하는 것으로, 문제 해결을 위해서 실행을 통해 효과적인 것으로 만드는 데 요구되는 것이다(정지영, 2005). 이러한 능력은 원리를 배우고, 일상생활에서 그 원리를 사용하게 하는 멘토링과 같은 개념이다. 단순한 지식이 아니라 분석 능력을 훈련하면서 배운 원리를 삶 속에 적용하는 것이다.

학교 현장에서의 실제적 지능에 대한 대표적 연구는 스턴버그의 동료들에 의해 진행된 PIFS(Practical Intelligence for School) 프로젝트다(Gardner, Krechevsky, Sternberg, & Okagaki, 1994; Sternberg, Okagaki, & Jackson, 1990). 이 프로젝트를 통해 실용적 지능이 높은 학생은 학업과 관련된 학교생활과 학교 내 대인관계 적응에서 우수하다는 것을 밝혀 주었고, 이러한 실용적 지능은 훈련을 통하여 향상할 수 있음을 보여 주어 교육적으로 큰 시사점을 주었다(조영미, 1999). 따라서 스턴버그와 동료들은 실용적 지능을 전통적 지능의 성격 및 측정 영역 등과 변별되는 개념으로 정립하고자 하였다. 가장 중요한 것은 전통지능과 실용지능의 발달 양상은 전 생애에 걸쳐 각기 다르게 나타난다는 것이다(Cornelius & Caspi, 1987; Denny & Palmer, 1981; William Denny, & Schadler, 1983). 1980년대 많은 학자가 나이가 든 성인의 학업 능력은 감소하지만 실용적 능력은 계속 증가한다는 내용을 연구 결과로 보고하였다. 이 결과로 인해 전통적 지능과 실용적 지능 간의 발달 양상이 다르다는 것이 나타났다. 이러한 이유로 인해 스턴버그는 전통적 지능과 실용적 지능은 엄연히 별개의 개념임을 입증하였다(Sternberg, 1999; Sternberg & Wagner, 1986). 그럼에도 불구하고 실용적 지능의 측정을 위한 시도가 전통지능에 비해 무척 미비했던 이유 중 하나로, 스턴버그(1985)는 실용적 지능을 특정의 과제군 또는 상황을 넘어서 일반적으로 개념화할 수 있는 부분이 있을지가 불분명함을 들고 있다. 스턴버그는 실제 상황의 과제를 수행하는 데 사용되는, 명시적으로 나타나지도 않고 언어화조차 되지 않는 암묵적 지식의 많고 적음에 따라 실용적 지능이 높거나 낮아진다고 보았다(박소연, 2007). 암묵적 지식은 타인에게 직접적으로 분명하게 가르쳐 주지 않으며 말로 표현되지도 않지만 행동 지향적이며, 주어진 환경에서 문제 해결을 위해 알 필요가 있는 지식이다.

따라서 실용적 지능은 문제가 실세계 맥락과 관련될 때 자신이 가지고 있는 암묵적 지식을 얼마나 적용하고 활용하느냐에 따라 높고 낮음이 결정된다. 실용적 지능은 개인의 경험을 바탕으로 하고, 영역과 관련성이 매우 높다고 할 수 있으며, 암묵적 지식을 빠르게 습득·활용하는 사람은 실용적 지능이 높다고 판단할 수 있다. 이러한 실용적 지능은 책상에 앉아서 배울 수 있는 것이 아니다. 삶의 현장에서 여러 상황을 통해 배워야 한다. 이러한 교육 현장이 바로 청소년 활동이고 청소년 멘토링이다.

(4) 창의지능

지능이 어떻게 변화하고 발달해 가느냐에 대해서 두 가지 측면, 즉 문제를 얼마나 많이 그리고 빠르고 정확하게 풀어내느냐를 따지는 양적 측면과 문제를 어떻게 해결해 가느냐 하는 질적 측면에서 살펴볼 수 있다(이정식, 2004). 여기서 질적 측면에 초점을 둔 지능을 '창의지능'이라 할 수 있다. 창의지능은 일반 지능과 관련은 있지만, 일반 지능이 높다고 해서 반드시 창의지능이 높은 것은 아니다. 스턴버그는 이 능력이 종래의 IQ와 최소한 어느 정도 구분되는 능력이고, 또한 어느 정도 일반적인 영역(general factor: G)과는 다른 특수적인 것(special factor: S)으로 나누었다.

스턴버그와 그리고렌코(Sternberg & Grigorenko, 2000)에 따르면, 창의지능은 어떠한 문제를 해결하려 할 때, 자신의 내적인 역할을 창안, 발명, 설계, 발휘하는 능력이다. 이 능력은 비교적 새로운 문제를 새로운 관점에서 접근하는 것과 관련이 있기 때문에 창의력 개념과 유사하다(정지영, 2005). 이러한 창의적 지능은 문제를 해결할 때 얼마나 잘 알고, 얼마나 새롭고 호소력이 있는지, 그리고 과제에 부합하는지 등 어느 정도의 창의력을 활용하느냐 하는 기준을 통해 평가가 이루어진다(하대현, 2004). 즉, 창의지능은 개인의 창의적 사고력의 질적 우수성 정도를 의미하는 것으로 문제 해결안을 제시하는 데 요구된다.

스턴버그와 주버트(Sternberg & Jubart, 1995)는 창의적인 사람은 전형적으로 아이디어를 '싸게 사서 비싸게 파는' 사람이라고 정의하였다. 스턴버그에 따르면, 창의지능은 결국 인간이 지니고 있는 하나의 고귀한 능력이면서 동시에 인생을 대하는 태도이자 삶의 기법이라고 할 수 있다. 창의지능은 개인의 외부와 내부 세계를 연결하는 능력(박소연, 2007)으로, 경험 하위이론에 근거하여 제안된 능력이다. 그러니까 새로운 자극과 장면에 대처하는 능력, 즉 통찰력과 같은 것이다.

브루너(Bruner, 1976)도 놀이의 기회가 아동의 장래 창의성에도 영향을 미친다고 보고하였다. 심리학자 브라멜드(Brameld, 1955)는 "창의성이 없는 사람은 죽은 사람과 다를 바 없다."(허수정, 1996 재인용)라는 표현으로 창의성의 중요함을 이미 주장한 바 있다. 청소년 멘토링은 청소년 활동과 학습을 통해 배운 원리를 삶의 현장에서 창의적으로 사용할 수 있도록 지도하는 것이다. 청소년지도자들은 청소년들이 문제를 얼마나 빨리 해결하느냐보다는 그 과정에서 어떻게 해결하느냐에 더 중심을 두어 지도해야 한다. 그러기 위해서는 생각할 수 있는 시간을 할애하는 것이 중요한 멘토링의 요인이다.

♥ 주제 관련 명언

　　교육은 배운 것을 잊어버렸을 때도 여전히 살아 있다(Education is what survives when what has been learned has been forgotten).

　　　　　　　　　　　　　　　　　　　　　　－ B. F. 스키너(B. F. Skinner) －

　　단순히 사물의 피상적인 면을 기계적으로 암기하는 것은 진정한 학습이 아니다(Mere mechanical memorization of the superficial aspects of the object is not true learning).

　　　　　　　　　　　　　　　　　　　　　　－ 파블로 프레이리(Paulo Freire) －

　　기억하려고 공부하면 잊어버리지만 이해하려고 공부하면 기억할 것이다(If you study to remember, you will forget, but, if you study to understand, you will remember).

　　　　　　　　　　　　　　　　　　　　　　－ 작자 미상 －

　　행복은 철저하게 프레임이다. 어느 청소부에게 질문을 했다. "당신은 누구입니까?" "지구의 한 편을 청소하는 사람입니다." 이처럼 넓은 '의미' 중심의 프레임을 가지고 있는 사람은 자신의 삶과 직업에 만족하고 행복하게 살 수 있다.

　　　　　　　　　　　　　　　　　　　　　　－ 최인철(『프레임』의 저자) －

♥ 복 습
- '자기중심성'이란 어떤 의미인가요?
- '과잉 일반화'에 대해 설명해 보시오.
- 성공지능에서 말하는 세 가지 하위 지능과 원리를 설명하시오.
    - 분석지능
    - 실용지능

– 창의지능

• 청소년 멘토링에 있어서 원리를 이해하고 지도하는 것이 왜 중요한가요?

Movie & Mentoring 6

〈수용의 멘토링〉

- **제목** 리멤버 타이탄(Remember The Titans)
- **감독** 보아즈 아킨
- **출연** 덴젤 워싱턴(허만 분 코치)
- **등급** [국내] 12세 관람가 / [해외] PG(부모 동반, 아동 관람 부적합)

♠ 줄거리

신화가 되어 버린 위대한 승리!
위대한 승리가 낳은 감동의 휴먼 블록버스터!

버지니아 주에서는 고등학교 미식축구가 크리스마스보다 더 큰 의미를 지니고 있다. 내 아빠는 알렉산드리아에서 미식축구 코치를 했다. 너무나 열심히 일해서 엄마는 아빠를 떠났지만, 난 아빠와 함께했다. 경기장에서 내가 필요했기 때문이다. 1971년까지 알렉산드리아에서는 인종의 혼합이 없었지만, 학교 위원회에서 인종차별을 없애기 시작했다. 백인 학교와 흑인 학교를 하나로 합쳤고, 학교 이름을 'T. C. 윌리엄스 고등학교'라 지었다.

버지니아 주에서는 고등학교 미식축구가 단연 최고의 인기 스포츠다. 그 지역 사람들에게 고등학교 미식축구란 삶의 일부분이자 경의와 숭배의 대상이며, 시즌의

플레이오프 게임이 있는 날은 크리스마스를 포함한 그 어느 공휴일보다도 더 열띤 축제 분위기가 연출된다. 1971년 버지니아 주 알렉산드리아 주민에게도 이는 마찬가지다. 하지만 지역 교육청이 모든 흑인 고등학교와 백인 고등학교를 통합하라고 지시를 받았을 때, 지역의 미식축구 기금은 혼란에 빠진다. 이러한 잠재적 불안이 있는 가운데, 워싱턴 정부는 사우스캐롤라이나 출신 흑인인 허만 분(덴젤 워싱턴 분)을 T. C. 윌리엄스 고등학교 타이탄스 팀의 헤드코치로 임명하는데, 그가 전임 백인 헤드코치인 빌 요스트(월 패튼 분)를 자기 밑의 코치로 두려하자, 윌리엄스 고등학교는 일촉즉발의 위기에 처하게 된다.

하지만 허만 분 감독의 강력한 통솔력과 카리스마 아래 피부색의 장벽을 뚫고 서서히 뭉치게 된다. 허만 분과 조감독 요스트도 함께 일하는 동안 그들 사이엔 미식축구에 대한 열정 이상의 공통점이 있다는 것을 발견한다. 즉, 두 사람은 성실과 명예는 물론 투철한 직업의식을 겸비하고 있었던 것이다. 서로 다른 배경에도 불구하고 이들 두 감독은 분노로 뭉친 선수들을 교화시켜서 다이내믹한 승리 팀으로 완성시킨다. 두 감독이 맡은 타이탄스가 각종 시합에서 연전연승을 기록하자 흑백 갈등으로 분열되어 있던 알렉산드리아의 냉랭한 분위기도 눈 녹듯 변하기 시작한다. 중요한 것은 피부색이 아니라 그 안에 숨 쉬고 있는 영혼이라는 것을 사람들이 깨닫기 시작한 것이다. 하지만 타이탄스의 무패 행진으로 마을 전체가 축제 분위기에 취해 있을 무렵, 팀의 주장인 게리 버티어(라이언 허스트 분)가 교통사고로 하반신 불구가 되는데…….

♤ 교육적 의미

인종차별은 현재에도 지속되고 있는 문제 중 하나다. 당시 미국의 상황에서는 더욱 심각한 문제였을 것이다. 팀에서의 인종차별이 감독의 지혜로 해결되는 듯 보였으나 현실은 냉정했다. 서로 친구라고 생각했어도 사회는 여전히 풀리지 않는 문제로 가득 차 있었다. 그러나 미식축구팀을 하나로 결속시킨 것은 운동에 대한 열정이었다. 피부색이 다르다고 저마다 품은 열정이 다르지 않다는 것을 깨닫고 하나가 된다.

우리나라에서도 피부색과 생김새로 다른 외국인에게 인종차별을 하고, 그로 인해 문제가 발생되는 경우가 종종 있다. 그러나 생김새는 중요하지 않음을 영화는 말하고 있다. 진짜 중요한 본질은 그들이 우리와 같은 사람이고, 비슷한 생각을 하며, 존중받아야 할 사람이라는 것이다.

★ 참고 자료: 네이버 영화

♣ 함께 생각해 보기

• 나와 다르다고 편견을 가진 적이 있나요?

• 자신의 편견 때문에 겪은 어려움이 있다면 무엇이었는지 이야기해 봅시다.

• 멘토링에서 수용과 편견은 어떤 작용을 하는지 생각해 봅시다.

제7장
자기통제와
변화

1. 자기통제

> 인간의 자아개념은 자신에 대해 책임을 질 때 높아진다(Man's self-concept
> is enhanced when he takes responsibility for himself).
>
> — 윌리엄 C. 슈츠(William C. Shutz) —

스스로를 통제(self-control)할 수 있는 능력을 갖고 있는 사람이 사회에서 성공할 가능성이 크다는 연구 결과는 계속 있어 왔다. 즉, '만족 지연 능력'이 미래의 성공을 예측한다는 스탠퍼드 대학교의 미셸(W. Mischel) 박사의 실험(마시멜로 실험)은 교육자에게 통찰력을 주고 있다. 마시멜로 실험은 더 큰 보상을 받기 위해 현재의 만족을 지연할 수 있었던 아이들이 사회에서 성공을 거둘 확률이 높다는 연구였다. 이 실험은 종단 연구를 통해 독립변수인 자기통제력과 종속변수인 사회적 성공의 관계를 조사한 것으로, 무엇이 인간의 성공에 영향을 미치는지를 알아본 것이다.

자신에 대해 통제력을 지닌 사람은 스스로 책임감을 갖는 경향을 보인다. 자기통제가 되지 않으면 당연히 충동성이 억제되지 않는 행동이 나타난다. 자신의 감정에 따라 충동성을 억제하지 못할 경우 행동을 스스로 통제할 수 없다. 이런 사람은 자극에 즉각적으로 반응하고, 깊이 생각하는 능력이 현저하게 떨어진다. 스스로를 통제한다는 것은 깊이 생각할 수 있다는 말이다. 깊이 생각할 수 있다면 현상을 세밀하게 볼 수 있다. 사물이나 문제를 세밀하게 볼 수 있는 능력은 자신을 통제할 때 생겨난다. 자기통제가 되는 사람은 생각한 후에 행동한다. 생각하기 때문에 조금 느려 보일 수는 있지만 그 행동에는 오류가 적게 나타난다. 그뿐 아니라 자신의 행동에 대해서 스스로 평가할 수 있는 능력이 형성된다.

1) 적 용

(1) 교 실

멘토로서의 교사는 교실에서 학생의 충동성을 억제하도록 훈련시켜야 한다. 즉각적인 반응보다 생각하고 답하도록 격려해야 한다. 그뿐 아니라 자기조절이 왜 중요한가를 계속해서 알려 주어야 한다.

- 멘토로서의 교사는 자기훈련(self-discipline)을 강조해야 한다.
- 멘토로서의 교사는 학생이 발표할 때 끼어들지 않기, 생각하고 답하기 등 자제력을 보여 줌으로써 행동 통제의 본을 보여야 한다.
- 교사는 학생이 주제에 집중하고, 본문을 다시 읽고, 답하기 전에 생각하고, 자신의 작품을 다시 살펴보는 것을 통해 통제력을 키울 수 있도록 지도한다.
- 교사는 우선순위에 따라서 계획을 세우고, 학업을 할 수 있도록 지도한다.
- 교사는 전략적인 접근을 보여 주기 위해 문제 해결에 관한 이야기를 나눈다.
- 교사는 학생 자신이 지도자가 된 것처럼 자신의 작품을 평가하도록 지도한다.

(2) 가 정

멘토로서의 부모는 자녀가 적절한 답을 할 수 있도록 돕는다. 계획하고 실천하는 모습을 생활 속에서 보여 줄 수 있도록 노력해야 한다.

- 멘토로서의 부모는 사전에 계획하지 않고 실행해 옮기는 것이 실패의 확률을 높인다는 것을 자녀에게 보여 주어야 한다.
- 멘토로서 아버지는 자녀와 함께 복잡한 일을 완수하면서 일의 단계를 보여 주어야 한다.
- 멘토로서의 부모는 자녀가 쉬운 일은 빨리할 수 있는 반면에 어렵고 복잡한 일은 보다 세밀한 계획이 필요하다는 것을 알려 주어야 한다.
- 멘토로서의 부모는 행동에는 항상 책임이 따른다는 것을 자녀에게 보여 주어야 한다.

(3) 청소년 활동

멘토로서의 청소년지도자는 학생에게 충동적인 반응보다 반성적인 행동(reflective action)을 하도록 격려해야 한다.

- 멘토로서의 청소년지도자는 학생에게 '빨리빨리' 답을 찾는 모습이 아닌 주의 깊게 문제를 해결하는 모범을 보여야 한다.
- 청소년 활동을 통해 반사회적 행동이나 충동성이 드러나는 행동은 훈련을 통해 수정해 갈 수 있다는 것을 알게 해야 한다.
- 멘토로서의 청소년지도자는 청소년이 스스로 선택하고, 스스로 책임질 수 있도록 지도해야 한다.
- 멘토로서의 청소년지도자는 청소년이 학습플래너와 같은 도구를 통해 자기를 통제하는 법을 알려 주어야 한다.

2) 이론적 배경: 초인지 이론

발달심리학자인 존 플라벨(John Flavell, 1979)은 '초인지(metacognition)'이론을 주장했다. 초인지는 생각하는 것에 대해 생각하는 것, 아는 것에 대해 아는 것 등으로 정의하였다. 즉, 초인지는 스스로를 돌아볼 수 있는 '인지 위에 있는 인지'라고 말할 수 있다. 통제력이란 학습자 스스로가 객관적으로 사물을 바라볼 수 있을 때 그 역할을 충실히 한다. 학습자는 자신의 어떤 곳에서 문제가 발생하고 있는지에 관한 지식이 있어야 한다. 학생이 수학 오답 노트에서 자신의 약점이나 실수를 발견하듯이 초인지를 통해 자신의 근본적인 문제점을 스스로 찾아내야 한다.

(1) 인지와 메타인지

강순희(2009)는 인지와 메타인지의 관계를 한눈에 볼 수 있도록 사고에 대한 개념도를 [그림 7-1]과 같이 제시하였다. 사고는 크게 인지 사고와 메타인지 사고로 나눌 수 있다. 인지 사고는 의미를 부여하고 생성하기 위해서 사용하는 정신적 활동으로 이루어지며, 일상생활에서 일어나는 비형식적 사고인 일상적 사고와 논리 체계를 갖는 형식적 사고인 과학적 사고로 나눌 수 있다(이선경, 2008). 메타인지 사고는 흔히 '사고에 대한 사고(thinking about cognitive thinking)'라 정의하며, 인지 사고를 지시하고 통제하는 조작들로 이루어져 있다(김영채, 1995: 61-104).

메타인지의 개념은 그 기원을 메타기억에서 찾을 수 있다. 플라벨은 1971년에 암기 활동에 대한 지식을 의미하는 말로서 '메타기억'이라는 용어를 처음으로 사용하였으며, 1975년을 전후해서 암기 활동을 포함한 인지 현상 전반에 대한 지식을 일컫는 보다 포괄적인 의미의 '메타인지'라는 용어가 탄생하게 되었다(김수미, 1996).

플라벨(1979)은 인지는 인지적 진전을 위한 지적인 활동인 반면, 메타인지는 그와 같은 인지 활동을 모니터하는 기능이라고 규정하면서, 인지적 전략은 단순

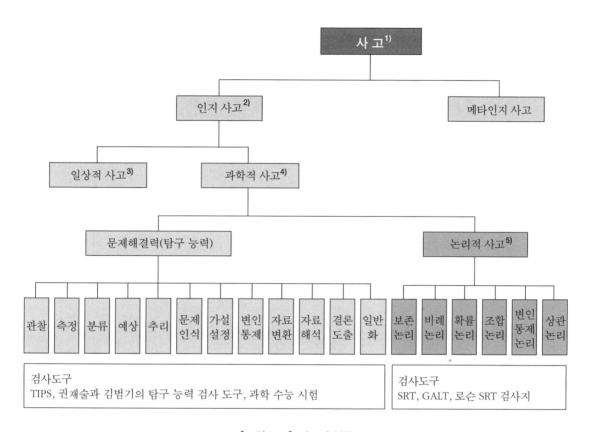

[그림 7-1] 사고의 분류

* 출처: 강순희(2009).

히 해답을 얻기 위해 채택되는 반면, 메타인지적 전략은 이미 얻어진 해답에 대한 확신을 얻기 위해 채택된다고 한다. 즉, 동일한 행동이라도 그 행위의 의도가 지식의 증진에 있다면 인지적 행동으로 보아야 하고, 그 행위의 의도가 자신의 지식을 모니터하는 것에 있다면 메타인지적 행동으로 보아야 한다는 것이다.

---

1) 사고는 경험에서 의미를 추구하는 인지 사고와 이 인지 사고를 지지하고 통제하는 메타인지 사고로 나뉜다.
2) 인지 사고는 일상적 사고와 과학적 사고로 나눌 수 있다.
3) 문제해결력(탐구 능력)의 하위 요소는 [그림 7-1] 참조.
4) 과학적 사고는 문제해결 관점과 논리적 관점으로 분류할 수 있다.
5) 논리적 사고의 하위 요소는 [그림 7-1] 참조.

브라운(Brown, 1987)은 인지와 메타인지를 구분하는 것이 결코 쉬운 작업은 아니지만 필요한 것임을 주장하면서, 인지는 지식의 단순한 이해인 반면, 메타인지는 지식의 적절한 활용이라고 보았다. 브라운은 '지식의 단순한 이해'라는 관점에서 본 지식과 '지식의 적절한 활용'이라는 관점에서 본 지식 사이에는 큰 차이가 있으며, 이러한 차이를 인식하는 것이 교육적인 입장에서 무엇을 개발해야 할 것인가를 생각하게 하는 데 매우 유용할 수 있음을 강조한다.

이러한 메타인지 기능은 학업뿐만 아니라 인간의 모든 영역에서 이루어지는 활동에 사용된다. 유명한 운동선수가 청소년 시절 자신의 훈련 기록을 일기같이 작성한 노트를 언론에서 보여 줄 때가 있다. 이 운동선수도 자신의 활동에 대한 모니터링을 하면서 메타인지 기능을 사용한 것이다. 이것이 청소년기에 일기 쓰기, 학습일기 쓰기, 오답 노트 만들기 등이 중요하게 여겨져야 할 이유다.

(2) 메타인지 영역과 구성 요소

메타인지는 흔히 '사고에 대한 사고, 인지에 대한 인지' 등과 같이 정의되지만, 메타인지에 대한 관점은 매우 다양하다. 따라서 메타인지의 개념에 대한 다양한 분류 방식이 존재한다.

플라벨(1979)은 메타인지를 메타인지적 지식(metacognitive knowledge)과 메타인지적 경험(metacognitive experience)으로 분류한다. 메타인지적 지식은 인지 작용의 상태를 판단하기 위해 저장된 개인의 세계에 대한 지식으로, 메타인지적 경험을 어떤 인지적 작업 중에 발생하는 의식적인 인지적 혹은 감정적 경험으로 정의한 후 메타인지적 지식을 다시 개인(person), 과제(task), 전략(strategy)에 대한 지식으로 세분화한다.

브라운(1987)은 메타인지를 '인지에 대한 지식'과 '인지에 대한 조절'로 분류한다. 인지에 대한 지식은 플라벨의 메타인지적 지식과 유사하며, 인지에 대한 조절은 문제해결 과정에서 필요한 전략적 행동과 의사 결정을 포함하는 것으로서, 구체적인 예로 모니터, 자기조절, 실행적 조절, 계획, 검토 등이 제시된다.

한편 쇤펠드(Schoenfeld, 1987)는 메타인지를 자신의 사고 과정에 대한 지식,

제어와 자기조절, 신념과 직관이라는 세 범주로 정리한다. 자신의 사고 과정에 대한 지식은 자신의 사고 과정을 얼마나 정확하게 기술할 수 있는가와 관련되며, 플라벨이 설정한 메타인지적 지식의 하위 범주인 자신에 대한 지식에 포함된다고 할 수 있다.

제어와 자기조절이란 문제해결 과정의 관리적 능력을 의미하는 것으로, 쇤펠드는 관리적 기능으로, ① 해답에 대해 성급히 시도하기 전에 문제가 무엇에 관한 것인지를 자신이 바르게 이해하고 있는지 확인하는 것, ② 계획하는 것, ③ 감독 혹은 풀이하는 동안의 진행 상황을 기억하는 것, ④ 문제를 풀 때 자료를 할당하고, 무엇을 할지를 결정하고, 그에 따른 시간을 결정하는 것 등을 예로 들면서 학생이 문제 해결에 실패하는 것은 그들이 가진 자원이 부족해서라기보다는 문제해결 과정을 효과적으로 관리할 수 있는 능력이 떨어지기 때문이라고 주장한다.

이러한 초인지를 통해 문제를 찾고 그것을 해결하는 능력은 교실에서 수업을 통해 형성되기도 하지만 실생활을 통해 더 쉽게 습득되기도 한다. 가족이나 청소년 활동 공동체는 학생에게 초인지적 사고를 하도록 격려해야 한다. 그리고 멘토는 멘티에게 초인지적 사고가 우리의 인지 과정에 많은 도움이 된다는 것을 알려 주어야 한다.

신념과 직관이란 인지적 삶을 살면서 획득된 세계에 대한 주관적 지식 또는 세계관을 의미하는 것이다. 김수미(1996)는 신념과 직관이 플라벨의 메타인지적 지식과 유사하지만, 플라벨은 인지 과제를 수행하는 데 있어 메타인지적 지식의 긍정적인 영향에 초점을 맞춘 반면, 쇤펠드는 인지 과제를 수행하는 데 있어서 주로 부정적인 영향을 미치는 왜곡된 신념, 잘못된 개념 등에 관심을 보이고 있으며, 이것을 메타인지의 한 유형으로 간주하는 것에 대해서는 보다 신중한 논의가 필요하다.

이처럼 메타인지에 대한 다양한 분류가 존재하지만 메타인지 개념에 대한 현재의 가장 보편화된 관점은 메타인지적 지식(metacognitive knowledge)과 메타인지적 기능(metacognitive function)이라는 두 가지 측면으로 메타인지의 개념을 양분하는 것이다(김수미, 1996; 신혜은, 최경숙, 2002; Cross & Paris, 1988; Garofalo & Lester, 1985; Brown, 1987).

메타인지적 지식은 〈표 7-1〉과 같이 개인, 과제, 전략의 세 가지 변인으로 분류할 수 있다(조재영, 1996; Flavell, Miller, & Miller, 2003). 개인 변인은 인간이 인지적 유기체로서 획득하게 되는 모든 종류의 지식이나 신념과 관련되는 것으로, 개인 내부적 특성, 개인 간 특성 그리고 인간 인지의 보편적 속성에 대한 지식과 믿음이라는 세 가지 하위 범주로 나눌 수 있다. 과제 변인은 인지적 과제의 수행 과정에서 직면하거나 다루는 정보의 성질이나, 과제가 가지고 있는 성질과 관련된 지식을 말한다. 전략 변인은 전략을 어떻게 사용해야 하는지, 어떤 전략이 사

〈표 7-1〉 메타인지적 지식의 구성 요소와 특징

구성 요소	특징
개인	• 인지적 주체자인 인간에 대하여 사람들이 획득하게 되는 모든 종류의 지식과 신념체계 　- 인간 인지의 보편적 속성에 관한 지식과 믿음 　　ex) 인간의 단기 기억 용량은 한정되어 있고 또 그것이 틀릴 가능성이 있다. 　- 인간 내, 인간 간 인지적 차이에 대한 지식 　　ex) 나는 물리학보다 심리학을 더 잘한다. 　　ex) 부모님은 이웃사람들보다 타인의 요구와 감정에 더 민감하다.
과제	• 인지적 과제의 수행 과정에서 직면하거나 다루는 정보의 성질이나 과제가 가지고 있는 성질과 관련된 지식 　- 정보의 성격에 대한 지식 　　ex) 복잡하고 친숙하지 않은 정보는 이해하거나 기억하기 어렵다. 　- 과제요구의 성격에 대한 지식 　　ex) 이야기를 말 그대로 기억하는 것보다는 그 요지를 기억하는 것이 더 쉽다.
전략	• 인지적 행위에 관한 정보를 제공하거나 또는 그 행위의 진전에 관한 정보를 제공하는 지식 　- 이해, 조직, 계획, 실행, 검사, 평가하는 데 도움을 주는 지식 　　ex) 덜 중요하거나 충분히 학습한 자료보다는 중요하거나 충분히 학습하지 못한 자료를 학습하는 데 더 많은 시간을 들여야 한다.

용 가능한지, 또는 어떤 전략이 어떻게 작용할지에 대한 지식이다. 즉, 이 변인은 전략을 선택하고, 전략 활용을 점검하며, 전략에 관한 평가를 하는 등에 관한 지식을 포함한다.

　　메타인지적 지식의 하위 구성 요소를 개인, 과제, 전략의 세 가지로 보는 관점이 가장 보편화된 관점이지만, 많은 메타인지 학습 전략 연구에서는 학생에게 인지 전략을 사용하는 방법과 절차에 대한 훈련뿐 아니라 전략 사용의 장점, 효과, 적용 가능 범위 및 조건에 대한 정보를 제공하여 학생의 인지 전략에 대한 인식을 증진시키고, 전략 사용에 대한 계획, 점검 및 평가 활동을 촉진하는 데 목적을 두고 있다. 따라서 이러한 메타인지 학습 전략 연구에서는 메타인지적 지식의 하위 구성 요소 중 전략 변인에 초점을 맞추어, 메타인지적 지식을 인지 전략 사용의 효과성과 중요성 및 전략의 적절한 사용법과 사용 시기를 아는 것이라고 정의하기도 한다(박종원, 1992; 황희숙, 1994).

　　메타인지적 기능의 구성 요소를 보는 관점은 메타인지적 지식에 대한 관점에 비해 좀 더 다양하다. 브라운과 동료들(1983)은 메타인지 활동에 계획(planning), 모니터(monitoring), 조절(regulation)의 세 가지 활동이 포함된다고 하였다. 계획은 교과서를 읽기 전에 학습의 목표를 세우고, 훑어보고, 질문을 해 보며 과제를 분석하는 것을 말한다. 이렇게 하면 이전의 지식을 적절하게 활성화하여 이용할 수 있을 뿐만 아니라 보다 적절한 사고의 전략과 처리를 계획할 수 있다. 모니터는 과제를 수행해 가면서 이와 함께 주의 집중을 조정하고 자기 자신을 체크하는 것을 말하며, 조절은 모니터와 관련 있는 것으로서 독서를 하면서 이해에 따라 속도를 조정하거나 다시 읽거나 복습하거나 또는 가볍게 건너뛰는 것 등과 같다. 이러한 의미에서 조절은 반성적인(reflective) 측면을 많이 가지고 있다(김영채, 1995: 61-104).

　　가로팔로와 레스터(Garofalo & Lester, 1985)는 메타인지적 기능의 구성 요소를 모니터(monitoring), 평가(evaluation), 제어(control)의 세 가지 요소로 구분한다. 모니터는 인지 활동 중에 인지 작용의 진행 상태를 직접적으로 확인하는 것이고, 평가는 자신의 인지 활동의 결과에 대하여 객관적으로 판단하는 기능이

며, 제어는 자신의 인지 활동을 지시하고, 이후의 활동을 진행·수정하는 기능
을 말한다.

넬슨과 나렌스(Nelson & Narens, 1994)는 제어와 모니터의 기능을 매우 명쾌
하게 구분하였는데, 이를 위하여 인지적 과정을 메타 수준(meta-level)과 객체
수준(objective-level)으로 나누고, 메타 수준과 객체 수준의 사이에서 정보 흐름
의 방향에 의해 제어와 모니터를 구분한다. 제어란 메타 수준에서 객체 수준으
로 정보가 흐르는 것으로, 객체 수준에서의 행동(행동의 시작, 행동의 지속, 행동의
완료)을 유발한다. 반면 모니터란 메타 수준이 객체 수준에 의해 정보를 얻는 것
인데, 이는 상황에 대한 메타 수준의 모델을 변화시킨다.

신혜은과 최경숙(2002)은 넬슨과 나렌스(1994)의 모델을 변형하여 메타인지
적 지식과 메타인지적 조절의 관계를 [그림 7-2]와 같이 나타내고, 메타 수준의
변화는 수행의 변화를 일으키고, 다시 수행의 변화는 메타 지식 수준을 변화시
키는 양방향적 관계에 있다고 제시하였다.

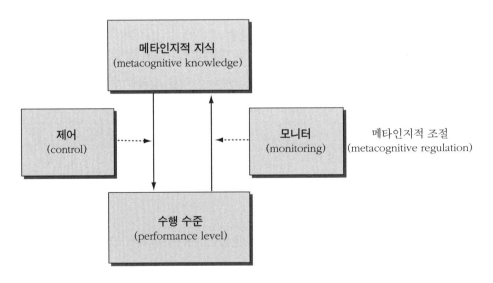

[그림 7-2] 메타인지적 지식과 메타인지적 조절의 관계

* 출처: 신혜은, 최경숙(2002).

청소년기에 자기통제력을 유지하는 것은 중요한 과업이다. 그러나 스스로 통제하는 방법을 배워야 할 청소년 중 많은 이가 컴퓨터나 게임 등의 중독에 빠져들면서 통제력을 잃는 것이 현실이다. 이러한 청소년에게 메타인지를 깨닫게 하고 사용할 수 있도록 개입하는 것이야말로 청소년 멘토링의 중요한 역할이다. 억압된 에너지가 통제 없이 외부로 분출될 때 매우 위협적인 모습이 될 수 있다. 청소년의 억압된 에너지를 생각할 때 자기통제를 가르치는 것은 다른 어떤 멘토링 영역보다 중요한 것이라고 할 수 있다.

♥ 주제 관련 명언

사람의 자아개념은 그 사람이 자신에 대한 책임감을 가질 때 높아진다 (Men's self-concept is enhanced he takes responsibility for himself).

- 윌리엄 C. 슐츠(William C. Shulz) -

우리는 자기 인생의 작가가 되어야 한다(We need to be the authors of our own life).

- 피터 센지(Peter Senge) -

당신이 모든 것을 다 아는 것이 아니라면, 당신에게 필요한 것은 생각하는 것이다(Unless you know everything, what you need is thinking).

- 에드워드 드 보노(Edward de Bono) -

스스로 자신을 조절하지 못하는 사람은 남을 조절할 수 없다.

- '리더의 11가지 덕목' 중에서 -

♥ 복습

- 자기통제력이 무엇이고, 왜 중요한지 설명하시오.
- 메타인지(초인지) 이론의 정의를 설명하시오.

• 메타인지적 지식의 구성 요소와 특징에 관하여 설명하시오.
• 메타인지적 지식과 메타인지적 조절에 관하여 설명하시오.

♥ 추천 도서
송인섭(2010). 자기주도학습. 학지사: 서울.

2. 자기변화

> 변화는 인간의 가장 안정된 성품이다
> (Change is the most stable characteristic of human beings).
> – R. 포이어스타인(R. Feuerstein) –

청소년 멘토는 멘티에게 스스로 변할 수 있다는 생각을 심어 주어야 한다. 또한 성장에 관해 기대하도록 해야 한다. 그리고 스스로 자신의 변화를 받아들이고 모니터링하고 즐기도록 지도해야 한다. 이렇게 할 때 학습자는 독립적이고 자율적인 학습 활동을 하게 된다. 어떤 아이는 변화를 거부한다. 청소년 중에는 '안전지대'에 머물러 있기를 원하면서 더 큰 도전을 하고 싶어 하지 않는 아이도 있을 수도 있다. 따라서 변화 가능성과 변화에 관한 기대를 멘티에게 심어 주는 것이 중요한 멘토링의 요소다.

변화에는 다음과 같은 내용이 필수적으로 포함되어야 한다.

• 변화에 대한 인식: 변화는 스스로에서부터 시작된다.
• 성장에 대한 기대: 성취 수준은 언제나 발전하고 변화된다.
• 변화에 대한 관찰: 변화 발생에 대한 그림을 그리도록 한다.
• 변화에 대한 적극적 수용: 사람은 변화해야만 한다.

1) 적용

(1) 교실

교사는 학생에게 변화를 인식하게 해야 한다. 그뿐 아니라 학생 스스로 변화에 대한 기대를 하도록 하며, 교사 역시 변화에 대한 강한 신념을 가지고 있어야한다. 그리고 그 신념이 학생에게 전해지도록 지속적으로 표현해야 한다.

- 멘토로서의 교사는 교실에서 학생이 자신의 발전을 스스로 평가하도록 격려한다.
- 멘토로서의 교사는 학생이 스스로 낙인을 찍고 그것과 관련한 모든 것이 정해져 있다는 식의 '자기완결적 예언'이 틀릴 가능성이 높다는 것을 알려 주어야 한다(예, '나는 IQ가 낮으니까 공부를 못할 거야.').
- 멘토로서의 교사는 학생이 스스로 변화하는 것을 관찰하도록 도와야 한다.
- 멘토로서의 교사는 변화가 사람을 완전히 다른 사람으로 만드는 것이 아니라는 것을 학생이 알도록 도와야 한다.
- 멘토로서의 교사는 학생이 내적인 발전에 대해 스스로 평가하도록 하여 자율적인 학습자가 되도록 해야 한다.
- 멘토로서의 교사는 학생이 친구와 서로의 학습 결과를 비교하지 않도록 지도해야 한다.

(2) 가정

부모는 자녀에게 변화는 당연한 것이며, 여러 가지 유익이 있음을 설명해야한다. 부모는 매일 자녀를 보기 때문에 자녀의 성장을 세밀하게 보지 못할 수 있다. 그러므로 자녀의 변화를 세밀하게 관찰하고 격려하기 위해 노력해야 한다.

- 멘토로서 부모는 자녀가 자신의 성장을 관찰할 수 있도록 도와야 한다(예, 성장 그래프 만들기).

- 멘토로서의 부모 역시 자녀에게 일어나는 변화를 자연스럽게 받아들여야 한다.
- 멘토로서의 부모는 자녀에게 일어나는 변화를 긍정적으로 인식해야 한다.
- 멘토로서의 부모는 자녀에게 성숙의 이익을 설명해야 한다.
- 멘토로서의 부모는 자녀가 학창 시절에 스스로의 성장을 볼 수 있도록 도와야 한다.

(3) 청소년 활동

멘토로서의 청소년지도자는 청소년이 정체되어 있다는 생각이 잘못되었음을 알려 주어야 한다. 또한 청소년지도자는 열린 마음을 가지고 있어야 한다. 그리고 변화에 관한 강한 신념을 청소년에게 심어 주어야 한다. "더 좋아질 수 있다. 더 나아질 수 있다. 지금보다 훨씬 더 좋은 나를 만날 수 있다. 그리고 그 시작은 지금부터다."라고 말해 주어야 한다.

- 멘토로서의 청소년지도자는 청소년이 얼마나 발전했는가를 보여 줌으로써 자신의 발달에 대한 욕구를 자각시켜야 한다.
- 멘토로서의 청소년지도자는 청소년과 그들의 가정에서 일어나는 역기능적인 상호작용이 긍정적으로 변화할 수 있음을 계속해서 강조해야 한다.
- 멘토로서의 청소년지도자는 청소년이 공동체에서 변화하기를 거부하는 것을 극복할 수 있도록 또래 집단의 변화를 유도해야 한다.
- 멘토로서의 청소년지도자는 정체되어 있고 융통성 없는 집단의 문제를 극복하기 위해 개인과 공동체 간에 활발한 상호작용을 유도해야 한다.

2) 이론적 배경: 기대심리 이론(피그말리온 효과)

멘토는 여러 가지 방법을 동원해서 학습자가 발전하는 것을 보여 주고 격려와 칭찬을 해 주어야 한다. 변화 가능성이 없다면 교육은 필요 없는 헛수고일 것이다. 변화에 대한 기대는 스스로에게도 좋은 영향을 미친다. 그뿐 아니라 지도자가 구성원에 대한 기대가 있다면 더욱 큰 효과가 있다. 이러한 이론에 뒷받침이 되는 잘 알려진 심리학적 실험인 '피그말리온'에 관해 알아보자.

피그말리온(Pygmalion)은 그리스신화에 나오는 키프러스 왕의 이름에서 유래한 심리학적 용어다. 조각가였던 피그말리온은 아름다운 여인상(갈라테이아)을 조각하고, 그 여인상을 진심으로 사랑하게 된다. 여신 아프로디테(로마 신화의 비너스)는 그의 사랑에 감동하여 여인상에게 생명을 주었다. 이처럼 피그말리온이라는 말은 꿈을 먹고 사는 사람, 이상을 실현해 내려고 노력하는 사람을 일컫는다. 피그말리온 효과는 여기에서 유래한 것으로, 강한 기대가 기적을 일으킨다는 의미를 담고 있다(김영한, 이상우, 2007).

심리학에서는 이러한 현상을 피그말리온 효과라고 하여 칭찬을 통해 생산되는 에너지 창출로 해석하고 있다. 피그말리온 효과는 한 개인의 기대가 현실로 드러나 다른 사람의 행동에 긍정적인 영향을 주는 것을 일컫는 말이다. 즉, 타인의 기대나 관심으로 인하여 능률이 오르거나 결과가 좋아지는 현상을 말한다. 종합하면, 한 사람의 기대가 자신에 대한 인식이나 다른 사람의 행동에 미치는 영향을 의미한다(Brookover, 1969; Chapman & McCauley, 1993). 심리학 용어로 피그말리온 효과(Pygmalion effect: SFP)라고 하고, 로젠탈(Rosenthal)이 피그말리온 효과를 교육적으로 실험하였기 때문에 교육학 용어로는 로젠탈 효과 (Rosenthal effect)라고도 한다.

로젠탈과 제이컵슨(Rosenthal & Jacobson, 1968)에 따르면, 피그말리온 효과는 한 사람이 다른 사람이나 집단에 대해 실현 가능한 높은 기대를 가지고 있을 때 나타나며, 이러한 사람이 조각가처럼 행동하여 대상이 되는 사람의 성취나 행동의 결과를 만들어 내는 것이라고 하였다. 이러한 현상의 결과로서 개개인(또는 집단)이 높은 수준으로 업무를 성취하는 것이다(Eden, 1992; Merton, 1948).

피그말리온 효과의 자기실현 결과는 지속적으로 다양한 과제를 성취하는 개인의 성취도를 향상시킬 수 있는 효과적인 도구로 연구되어 왔다(Eden, 1990b; Eden & Aviram, 1993; King, 1974). 이 분야의 연구에서 가장 많이 활용되는 것은 로젠탈과 제이컵슨(1966, 1968)의 연구다.

로젠탈과 제이컵슨(1968)은 교육학 분야에서 교실에서의 피그말리온 효과(Pygmalion in Classroom)라는 이름으로 종단 연구를 실행하였다. 그들은 오크(Oak) 초등학교를 대상으로 한 현장실험에서 초등학생의 지적 능력(IQ)에 대한 교사의 기대가 학생의 학업 수행과 지적 성장에 영향을 미친다는 것을 확인하였다. 먼저 새 학년이 시작되기 전에 전교생에게 비언어적 지능검사(Flanagan Test of General Ability, 교사에게는 검사의 권위를 높이기 위해서 Harvard Test of Inflected Acquisition이라고 알려 줌)를 실시하고, 그 결과에 따라 능력별로 반을 편성하였다. 그런 다음 각 반에서 지능검사 결과와는 무관하게 20%의 학생을 뽑아 '지적 능력이나 학업 성취의 향상 가능성이 높은 학생(Late bloomer)'이라는 메모와 함께 그 명단을 교사의 출석부에 넣었다. 이것은 뽑힌 학생에 대하여 교사가 높은 기대를 갖도록 조작한 것이었다. 이러한 기대 조작의 결과는 학기 말에 실시한 학업 성취도 검사에서부터 교사가 기대를 갖도록 한 학생에게서 확연히 높게 나타나기 시작했다. 일 년 후에도 그와 같은 결과는 유지되었으며, 더욱이 기대치가 높은(교사가 높은 기대를 투사하는) 학생들은 지능검사에서도 유의미한 향상을 보였다.

또한 조직을 대상으로 한 연구와 이스라엘 군인을 대상으로 한 연구는 이러한 현상이 교실 밖에서도 효과적이라는 사실을 확인해 주고 있다(Berlew & Hall, 1966; Crawford, Thomas, & Fink, 1980; Eden, 1990b; Eden & Kinner, 1991; Eden & Shani, 1982; Eden & Zuk, 1995; King, 1971, 1974). 벌류와 홀(Berlew & Hall, 1966)은 새롭게 고용된 관리자에 대한 조직의 기대 효과를 연구하였다. 연구 결과는 처음 고용되었을 때 회사로부터 더 많은 기대를 받았던 관리자가 보다 더 힘들고 도전적인 과업을 성취하고 있었다. 이러한 관리자는 고용될 당시 회사로부터 기대를 덜 받았던 관리자보다 더 나은 업무 성취 능력을 보여 주었다.

이든과 샤니(Eden & Shani, 1982)는 대조되는 집단들 사이에서 자기충족적인 예언 효과에 대하여 연구하였다. 이스라엘 군대에서 선택된 소대의 소대장들은 앞으로 들어오게 되는 소대원 가운데 특정 소대원은 리더로서의 높은 가능성을 가지고 있다는 이야기를 들었고, 다른 소대원은 그렇지 않다는 이야기를 들었다. 높은 가능성이 있다고 언급된 소대원은 특별하게 소대장들에게 소개되었다. 연구 결과, 그들의 지휘관이 자신에게 많은 기대를 걸고 있는 분대나 소대는 더 나은 성과를 보여 주었다.

이든(Eden, 1990b)의 또 다른 연구는 이스라엘 군대 안에서 기대치를 올리는 문제에 있어서 모든 집단을 동원하는 것이 새로운 신병의 업무 성취를 높이기 위해서 효과적이라는 사실을 발견하였다. 이 연구에서 소대의 지휘관들은 사전에 그가 이끌게 되는 소대가 평균적으로 높은 지휘 능력을 갖췄다든가 아니면 보통의 지휘 능력을 갖췄다는 이야기를 듣게 된다. 그들에 대한 기대치가 높았던 소대들은 교실에서뿐만 아니라 신체적인 능력을 필요로 하는 분야에서까지 대조군으로 선정된 소대들보다 뛰어난 능력을 보여 주었다.

피그말리온 효과는 일상생활에서 타인의 행위에 대한 예상이나 기대가 그 행위에 영향을 미친다는 이론이며, 예측 대상에 대해 긍정적인 변화를 이끌어 내는 역할이라는 점에서 교육학뿐만 아니라 심리학, 정신병리학, 재활의학 등 다양한 학문에서 적용되고 있으며, 최근 경영학에서도 관심을 보이고 있다.

청소년을 멘토링할 때 가장 중요한 점은 대상에 대한 기대를 갖는 것이다. 부모, 교사, 청소년지도자 등 청소년을 만나 멘토로서 활동하는 모든 사람은 학생의 변화 가능성에 대해 열린 마음으로 다가서야 한다. 더 나아가 변화에 대한 확신을 갖고 있을 때 변화가 일어나게 된다.

피그말리온 효과와 반대로 '낙인이론'이라는 것이 있다. 이것은 어떤 요소를 바탕으로 사람에게 부정적인 낙인을 찍는 것이다. 필자가 학창 시절에 느꼈던 것 중 안타까운 경우가 있었는데, 말썽을 부린 학생은 그 학교를 졸업할 때까지 선생님들의 색안경에서 벗어날 수 없었다. 과거의 실수가 그들의 미래의 발전 가능성을 막아 버린 것이다. 학교와 사회 그리고 사람이 사는 어느 곳이든 이런 낙인이 존재한다. 멘토로서 청소년지도자가 청소년을 바라볼 때 가져야 할 가장 중요한 철학은 변화 가능성이다. 과거의 잘못이 미래를 결정하게 해서는 안 된다.

♥ 주제 관련 명언

변화는 인간의 가장 안정된 성품이다(Change is the most stable characteristic of human beings).

– 루벤 포이어스타인(Reuven Feuerstein) –

더 이상 상황을 바꿀 수 없을 때, 우리는 스스로를 바꾸려고 도전한다(When we are no longer able to change a situation, we can challenged to change ourselves).

– 빅터 프랭클(Victor Frankl) –

나는 어제로 돌아갈 수 없다. 그때는 내가 다른 사람이었기 때문이다(I can't go back to yesterday because I was a different person then).

– 루이스 카멀(Lewis Carrol) –

많은 십 대가 자신을 변화시키려는 구체적인 행동은 하지 않고, 생각과 공상 속에서만 꿈에 이르지 못하는 자기 현실에 불평을 쏟아놓고 있다.

– 김형모(『십대들의 쪽지』 발행인) –

♥ 복습
• 멘토의 변화 가능성에 관한 믿음은 왜 중요한가요?
• 피그말리온 효과에 관해서 설명하시오.
• 변화 가능성에 대해서 자신의 경험과 철학을 말해 봅시다.

♥ 추천 도서
Giono, J. (2005). 나무를 심은 사람 (김경온 역). 서울: 두레.

Movie & Mentoring 7

- **제목** 패치 아담스(Patch Adams)
- **감독** 톰 새디악
- **출연** 로빈 윌리엄스(헌터 '패치' 아담스)

♠ 줄거리

1969년, 헌터 아담스(로빈 윌리엄스 분)는 불행한 가정환경에서 태어나 자살 미수로 정신병원에 감금된다. 삶의 방향을 잃고 방황하던 어느 날 정신병원의 동료 환자로부터 영감을 받고 '상처를 치유하다'라는 의미의 '패치(PATCH)'라는 별명이 붙으면서 '패치 아담스'로서 새 인생을 시작한다. 그의 꿈은 사람들의 신체적 상처뿐만 아니라 정신적 상처까지 치료하는 진정한 의사가 되는 것이다. 2년 후 버지니아 의과대학에 입학한 괴짜 의대생 패치는 3학년이 되어서야 환자를 만날 수 있다는 규칙을 무시하고 빛나는 아이디어와 장난기로 환자들의 마음까지 따뜻하게 치유하고 싶어 환자들을 몰래 만난다. 이 사실을 안 학교 측이 몇 번의 경고 조치를 내리지만 그는 아랑곳하지 않고 산 위의 허름한 집을 개조하여 의대생 친구들과 함께 소외되고 가난한 이들을 위한 무료 진료소를 세운다. 그러나 의사면허증 없이 진료 행위를 한 것이 학교 측에 발각되고 패치와 진실한 사랑을 나누던 동급생 캐린(모니카 포터 분)이 정신 이상 환자에게 살해당하는 사건까지 발생한다. 인간에게 환멸을 느낀 패치는 모든 것을 포기하고 자포자기 심정에 빠지지만, 생명의 진리를 깨닫고 다시 의

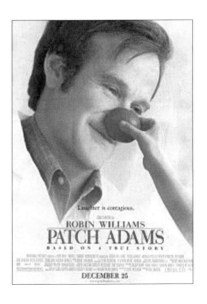

사의 길에 정진한다. 그러나 고지식하고 권위적인 월컷 학과장이 패치에게 퇴학 처분을 내리자 주립의학협회에 제소한다. 위원회는 그가 학칙을 어겼지만 그의 열정과 학업 성적을 인정하였고, 마침내 그는 졸업을 하게 된다.

그 후 12년간 패치는 의료 행위를 계속했고, 1만 5천 명 이상의 환자에게 무료 치료는 물론, 어떤 의료 사고도 일으킨 적이 없다. 패치는 버지니아 서부에 105평 방미터의 땅을 구입하여, 게준트하이트 병원을 건설하였다. 당시 1천여 명에 이르는 의사가 그와 합류하기 위해 대기했다.

♤ 교육적 의미

의사는 병을 고치는 사람이다. 환자에게 물리적으로 도움을 줄 수 있는 사람이자 병을 진단하고 처방하고 수술을 해 줄 수 있는 사람이다. 그런데 그런 점이 업무적으로만 한정된다면 과연 좋은 의사라고 할 수 있을까? 패치 아담스는 환자의 아픈 부분을 마음으로 이해했다. 학교 교칙에 따라 3학년이 지나야 환자를 만날 수 있으나 그 교칙을 어기면서 환자들을 만났다. 패치 아담스가 한 대사 중 "의사의 사명은 죽음을 막는 것이 아니라 삶의 질을 향상하는 것입니다."라는 말이 있다.

단순한 의료 행위로 병을 치유할 수는 있다. 그러나 그 행위를 하는 것만이 의사의 몫은 아니다. 의사는 독립체로서의 역할이 아니라 아픈 환자와의 관계 가운데 라포(rapport, 의사와 환자가 맺는 관계)를 형성함으로써 병의 치료 효과를 높일 수 있다. 패치 아담스는 그 부분에 있어서 최고의 의사다. 상대방의 입장을 생각하며 그가 할 수 있는 최대를 했으니 말이다.

★ 참고 자료: 네이버 영화

♣ 함께 생각해 보기

• 멘토링을 통해 사람의 마음을 치유할 수 있다고 생각하나요? 치유할 수 있다고 생각한다면 왜 그러한가요?

제8장

나는 누구인가

1. 자기이해

교육은 단지 지식을 넣어 주는 것이 아니라, 안에 있는 것을 꺼내는

일이다(Education is not just outside in, but inside out).

- 피터 벤슨(Peter Benson) -

사람은 누구나 다르게 태어난다. 그리고 다른 환경에서 성장한다. 이러한 요인은 한 사람을 다른 사람들과 구별되게 한다. 그렇기 때문에 청소년 멘토는 청소년의 다양성을 인정할 수 있어야 한다. 그래야 그들을 깊이 이해할 수 있다. 멘토는 인간은 누구나가 과거의 경험, 자신의 능력, 행동 유형, 동기, 감정 그리고 각각의 성격을 소유하고 있다는 것을 알려 주어야 한다. 따라서 청소년 멘토는 청소년에게 그들만의 특별함을 이해시켜야 한다.

월러스와 애덤스(Wallace & Adams, 1993)는 두 가지 반대 개념의 교수법을 설

명하였다. 첫 번째 형태는 개인을 강제적으로라도 훈육해야 한다는 철학이다. 이런 형태는 비활성 커리큘럼으로 나타난다. 이러한 커리큘럼을 갖고 있는 교실에서는 교사가 주도적이다.

- 가르침은 내용을 중심으로 하고, 내용 암기를 요구한다.
- 학생은 수동적이고, 순응적이며, 외적인 통제(외부의 동기부여와 같은)에 따르고 있다.

이와 반대되는 교수법은 개인을 인정하고, 허용적인 커리큘럼을 통해 만들어진다. 이러한 교실에서는 학생이 중심이 된다. 각각의 학습자의 능력과 흥미에 맞게 교실이 운영된다.

- 학습은 학생 중심이다.
- 가르침은 과정 중심이며, 학습자의 자율성을 격려한다.
- 학생 스스로 자신의 학습에 책임을 갖고, 내재적인 통제(자기훈련과 같은)에 따르고 있다.

1) 적 용

(1) 교 실
멘토로서의 교사는 교실에서 학생의 다양한 응답을 무시해서는 안 된다. 다양한 생각과 다양한 반응이 있을 수 있다는 전제를 가지고 학생을 지도해야 한다. 하나의 옷에 모든 학생을 맞추어서는 안 된다.

- 멘토로서의 교사는 다양한 반응을 받아들이고, 독립적이고 독창적인 생각을 격려해야 한다.
- 멘토로서의 교사는 학생이 자신의 행동에 책임을 지도록 해야 하며, 그들이

책임 있는 행동을 할 것을 약속해야 한다.
- 멘토로서의 교사는 학생이 교실에서 어떤 활동을 할 것인가를 선택하도록 해야 하며, 그들의 다양한 형태의 자유 시간의 사용을 권장해야 한다.
- 멘토로서의 교사는 다양한 문화적 · 사회적 · 종교적 차이점에 대해 긍정적인 평가를 해야 한다.
- 멘토로서의 교사는 학생에게 가치나 믿음에 있어서 완전한 복종이나 완전한 동일함을 요구하는 것을 삼가야 한다.

(2) 가정

멘토로서의 부모는 자녀의 개인적인 재능을 격려해야 한다. 자녀의 재능을 찾기 위해서는 부모가 가지고 있는 선입견을 버려야 한다. 아이들은 부모를 닮은 부분도 있지만 그렇지 않은 부분도 있다. 그렇기 때문에 세밀하게 관찰하여 자녀의 강점을 파악해야 한다.

- 가정에서 부모는 자녀에게 형제나 부모와 다를 수 있는 권리를 인정해야 한다.
- 부모는 자녀의 행동 조절에 대한 표현을 격려하고, 자녀의 개성이 개발되도록 배려해야 한다.
- 부모는 자녀의 흥미와 재능이 무엇인가를 알고 있어야 하며, 또 그것을 기뻐해야 한다.
- 부모는 가족 구성원의 개인적인 권리를 인정해야 한다.

(3) 청소년 활동

멘토로서 청소년지도자는 청소년의 다양함을 받아들이는 모델이 되어야 한다. 같은 활동을 하더라도 개인적인 재능과 흥미에 따라서 다른 역할을 한다. 청소년지도자는 각자에게 맞는 역할을 찾아 주고 격려해 주어야 한다.

- 청소년지도자는 청소년이 그룹 안에 남녀의 차이가 있음을 알리고, 다르다

는 것이 가치가 있다는 것을 알게 해야 한다.

- 청소년지도자는 청소년이 가족 안에서 분명한 자기 경계(boundary)를 세우도록 격려해야 한다.
- 청소년이 활동을 통해 자신이 가치 있고 능력 있고 특별한 존재라는 것을 깨닫게 해야 한다.
- 청소년에게 흥미 있어 하고 그들이 가지고 있는 재능 분야에서 스스로 모임을 운영해 보도록 격려해야 한다.

2) 이론적 배경: 차별화 수업

교육의 가장 큰 전제는 사람은 누구나 다르다는 것이다. 이러한 상식과 맞지 않는 교육 현장에 대한 학자와 현장의 비판이 계속되고 있다. 톰린슨(Tomlinson, 2001)도 이러한 맥락에서 '동일한 학생은 없다.'는 전제를 통해 차별화 수업(differentiated instruction: DI)을 연구하였다. 그의 차별화 교육의 내용을 살펴보자.

(1) 톰린슨의 차별화 수업의 개념

교육과정의 개념을 학습자가 구성해 가는 과정적인 학습 경험(learning experiences)으로 파악할 때, 교육과정 차별화는 학습자의 특성에 따른 교사의 적응적인 수업 계획(adaptive learning plan)뿐 아니라 실제 수업에서 다양한 요구를 가진 학습자와 개별적인 상호작용을 하는 것, 그리고 상호작용의 결과로 여러 차별화된 학습 경험을 제공하는 것까지를 의미한다. 즉, 교육과정 차별화는 수업 상황에서 나타나는 학습자의 차이에 대해 교사가 지속적으로 책임 있게 반응하는 것을 포함한다. 톰린슨(2001)은 후자를 차별화 수업(differentiated instruction)으로 설명하였다.

톰린슨이 제안한 차별화 수업(DI)은 특수교육의 일대일 교육을 의미하는 개별화교육 프로그램(Individualized Education Program: IEP), 영재교육의 차별화

교육과정 그리고 우리나라 수준별 교육과정과 학습자의 특성을 고려한다는 기본적인 입장은 공유하지만, 크게 세 가지 측면에서 개념적으로 다르다. 첫째, 차별화 수업은 유의미한 학습, 즉 학습자의 이해(understanding)에 주목하고 이를 목표로 두고 있다는 점이다(Tomlinson & McTighe, 2006). 둘째, IEP의 개별화와 같이 30명이 정원인 학급에서 30개의 개별화된 교육과정을 제공한다는 의미가 아니라는 점이다. 수업의 목표인 이해에 도달하기 위해 전체, 소집단, 개별 활동을 자유롭고 융통성 있게 운영하며, 소집단의 경우 수업 상황에 따라 다양한 기준으로 집단을 편성하여 운영한다. 셋째, 학습자의 특성 및 차별화 적용의 의미를 '학습 속도' 뿐만 아니라 학습 양식, 흥미, 선호하는 학습 주제 영역, 선호 학습 방식, 학습 준비도, 메타인지 전략 수준 등 다양한 요인을 고려하여 종합적으로 해석한다.

톰린슨은 차별화 수업을 학습자들의 다양한 필요에 대한 교사의 책임감 있는 반응으로 정의한다(Tomlinson, 2001). 넓은 의미에서 차별화 수업은 가급적 모든 학습자가 가장 좋은 학습을 경험할 수 있도록 다양한 학습자의 특성에 따라 자신의 수업을 다양화하려는 교사의 모든 노력이다. 구체적으로 차별화 수업은 효과적인 수업을 위해 교사가 학습자의 학습 준비도(readiness), 관심사 및 흥미(interest), 학습 프로파일(learning profile), 요구(needs) 등의 차이를 진단 및 분석하고 이에 따른 학습 내용(content), 학습 과정(process), 학습 결과(product), 학습 환경(environment)에 대한 다양한 접근을 사전에 계획하고 실천하는 교육을 의미한다(Tomlinson, 2001).

차별화 수업을 실시하는 궁극적인 목적은 모든 학습자가 현재 자신의 학습 위치(learning position)에서 최대한의 성장을 경험하는 것이다(Tomlinson, 2005). 자신의 독특한 학습 특성에 따라 철저하게 준비된 차별화 수업을 통해 학습자는 모두가 자기 학습의 주인의식을 갖게 되며, 점진적으로 자기조절 학습 능력이 신장된다. 그뿐 아니라 차별화 수업을 실시하게 되면 학습자 사이에서 교사에 대한 긍정적인 태도, 애교심, 동료 의식이 증가하며, 결과적으로 보다 많은 학습자가 질 높은 수준의 교육과정을 경험할 수 있다(Tomlinson, 2001).

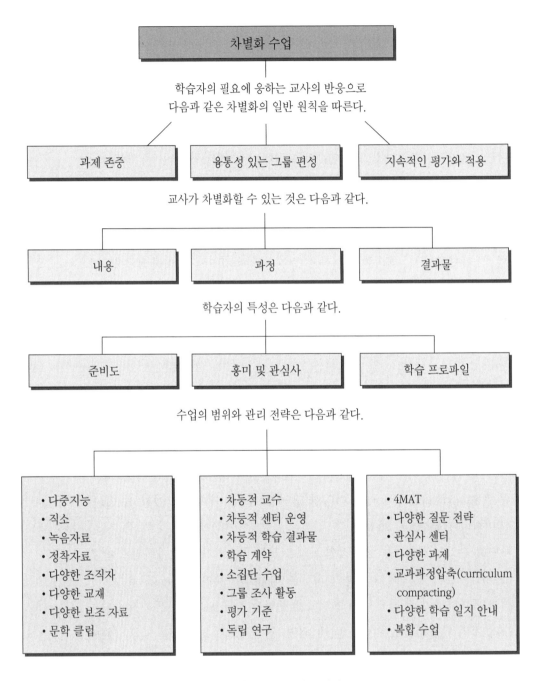

[그림 8-1] 차별화 수업의 개념도

* 출처: Tomlinson, C. A. (1999).

이러한 차별화 수업 이론은 교실에서뿐만 아니라 가정과 청소년 활동에서도 유용하게 활용될 수 있는 교육 이론이다. 특히 그룹 멘토링의 경우 구성원의 특징에 따라 목표에 도달하는 정도와 시간 그리고 방법이 다르다는 것을 인식해야 한다. 그러기 위해서 개별화 수업에서 주장하는 전략적인 접근은 시사하는 바가 크다.

⑵ 차별화 수업의 특징

샌크(Shank, 2007)가 전통적인 교수-학습 방법과 특징에 대해 비판적으로 지적한 내용을 정리하면 다음과 같다. 첫째, 교사가 주로 지식 정보를 중심으로 기억을 촉진하기 위한 설명을 너무 많이 해 주는 경향이 있다. 둘째, 명제적 지식의 학습에 치중하고 있다. 셋째, 교수-학습 과정이나 학습 활동에서 정서나 감성적 상호작용은 비교적 적은 편이다. 넷째, 모든 학습자의 모든 학습 활동에서 실패나 실수는 허용되지 않으며, 모두가 만점을 받기를 기대하고, 교사는 수업하고 학생은 학습한다. 다섯째, 대부분의 학습 활동은 단순한 지식이나 정보의 암기식 수업에 치중되어 있고, 학생의 참여학습, 경험학습, 탐구학습, 실험학습 등의 실제적 학습(authentic learning)은 매우 적은 편이다. 여섯째, 학생의 학습 활동에서 필요로 하는 학습 시간이 절대적으로 부족하여 학습 내용에 대한 충분한 이해가 없이 학습 활동을 마치게 됨으로써 항상 불완전한 학습으로 끝맺는 경우가 많다.

이러한 전통적인 교실의 모습은 청소년 활동과 가정교육에서도 똑같은 모습으로 나타난다. 개인의 차이를 무시한 일방적인 훈육이나 청소년 활동은 청소년의 자기주도성을 떨어뜨리고 수동적인 참여자로 만든다. 멘토링을 할 때도 멘토는 한 번의 성공 경험을 가지고 다른 학생에게도 일반화된 적용을 하려는 시도를 해서는 안 된다. 왜냐하면 학생은 저마다 다른 흥미와 재능을 갖고 있기 때문이다.

이와는 대조적으로 차별화 수업(DI)이 이루어지는 교실에서는 학습자의 특성, 과제, 평가, 자료 등 모든 수업과 관련된 요소에서 다양성이 긍정적으로 검토되고, 수업에서 학습자의 선택권이 크며, 훨씬 자유로운 분위기에서 학습 활동이 이루어진다(Tomlinson, 1999). 또한 우수성에 대해서 하나의 정의만 유효했던 전통적인 수업과 다르게, 우수성은 대부분이 출발점으로부터의 개인적인 성장에 의해 정의된다. 전통적인 교실이 교사 주도의 직접교수가 중심이었던 것과는 다르게, 차별화 수업 체제에서 교사는 학습자가 실제적 학습을 통해 스스로 문제를 해결하고 자기조절 학습자가 되도록 돕는 보조자의 역할을 한다. 톰린슨이 제시한 차별화 수업과 전통적인 수업의 차이는 〈표 8-1〉과 같다.

톰린슨의 차별화 수업의 특징은 크게 세 가지로 요약할 수 있다(Tomlinson, 1999). 첫째, 차별화 수업에서는 평가가 지속적으로 일어날 뿐만 아니라 수업과 매우 밀접하게 연계되어 있다. 톰린슨은 차별화 수업이 평가로부터 출발한다고 하면서, 위긴스(Wiggins)와 맥타이(McTighe)가 제안한 백워드 설계모형과 같이 교육과정 개발에서 목표의 도달 증거로서 평가 계획이 학습 계획에 선행해야 한다고 하였다(Tomlinson, 2001; Tomlinson & McTighe, 2006). 둘째, 교사는 모든 학습자에게 '존중하는 활동'을 보장하기 위해 최선의 노력을 다한다. 차별화 수업이 이루어지는 교실에서 교사는 학습자의 준비도, 흥미, 학습의 필요의 차이에 반응하여 사전에 학습 내용, 학습 과정, 학습 결과를 다양화하여 교수-학습을 계획하고 실행한다(Tomlinson, 2001). 셋째, 융통성 있는 집단 배정이 이루어진다. 교사는 학습자의 학습 필요와 수업 상황에 따라 다양하게 집단을 활용한다. 학습자는 때로는 집단과 집단에서 수행할 과제를 스스로 선택하기도 하고, 때로는 교사의 지시를 따르기도 한다. 학습자는 학습 목표를 달성하기 위해 구성된 다양한 형태의 소집단 내에서 활발하게 목적 지향적인 상호작용을 하게 된다.

차별화 수업을 실시한다고 해서 모든 학습자가 '같은 날, 같은 것'을 학습하지는 못한다. 그러나 학습 공동체 속에서 개별 학습자의 준비도와 관심사 및 흥미, 학습 프로파일에 따라 학습자를 대할 때, 그들은 수업에 적극적으로 참여할 것이고 성공할 수 있는 기회는 증진될 것이다.

가정과 학교 그리고 청소년 활동 현장에서 차별화된 활동을 격려하는 것은 중요한 교육적 접근이다. 개인의 차이를 인정하고, 그 차이를 통해 참여를 이끌어

〈표 8-1〉 전통적 수업과 차별화 수업의 특성 비교

전통적 수업	차별화 수업
학생들의 차이점은 숨겨지거나 문제가 되었을 때 다루어짐.	학생들의 차이점은 수업 계획의 기초 자료로 연구됨.
평가는 '누가 지식을 습득했는가.'를 알아보기 위해 수업의 끝에 주어지는 것이 가장 흔함.	평가는 학습자의 요구에 보다 효율적으로 대응하는 수업 방법을 이해하기 위한 지속적이고 진단적인 것임.
상대적으로 좁은 의미의 지능관이 지배적임.	다양한 형태의 지능에 초점을 맞춤.
우수성에 대한 하나의 정의가 존재	우수성은 대부분이 출발점으로부터 개인적인 성장에 의해 정의됨.
학생의 흥미는 가끔 다루어짐.	학생에게 흥미 중심 학습의 선택이 자주 주어짐.
학습 특성에 따른 선택권이 상대적으로 적게 고려됨.	학습 특성에 따른 많은 선택권이 제공됨.
일제 학습이 지배적임.	다양한 수업 배치가 일어남.
교과서 및 교육과정 안내서 중심의 수업	학생의 학습 준비도, 관심사, 학습 특성이 수업을 결정
학습의 초점은 교재에 주어진 사실적 지식과 기능의 숙달	주요 개념과 원리의 이해와 의미 탐구를 위한 주요 기능의 사용이 학습의 초점
단일 선택 과제가 일반적임.	다중 선택 과제가 자주 주어짐.
비교적 획일적인 시간표를 따름.	학생의 필요에 따라 시간표가 유동적임.
단일 교재가 지배적임.	다양한 학습 자료가 제공됨.
아이디어와 사건에 대한 단일 해석 추구	아이디어와 사건에 대한 다양한 관점이 일상적으로 추구됨.
교사의 지시에 의한 학생의 행동	교사는 학생이 보다 자기주도적인 학습자가 되도록 학생의 기능을 촉진
교사가 문제를 해결함.	학생이 다른 학생이나 교사의 도움을 받아 문제를 해결
교사가 성적 평가를 위한 전체 학급의 기준을 제시	학생이 교사와 함께 학급 전체의 학습 목표와 개별적 학습 목표를 설정
단일 형태의 평가가 자주 활용됨.	다양한 방법으로 평가

* 출처: Tomlinson, C. A. (1999).

내는 방법은 학습의 전달 방향을 바꾼 것이다. 그뿐 아니라 청소년이 스스로 자신들의 활동을 결정하는 등 자율적인 참여를 통해 성장을 촉진할 수 있다.

♥ 주제 관련 명언

교육의 궁극적인 목표는 단순히 이전 세대가 했던 것을 반복하는 것이 아니라 새로운 것을 할 수 있는 사람을 만드는 것이다(The principal goals of education is to create men are capable of doing new things, not simply of repeating what other generations have done).

– 장 피아제(Jean Piaget) –

당신은 당신의 길이 있고, 나는 나의 길이 있다. 옳은 길, 정확한 길, 유일한 길은 존재하지 않는다(You have your way, I have my way. As for right way, the correct way, and the only way, it does not exist).

– 프리드리히 니체(Friedrich Nietzshe) –

나는 당신이 아니고, 당신은 내가 아니다. 당신의 손은 내 것이 아니고, 내 손은 당신의 것이 아니다. 당신은 나처럼 할 수 없고, 나도 당신처럼 일할 수 없다. 다른 것은 틀린 것이 아니다(I am not you and you are not me. Your hand is not mine and my hand is not yours. And you can't do things like me and I can't do things like you. And that's it).

♥ 복습
• 월러스와 애덤스(1993)가 설명한 두 가지 반대되는 교수법은 무엇인가요?
• 차별화 수업(DI)의 개념을 설명하시오.
• 차별화 수업과 전통적 수업을 비교하시오.
• 청소년 멘토링에 있어서 청소년을 먼저 이해하는 것이 중요한 이유를 설명하시오.

2. 자신감

> 한 사람의 성공과 실패의 원인 중에 교육적으로 가장 중요한 요인은 스스로에 대한 신뢰다(Perhaps the most important single cause of a person's success or failure educationally has to do with the question of what he believes about himself).
>
> – 아서 W. 콤스(Arthur W. Combs) –

자신감이 성공을 위한 객관적이고 확실한 보증 같은 것은 아니다. 자신감은 주어진 일을 잘 해낼 수 있다는 정신적인 확신이다. 자신감은 학습자의 자기확신(self-confidence)을 포함한다. 자기 확신은 목표 성취, 동기부여, 스스로 생각하기 등을 할 수 있도록 한다. 청소년 멘토는 청소년에게 자신감을 불어넣기 위해 노력해야 한다. 자신감은 청소년에게 다음과 같은 것을 만들어 준다.

- 건강한 정신
- 자신의 능력에 대한 긍정적인 신뢰
- 실행을 위한 동기
- 인내를 위한 각오

교실에서는 많은 학생이 자기확신이 약한 것을 발견한다. 왜냐하면 교실에서의 교육은 경쟁을 통해 이루어지고, 결과물 중심으로 평가되기 때문이다. 이러한 교육은 학생 개개인에 대해 성취의 과정을 관찰하기보다는 학습자의 틀린 부분만을 지적하는 방향으로 진행된다. 학생은 어떤 실수를 할 때 자신에 대한 강점보다는 약점에 집중하게 된다. 부정적인 인식은 스스로 아무것도 할 수 없는 사람이라거나, 자신의 작품이 쓸모없다는 자아상을 형성시킨다.

많은 청소년이 자신감이 결여된 모습을 보이곤 한다. 초등학교 고학년이 되면서 그 현상은 두드러지고 중학교, 고등학교에 가면서 절정을 이룬다. 그들은 무엇 때문에 그렇게 자신감을 상실했을까? 지금까지 학교가 상대평가로 학생을 서열화한 것이 중요한 원인 중 하나다. 등급을 나누고 줄을 세워서 그들 자신의 자아상에 관해 부정적인 이미지를 심어 놓은 것이다. 우리의 현실은 학교에서 이루어지는 상대평가의 전쟁에서 살아남은 몇 안 되는 학생을 제외하고는 자신에 대해 부정적인 사고를 할 수밖에 없는 구조다. 학생의 낮은 자아상은 다양한 행동에서 문제를 만들어 낸다.

- 자기확신의 부족: 교사나 친구가 너무 뛰어나다는 생각을 하게 된다. 그 결과 해야 할 일을 주저하게 된다.
- 동기의 부족: 학생이 과제를 하지 않거나 피한다.
- 분노: 탈선 행동이나 충동적인 행동이 나타난다.

부모, 교사와 청소년지도자가 가지고 있는 청소년에 대한 생각은 겉으로 드러나든 그렇지 않든 간에 학습자의 자신감 형성에 깊숙하게 영향을 미친다. 청소년은 다른 사람들의 기대나 자기충족적 예언에 의해 정서적으로 살아나기도 하고 병들기도 한다.

1) 적 용

(1) 교 실

멘토의 적절한 칭찬은 학생의 자신감을 높여 준다. 학생을 칭찬할 때는 결과물에 대한 것이 아니라 세밀한 관찰을 통해 과정을 칭찬해야 한다. 과정에 관한 칭찬은 더 높은 수준의 과제를 향한 도전으로 인도한다.

- 멘토로서의 교사는 교실에서 학습자의 성취 단계에 따라서 적당한 학습 도구 찾기, 단순화하기, 천천히 하기, 반복하기 등의 적당한 자극을 제공한다.

- 교사는 학생 개개인의 발달 단계에 따라 적당한 질문을 한다.
- 교사는 학습자의 성취에 관하여 어떤 요인이었는가를 설명하고, 성공적인 성과를 이끌었던 원인이 무엇인가를 설명한다.
- 교사는 학생의 발달에 대해 세밀하게 파악하고 있어야 한다.
- 교사는 전체적인 내용이 비록 만족스럽지 못하더라도 학생의 긍정적인 부분에 반응해야 한다.

(2) 가정

부모는 자녀가 훌륭한 성취를 보였을 때 그 이유를 찾고, 원인에 대한 칭찬을 해야 한다. 형제나 자매를 비교하지 말고 그 아이만의 장점을 찾아 격려해야 한다.

- 멘토로서의 부모는 자녀의 잘못된 부분보다 좋은 행동에 집중해야 한다.
- 멘토로서의 부모는 아이의 도움 요청에 공감하는 모습으로 반응해야 한다.
- 멘토로서의 부모는 아이의 문제해결 전략이 성공하였을 때 격려해야 한다.
- 가정에서는 자녀가 활동할 때 발달을 고려해야 한다.
- 멘토로서의 부모는 자녀에게 성공적인 행동의 근본적인 이유를 알도록 격려해야 한다.

(3) 청소년 활동

청소년지도자는 학생의 성취를 함께 기뻐하고 칭찬해야 한다. 더 중요한 것은 결과물을 가지고만 칭찬하는 것이 아니라, 그 과정과 전략을 관찰하여 적절한 시간에 칭찬을 아끼지 않는 것이다. 그럴 때 청소년은 자신감이 향상된다.

- 멘토로서 청소년지도자는 학습자의 강점을 통해 약점을 향상할 때 자신감을 높여 줄 수 있다.
- 멘토로서 청소년지도자는 청소년에게 그들만의 재능과 기술을 찾아내게

하고, 공동체 안에서 재능과 관련된 일에 권한을 주어야 한다.

- 멘토로서 청소년지도자는 학생의 발달을 그래프를 통해서 보여 줄 수 있어야 한다.
- 멘토로서 청소년지도자는 청소년이 이해하기 어려운 개념을 쉽게 설명해야 하다.

2) 이론적 배경: 자기효능감

사회심리학자인 앨버트 반두라(Albert Bandura)는 자기효능감(self-efficacy)을 자신이 이룰 수 있는 성취에 대한 믿음과 확신으로 설명하였다. 그는 자기효능감이 좌절에서 벗어나게 해 주고, 어려운 난관을 극복하도록 해 준다고 하였다. 반두라의 자기효능감 이론을 살펴보자.

(1) 자기효능감의 개념

인간의 행동을 이해하기 위한 심리학적 연구에서 개인적 변인과 환경적 변인을 동시에 이해하는 경향이 나타나고 있다. 즉, 어느 한쪽으로만 설명하거나 예측하는 것은 많은 문제를 발생시킬 수 있다는 점에서 개인적 변수의 중요성을 점차 부각시키고 있다. 인간의 행동에 변화를 가져올 수 있는 가장 주요한 요인은 무엇인가에 대해서 많은 연구가 이루어지고 있는데, 그중에서도 최근 가장 대두되고 있는 이론 중 하나가 자기효능감 이론이다.

자기효능감이란 개인의 어떠한 행동이나 활동을 성공적으로 수행할 수 있다는 자신의 능력에 대한 확신이나 기대를 말하는 것으로, 사람들이 어떤 활동을 선택하고 얼마만큼의 노력을 쏟으며, 장애에 직면하여 그 활동을 얼마나 오랫동안 지속하는가에 영향을 미친다. 따라서 자기효능감이 높다는 것은 어떠한 결과의 발생을 통제할 수 있는 자신의 능력을 높게 판단하는 것으로 볼 수 있다.

자신감을 가지고 주어진 상황에 얼마나 잘 대처하는가와 밀접한 연관이 있는 것으로서, 자기효능감이 높은 사람은 어려운 상황에서도 자신이 유능하다고 믿고, 따라서 일을 성공적으로 수행하여 성과를 달성할 것이라는 신뢰감을 갖는 경향이 있다(박영희, 2010). 사람들은 자기의 삶에 영향을 미치는 사건을 통제하기 위해 노력하며, 이러한 노력에 의해서 보다 바람직한 미래를 실현하고, 앞으로 닥쳐올 불확실한 미래에 대처할 수 있다. 만일 자신의 행동에 의해 바람직한 결과를 얻을 수 있다는 믿음이 없다면 사람들은 그 어떤 노력이나 행동도 취하지 않을 것이다. 따라서 자기효능감에 대한 신념은 행동의 주된 근원이며, 인간의 삶은 개인의 효능감에 대한 신념에 의해 유도된다고 할 수 있다.

이러한 의미에서 우리 사회 청소년의 자기효능감에 대한 반성적 연구가 계속되어야 한다. 청소년은 신체적·정서적으로 급격한 변화를 겪고 있는 발달 단계에 있고 자신의 정체성을 찾아가는 과정에 있다. 이러한 청소년기에 자기효능감을 높이기 위해서는 성공 경험, 자기신뢰, 자기확신과 같은 긍정적인 사고 능력을 키워야 한다. 그러나 우리나라의 경우 학교에서 이러한 긍정적인 자기효능감을 기대하기 힘든 상황이다. 그렇기 때문에 교실을 포함한 모든 영역에서 건강한 멘토의 지도를 통해 자기효능감을 높이도록 도와야 한다. 특별히 청소년기의 학습에서 경험하지 못한 성취감은 활동을 통해 경험하도록 지도해야 한다. 다양한 분야에서 자신에 대한 확신을 얻을 수 있는 활동을 제공해야 한다.

자기효능감은 인간의 행위와 성과에 중요한 영향을 미치는 요인으로 확립되어 왔다(Bandura, 1997a). 자기효능감 개념은 동기부여 효과를 설명하는 데 중요한 변수로 많은 관심을 받고 있다(Bandura, 1986). 자기효능감은 특정한 과업을 성공적으로 수행할 수 있다고 생각하는 자신의 능력에 대한 개인적 믿음으로, 개인의 직무 성과에 긍정적인 영향을 미친다(Bandura & Wood, 1989).

자신의 업무 수행 능력에 대한 개인적 믿음으로 정의되는 자기효능감은 직접적인 성공 경험에 의해, 다른 사람의 관찰을 통한 대리학습에 의해 또는 격려와 같은 사회적 설득에 의해, 그리고 자신의 정서 상태 등에 의해 영향을 받는다 (Bandura, 1986).

자기효능감은 반두라(1977)의 사회인지 이론에서 발전된 것으로, 반두라 (1986)에 따르면 개인은 자기효능감에 의해서 과거에 수행했던 일의 성공과 실패를 평가하고 목표와 행동 계획을 세우게 된다. 이처럼 자기효능감은 개인의 동기, 사고, 유형 그리고 행동을 매개하는데, 반두라(1993)는 자기효능감이 개인이 생각하고 동기화하고 느끼고 행동하는 것에 영향을 준다고 했다.

높은 자기효능감을 지닌 사람들은 그들의 삶을 영위하는 데 있어서 미래 지향적 시각을 가진다. 또한 목적을 가지고 있는 많은 인간의 행동은 인식된 목표를 구체화하는데, 개인적인 목표 설정은 자신이 해낼 수 있다고 믿는 확신에 의해서 영향을 받는다. 자기효능감이 강한 사람일수록 자기를 위해 설정하는 목표가 높고, 그 목표에 대한 실행 빈도도 더욱 높게 나타날 것이다.

자기효능감이 높은 사람은 도전적이고 구체적인 목표를 선택하는 반면, 자기효능감이 낮은 사람은 자신이 통제하고 다룰 수 있다고 생각하는 쉬운 과제를 선택한다(Bandura, 1993). 이것은 자기효능감이 낮은 사람은 자신의 능력을 뛰어넘는 위협적인 상황을 두려워하고 피하려 하기 때문이다. 즉, 자기효능감에 대한 신념은 행동에 대해 영향력을 행사할 뿐만 아니라 사고 과정에 대한 자기통제, 동기 및 정서적·생리적 상태와도 관련되어 있다.

(2) 자기효능감의 요소

반두라(1993)에 따르면 자기효능감은 청년기까지 어떠한 환경에 의해 노출되었는지에 따라 구성되는데, 자기효능감은 성취 경험, 대리 경험, 언어적 설득, 정서적 흥분의 네 가지 주요한 요소로 형성된다.

첫째로, 성취 경험은 자신의 개인적 경험에 기초하기 때문에 가장 신뢰도가 높고 영향력 있는 정보원이다. 일반적으로 성취 경험은 효능감을 높이고, 반복적인 실패 경험은 효능감을 낮춘다. 그러나 반복적인 성취 경험으로 인해 자기효능감이 강하게 발달하면 가끔 경험하는 실패 경험이 자신의 능력을 판단하는 데 많은 영향을 미치지는 않는다. 따라서 자기효능감을 높이기 위해서는 계속해서 성취를 경험하도록 하는 것이 필요하다. 같은 맥락에서 청소년 멘토는 학습자와의 관계에서 목표 설정과 성취 과정 그리고 성취를 격려해야 한다.

둘째, 다른 사람의 성취를 보는 것, 즉 대리 경험을 통해 자기효능감이 형성될 수도 있는데, 이는 성취 경험 다음으로 영향을 주는 정보원이 된다. 다른 사람이 성공적으로 수행하거나 실패하는 것을 관찰하고 자신도 수행할 수 있다는 확신을 통해 자기효능감을 갖게 되는 것을 의미한다. 자신의 능력을 판단할 수 있는 과거의 경험이 부족한 경우 대리 경험에 의해 영향을 받는 것이다. 청소년의 경우에는 모델링을 할 수 있는 청소년지도자, 유능한 또래 집단이 그 역할을 할 수 있을 것이다.

셋째, 개인은 타인의 언어적 제안이나 권고, 격려 등의 언어적 설득을 통해 자기효능감에 대한 정보를 얻기도 한다. 어떤 일을 효과적으로 수행할 능력을 지녔다고 말해 주는 언어적 설득은 적절한 때에 쉽게 사용할 수 있기 때문에 가장 널리 사용하는 방법이다. 그러나 언어적 설득은 확실한 경험적 효과가 없기 때문에 성취 완성보다 자기효능감을 갖게 하는 데 있어서 그 효과가 약하다. 또한 언어적 설득에 의해 갖게 된 자기효능감은 불일치 경험에 의해 쉽게 소거될 수도 있으며, 이 경우 설득자뿐만 아니라 자기 자신에 대해서도 불신감을 가질 수 있다. 청소년지도자가 가장 많이 사용하는 칭찬과 격려의 방법이 이것이다. 그러나 앞에서 설명했듯이 직접 활동을 통해 경험하도록 하는 것이 가장 큰 효과가 있다.

넷째, 억압적이고 부담을 주는 상황은 정서적 흥분을 일으키는데, 이러한 정서적 흥분은 자기효능감에 영향을 미치는 또 하나의 요인이 된다. 사람들은 정서적으로 흥분되어 있을 때보다는 안정되어 있을 때 성공을 기대하는 경향이 있다. 인간은 부분적으로 생리적 흥분 상태에 의거하여 자신의 능력을 판단하기 때문에, 생리적으로 흥분 상태에 있으면 자신의 능력에 대하여 자신을 갖지 못하고, 따라서 상황에 대한 대처 행동을 효과적으로 수행하지 못하는 것이다.

이러한 네 가지 주요한 근원을 통해 청소년 멘토링에 중요한 통찰력을 얻을 수 있다. 첫째, 여러 가지 방법으로 성취 경험을 하게 한다. 둘째, 유능한 동료 학습자의 자극을 통해 성취에 대한 확신을 갖게 한다. 셋째, 언어적 설득을 통해 이성적인 판단을 이끌어 낸다. 넷째, 차분하고 안정된 정서를 유지하도록 함으로써 자기효능감을 갖도록 자극해야 한다. 이러한 근원을 제공할 수 있는 것은 교실 안에서의 학습보다 청소년 활동이 더 효과적이라고 할 수 있다.

반두라(1977)는 네 가지 근원이 독자적으로 영향을 주는 것이 아니라 한두 개 이상의 근원이 동시에 작용한다고 하였다. 이러한 근원에 의해 획득된 자기효능 감은 어떤 행동을 할 것인가를 선택하도록 돕고, 행동을 마칠 때까지 어느 정도 의 노력을 하고 지속시킬 것인가를 판단하는 사고 형태와 정서 반응에 중요한 영향을 미친다(Bandura & Schunk, 1986). 이러한 요인은 개인의 자기효능감 형 성에 영향을 주고, 개인의 자기효능감 수준을 결정한다. 개인이 지각하는 자기 효능감에 따라 개인에게 나타나는 행동의 경과와 목표 수행 수준이 다르게 나타 날 수 있으며, 어떠한 과제의 어려움에 직면했을 때 행동의 지속과 인내에 대한 선택에 영향을 미치게 된다고 본다. 반두라(1977)의 지각된 자기효능감의 도식 은 [그림 8-2]와 같다.

반두라(1977)는 이러한 지각된 자기효능감의 본질을 분명히 하기 위해 자신 감, 자기조절감, 과업 도전감이라는 세 가지 개념으로 설명하고 있다.

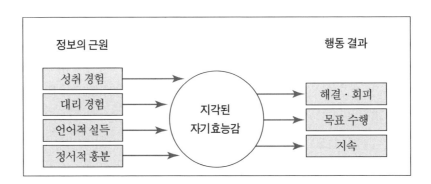

[그림 8-2] 반두라의 지각된 자기효능감

♥ 자신감

자신감이란 자신의 가치와 능력에 대한 개인의 확신 또는 신념의 정도라고 할 수 있으나, 자기효능감을 구성하는 요소로서의 자신감은 자신의 능력에 대한 개인의 확신 또는 신념의 정도라는 축소된 의미를 적용할 수도 있다(Sherer et al., 1982). 이러한 자신감은 자신의 능력에 대한 인지적인 판단 과정을 통해 조성되고 정서 반응으로 표출된다(Bandura, 1993).

♥ 자기조절감

　자기조절감이란 개인이 어떠한 과제를 달성하기 위해 자기조절, 즉, 자기관찰, 자기판단인 인지 과정과 자기반응의 동기 과정을 잘 사용할 수 있는가에 대한 효능 기대라고 할 수 있다(Bandura, 1986, 1993). 자기조절 체계가 인지 행동의 기본이기 때문에, 인간은 자신의 행동을 관찰하고 자신의 목표에 비추어 자신의 수행을 판단하여 긍정적이라면 새로운 목표를 설정하고, 부정적이라면 자신의 목표를 이루기 위해 부가적인 행동을 하는 반응을 보이게 된다. 따라서 자기조절감이란 개인이 자기조절을 잘 수행할 수 있는가에 대한 기대라고 할 수 있다. 자기조절을 세분화하면 자기관찰, 자기판단, 자기반응으로 나눌 수 있다.

♥ 과업 도전감

　과업 도전감은 개인이 어떤 수행 상황에서 목표를 선택하고 설정할 때 어떤 수준의 난이도를 선호하는가를 측정하는 것이다. 즉, 자기효능감이 높은 개인은 도전적이고 구체적인 목표를 선택하는 반면, 자기효능감이 낮은 개인은 자신의 기술을 뛰어넘는 위협적인 상황을 무서워하고 피하려 하며, 그들이 조절할 수 있다고 생각하는 쉬운 과제만을 선택하고 행동한다(Bandura, 1977). 따라서 자기효능감은 자신이 통제하고 다룰 수 있다고 생각하는 도전적인 과제를 선택하는 과정을 통해 표출된다(Bandura, 1993). 그렇기 때문에 자기효능감이 낮은 학생들이 갖고 있는 도전은 항상 한계가 있다. 특별히 도전정신이 빈약한 청소년들의 경우에 이러한 낮은 자기효능감과 관련해 생각해 볼 수 있다.

♥ 주제 관련 명언

자녀를 가치 있게 여기는 것보다 자녀가 가치 있는 존재라고 가르치는 더 좋은 방법은 없다. 아이는 자신이 가치 있는 사람이라고 느낄수록 더욱더 가치 있는 일에 대해 이야기할 것이다(There is no better way to teach your children that they are valuable people than by valuing them. The more children feel valuable, the more they will then begin to say things of value).

– M. 스콧 펙(M. Scott Peck) –

한 사람의 성공과 실패의 원인 중에 교육적으로 가장 중요한 요인은 스스로에 대한 신뢰다(Perhaps the most important single cause of a person's success or failure educationally has to do with the question of what he believes about himself).

– 아서 W. 콤스(Arthur W. Combs) –

교육이란 아이가 자신의 잠재력을 발현하도록 도와주는 것이다(Education is helping the child realize his potentialities).

– 에리히 프롬(Erich Fromm) –

자기 자신을 믿는 것이 성공을 보장하지는 않지만 자신을 믿지 못하면 분명히 실패한다(Self-belief does not necessarily ensure success, but self-disbelief assuredly spawns failure).

– 앨버트 반두라(Albert Bandura) –

♥ 복습

• 멘토링을 할 때 학교 성적이 낮은 학습자에게 어떤 지도를 해야 하나요?
• 학습에 있어 자신감이 왜 중요한지 설명하시오.

- 앨버트 반두라의 자기효능감에 대해 설명하시오.
- 자기효능감의 네 가지 요인을 설명하시오.

♥ 추천 도서

Bandura, A. (2004). 변화하는 사회 속에서의 자기효능감 (윤운성 역). 서울: 학지사.

Movie & Mentoring 8

- **제목** 버킷 리스트: 죽기 전에 꼭 하고 싶은 것들(The Bucket List)
- **감독** 롭 라이너
- **출연** 잭 니콜슨(에드워드 콜), 모건 프리먼(카터 챔버스)
- **등급** [국내] 12세 관람가 / [해외] PG-13(부모 주의, 13세 미만 부적합)

♠ **줄거리**

　자동차 정비 일을 하고 있는 카터(모건 프리먼)는 대학 신입생 시절 철학과 교수가 과제로 내 주었던 '버킷 리스트'를 떠올린다. 하지만 46년이 훌쩍 지난 지금, 죽기 전에 꼭 하고 싶은 일을 적어 보는 것은 잃어버린 꿈이 남긴 쓸쓸한 추억에 불과하다. 재벌 사업가 에드워드(잭 니콜슨)는 돈 안 되는 '리스트' 따위에는 관심이 없다. 기껏해야 최고급 커피를 맛보는 것 외에 자신이 원하는 것이 무엇인지 생각조차 하지 않는다.

　우연히 같은 병실을 쓰게 된 두 남자는 너무나 다른 서로에게서 가장 중요한 공통점을 발견하게 된다. '나는 누구인가.'를 되돌아볼 필요가 있다는 점이다. 얼마 남지 않은 시간 동안 '하고 싶던 일'을 다 해야겠다는 것! '버킷 리스트'를 실행하기 위해 두 사람은 병원을 뛰쳐나와 여행길에 오른다. 세렝게티에서 사냥하기, 문신하기, 카레이싱과 스카이다이빙하기, 눈물 날 때까지 웃어 보기, 가장 아름다운 소녀와 키스하기, 화장한 재를 깡통에 담아 경관 좋은 곳에 두기……. 두 사람은 목록을 지워 나가기도 하고 더해 가기도 하

면서 많은 것을 나누게 된다. 인생의 기쁨, 삶의 의미, 웃음, 통찰, 감동, 우정까지…….

♤ 교육적 의미

병원에 입원했는데 시한부 인생이라는 판정을 받는다면 우리는 무엇을 하고 싶을까? 어떤 말을 하고, 어떤 생각을 할까? 너무 다른 두 사람 카터와 에드워드의 이야기다. 버킷 리스트는 카터의 대학 시절 철학 시간에 내준 과제였다. 두 사람은 카터가 학창 시절 적어만 놓았던 꿈을 하나씩 실행에 옮기면서 자신이 진짜 원하던 것에 대해 생각한다. 그러나 아무리 좋은 것을 보고 먹고 마음껏 해도 두 사람은 결국 가정으로 돌아가게 된다.

그런데 버킷 리스트가 한때 적어 놓았던 막연한 꿈일지라도 목록에 따라 하나하나 시도하다 보면 우리는 꽤나 많은 것을 실천했음을 알 수 있다. 삶을 살다 보면 우리는 과거에는 '~하면 좋았을 텐데…….' 하고 후회할 때가 많다. 그것을 글로 적어 보고 해야 할 것을 알고 실천하며 지워 간다면 다 하지는 못해도 글로 적지 않았을 때보다 자신의 꿈과 목표에 한 발짝 더 다가설 수 있다. 그리고 그 꿈을 함께할 친구가 있다면 인생길에서 가장 좋은 동반자가 될 것이다.

★ 참고 자료: 네이버 영화

♣ **함께 생각해 보기**

• 자신만의 버킷 리스트를 작성해 봅시다.

• 멘토링 과정에서 버킷 리스트를 작성하고 멘토와 멘티가 함께할 수 있는 일을 해 봅시다.

제9장

목표 설정과 도전하기

1. 목표 설정하기

> 목적이 있으면 죽음도 비껴간다.
>
> – 차정섭(『무지개 원리』 저자) –

목표가 있어야 목표로 갈 수 있다. 동기를 부여해 주고 계속해서 어떤 일을 할 수 있도록 하는 데 있어서 목표 관리는 매우 중요한 요소다. 청소년 멘토는 청소년이 효과적인 목표를 설정할 수 있도록 도와주어야 한다. 청소년이 목표를 설정하기 위해서는 반드시 청소년 멘토가 목표를 이해해야 하고, 목표가 성취될 수 있다는 믿음을 주어야 하며, 그 목표가 청소년의 능력에 맞는지 확인하기 위해 모니터링이 가능해야 한다. 효과적인 목표는 다음과 같은 특징이 있다.

- 이해할 수 있을 것: 목표를 정의하고 이해하고 개념화할 수 있어야 한다.
- 믿을 수 있을 것: 다른 누군가에 의해서 그 목표가 성취된 것을 본 적이 있어야 한다. 즉, 목표 성취에 대한 신뢰가 있어야 한다.
- 성취할 수 있을 것: 목표가 청소년으로서 성취 가능하다는 것을 지각해야 한다.
- 완수 가능할 것: 목표를 성취할 수 있는 능력이 있어야 한다.
- 변경 가능할 것: 목표에 대한 관찰을 통해 환경에 의한 목표의 수정을 수용할 수 있어야 한다.
- 매력적일 것: 청소년은 의무적으로가 아니라 진정으로 그 목표를 달성하고 싶어야 한다.
- 성장을 촉진할 것: 목표가 청소년 자신이나 다른 사람들 그리고 사회에 파괴적이어서는 안 된다.

청소년은 충동적일 수 있다. 그렇기 때문에 그들은 즉석에서 만족하고 싶어 하는 강한 욕구를 가지고 있다. 이것은 두 극단, 즉 풍요로운 청소년과 빈곤한 청소년 모두에게서 발견된다. 왜냐하면 두 집단 모두 만족을 지연하는 능력이 결핍되어 있기 때문이다.

모든 것이 풍족한 청소년은 그들이 요구하는 즉각 만족의 요구에 대해 만족을 지연시키는 방법이나 장기적인 목표를 세우는 것을 배우지 못했다. 반대로 무언가 결핍되었거나 생존을 위해 기초적인 욕구를 해결해야 하는 청소년은 '지금 당장'의 문제로 인해 기술을 개발하거나 장기적인 목표를 세울 수 없다.

청소년 멘토는 청소년을 만날 때 분명히 만족을 지연시키는 능력을 개발하도록 도와야 한다. 청소년은 목표를 달성하는 과정을 이해함으로써 보다 높은 목표 성취의 통제력을 느낄 수 있다. 이러한 것은 보다 자기확신적이며, 공감적이고, 자기주도적이며, 긍정적이고, 독립적인 학습을 이끌어 낸다.

목표의 계획과 성취에는 다음과 같은 다섯 가지 측면이 있다.

- 목표를 정할 때 상황을 정확히 이해해야 하며, 현실적이어야 한다.
- 어떻게 설정한 목표가 달성될 것인가를 계획해야 한다.
- 목표 달성을 위해 행동으로 옮겨야 한다.
- 스스로 어떤 목표를 달성했던 과정을 돌아보고 평가해야 한다.
- 스스로 목표에 필요한 부분을 수정하고 바로잡아야 한다.

1) 적 용

(1) 교 실

멘토로서의 교사는 학습자가 목표에 대한 의사 결정을 하도록 도와야 한다. 또한 구체적인 목표를 선택하도록 하고, 선택한 것에 대해 책임을 지는 것도 함께 가르쳐야 한다.

- 교사 스스로가 목표 지향적으로 행동하는 모습을 보여야 한다. 학습 시간에 분명한 목표를 제시해야 한다.
- 교사는 학생이 현실적인 목표를 세우도록 도와야 한다.
- 교사는 목표를 추구할 때 근면성과 인내심을 키워 주어야 한다.
- 교사는 요구와 환경의 변화에 따라 목표를 수정하고, 돌아보고, 계획을 세울 수 있는 학생의 능력을 향상시켜야 한다.
- 교사는 학생이 자신의 미래를 위해 자율적인 태도를 보이도록 격려해야 한다.
- 교사는 학생의 목표 설정을 도울 때 학생의 자아개념과 관심을 포함시키도록 해야 한다.

(2) 가 정

청소년이 가정에서 스스로 무언가를 결정하기 시작할 때 부모는 그들의 선택을 존중해야 한다. 청소년은 자신이 선택함과 동시에 책임이 있음을 생각하도록 지도해야 한다. 부모가 결정하던 일을 청소년기부터는 스스로가 결정하도록 해야 한다. 특별히 목표 설정에 있어서 스스로 할 수 있도록 지도하는 것이 중요한 교육적 접근이다.

- 멘토로서의 부모는 계획된 활동으로 자녀를 도와야 한다.
- 멘토로서의 부모는 자녀의 욕구가 달성될 때까지 임무를 위해 참는 아이를 격려해야 한다.
- 부모는 자녀가 장기적인 계획을 세분화하여 작게 나누고, 체계적인 단계로 나누는 것을 도와야 한다.
- 부모는 자녀가 정확하고 현실적인 목표를 세울 수 있도록 도와야 한다.

(3) 청소년 활동

멘토로서의 청소년지도자는 청소년이 활동을 반복해서 스스로 평가하는 것을 장려해야 한다. 청소년 활동에서 목표를 설정하고, 계획을 세우며, 실행하고, 평가하는 과정을 통해 청소년은 자신의 목표 달성에 대한 즐거움을 맛볼 것이다.

- 멘토로서 청소년지도자는 청소년의 실행 계획을 검토해야 한다. 예를 들면, 분명하고 평가 가능한 계획, 그것을 성취할 방법, 예측되는 결과 등이 이에 해당된다.
- 멘토로서 청소년지도자는 직면한 문제 해결을 위해 목표의 우선순위와 변화를 도와야 한다.
- 멘토로서 청소년지도자는 스스로도 주어진 일에 성실해야 한다.
- 멘토로서 청소년지도자는 장기적인 성취를 위해 청소년의 작은 성취에 보상을 해야 한다. 예를 들어, 청소년이 중간 목표를 달성했을 때 완수장이나 배지를 주거나 작은 포상을 해야 한다.

2) 이론적 배경: 목표 지향성

(1) 목표 지향성의 개념

목표를 연구하는 학자는 무엇을 성취하려고 노력하는가에 초점을 두지 않고 '왜' 성취하려고 하느냐에 관심을 둔다(Urdan & Maehr, 1995). 즉, 동기의 정도보다 동기의 질에 관심을 보인다.

목표 지향성은 성취 상황에서 개인이 발휘하는 행동의 목적과 이유(Dweck, Chiu, & Hong, 1995)라고 할 수 있다. 예를 들어, 학습 상황에서 어떤 학습자들은 학습을 개인적인 측면에서 중요한 의미가 있고, 전문적인 측면에서도 큰 도움을 줄 수 있는 새로운 지식과 이론을 습득할 수 있는 기회로 생각한다. 그러나 또 어떤 학습자들은 학습은 시험을 치르고 성적을 판정하는 부분에서 중요하다고 생각한다. 따라서 학점을 이수하거나 자격을 획득하기 위해 필요한 것으로 인식하고 있다. 이러한 관점의 차이를 '목표 지향성(goal orientation)'이라고 한다.

목표 지향성은 각 개인이 성취 상황에 다르게 접근하고 개입하고 반응하도록 하는 신념, 귀인, 정의의 통합적인 형태다(Ames, 1992). 또한 목표 지향성은 목적, 유능성, 능력, 성공, 실패, 노력, 오류, 기준 등에 관한 신념과 복합적으로 연결되어 있다(Dweck & Leggett, 1988; Pintrich, 2000). 목표 지향성이란 성취 지향적인 행동의 인지적 측면과 정의적 측면을 통합하여 인지 과정을 동기화하는 중요한 요소다.

청소년에게는 청소년 활동 역시 목표 지향적인 활동일 수밖에 없다. 즐거움만을 위한 활동은 무의미한 활동이 되기 쉽다. 청소년 멘토는 청소년이 하는 일에 의미를 부여하고 목표를 설정하도록 돕는 역할을 해야 한다. 그렇기 때문에 멘토로서 청소년이 자기주도적으로 목표를 설정하고 목표를 향한 전략을 세우도록 돕는 역할이 중요하다.

(2) 목표 지향성의 유형

목표 지향성의 목표는 학교라든지 어떤 성취와 관련된 상황에서 가질 수 있는 서로 다른 두 가지 형태로 나뉜다. 첫째, 성공이나 실패에 상관없이 과제를 숙달하거나 자신의 능력을 향상하려고 하는 목표를 '학습 목표'라고 한다. 둘째, 부정적인 피드백에 민감하고, 다른 사람들보다 더 잘하려고 하며, 자신의 능력을 다른 사람들에게 증명해 보이려고 하는 목표를 '수행 목표'라고 한다. 드웩과 레깃(Dweck & Leggett, 1998)이 사용한 학습 목표와 수행 목표에 대한 설명은 다음과 같다.

♥ 학습 목표

학습 목표와 수행 목표는 능력과 노력에 대한 신념, 수행 상황에 대한 인식, 성과에 대한 생각, 실패에 대한 귀인, 과제에 대한 신념 등에서 서로 다른 지향점을 가지고 있다. 학습 목표에 대한 신념은 다음과 같다. 즉, 능력은 불변하는 것이 아니라 개발될 수 있으며, 노력은 과제 수행 상황에서 필요한 도구를 개발하는 데 효과적인 전략이라고 보고 있다.

따라서 과제 수행 상황에서 자신의 능력을 과시하기보다는 능력을 향상하는 데 초점을 둔다. 즉, 학습 목표는 과업 수행 상황에서 새로운 것을 배우고 싶어하고 도전을 통해서 완전히 익히고자 하는 것이다. 학습 목표를 가진 아이들은 자기 시간을 낭비하는 일은 하고 싶지 않다고 말한다. "쉬운 것은 하기 싫다. 대체 왜 그런 것을 해야 하는가? 나는 몰입할 수 있고, 흥미롭고, 새로운 것을 배울 수 있는 활동을 하고 싶다."라고 말한다. 때때로 자신의 수준보다 훨씬 더 어려운 수준의 문제가 자신이 가장 좋아하는 것이라고 대답한다. 또한 학습 목표를 추구하는 아이는 그들의 만족을 그들의 목표를 달성함에 있어서 열심히 노력하는 것에 둔다. 실패에 연연하지 않으며, 설사 과제를 시도하여 실패로 끝나도 자기가치에 손상을 입지 않는다(Dweck, 2008).

실패는 노력이 더욱 필요하다는 것으로 여겨지기 때문에 파괴적인 것이 아니라고 여긴다. 그렇기 때문에 새로운 도전에 대해 긍정적인 태도를 취한다. 새로운 도전에 긍정적인 태도를 가지고 도전하고, 실수를 했을 때 실패에 대한 이유를 자신의 능력에 두지 않고 불충분한 노력으로 연계하기 때문에 자신이 잘 알고 해 봤던 과제보다는 더 새롭고 도전적인 과제에 흥미를 가지고 임할 수 있는 것이다. 이처럼 실패 상황에서 실패에 대한 이유를 자신의 능력 탓으로 돌리지 않고 노력에 귀인하고, 실패를 또 하나의 새로운 정보로 받아들일 수 있는 태도는 실패 상황에서 좌절하지 않고 다시 도전하여 성취할 수 있는 발판을 마련해 준다.

청소년 지도에 있어서 우리 사회가 가지고 있는 실패에 대한 태도는 많은 경우에 잘못되어 있음을 발견한다. 그렇기 때문에 청소년이 자신의 학점과 관련이 없거나 상급 학교와 진학에 도움이 안 되는 활동은 선택하지 않는다. 가정과 사회적 분위기도 실패를 수용해 주는 분위기가 아니다. 그렇기 때문에 청소년이 높은 목표를 세우고 몰입해서 무언가를 성취하는 모습을 찾아보기란 쉽지 않다. 이러한 어려움에도 불구하고 청소년 멘토링에서는 청소년의 학습 목표 설정을 격려하고 지지하는 멘토의 역할이 반드시 필요하다.

♥ 수행 목표

수행 목표가 가지고 있는 능력과 노력에 대한 신념은 다음과 같다. 즉, 능력은 개발하기 어렵고, 성공적인 과업 수행은 타고난 능력의 소유에 달려 있다는 것이다. 노력을 기울이는 것은 능력이 낮기 때문이라고 여기기 때문에 노력을 하는 것에 대해 좋지 않게 생각한다. 자신의 능력이 뛰어나다면 열심히 노력하지 않아도 성공할 수 있다고 여긴다. 노력을 한다는 것은 자신의 능력이 뛰어나지 않다는 증거로 해석되곤 한다. 이러한 신념을 가지고 있기 때문에 과제에 임할 때도 자신의 능력을 증명해 보이고, 자신이 얼마나 똑똑한지를 드러내고자 한다. 즉, 적은 노력만으로도 성공함으로써 자신의 능력을 입증하려 한다.

수행 목표를 가진 아이는 도전을 너무 거대한 위험 요소로 받아들이기 때문에 더 이상 도전하려고 하지 않는다. 실수를 하거나 실패라도 하면, 그것은 자신이 부적응적이고 똑똑하지 않다는 의미이며, 무가치하고 사람들이 자신을 좋게 생각하지 않을 것이라고 믿기 때문에 도전을 싫어한다. 실패의 원인이 자신의 능력 부족 탓이라고 여기는 것이다. 그들은 자신이 하는 일을 통해 자신이 확실히 똑똑하게 보이고 어느 누구로부터도 비난받지 않는 것을 원한다. 즉, 안전한 선택을 한다는 것이다(Dweck, 1995). 안전한 선택을 함으로써 학습 기회, 도전할 수 있는 기회를 희생시키게 된다.

이와 같이 학습에서 도전이 없는 학생의 경우 일상생활과 청소년의 활동 영역에서도 도전하지 않는다. 어려운 과제나 자신이 비난받을 것 같은 상황에서는 시도조차 하지 않는 것이다. 따라서 청소년지도자는 그들의 목표 설정에 도움을 줌으로써 도전에 대한 용기를 불어넣어야 한다.

이와 같이 학습 목표와 수행 목표는 능력과 노력에 대한 신념, 수행 상황에 대한 인식, 성과에 대한 생각, 실패에 대한 귀인, 과제에 대한 신념 등에서 서로 다른 지향점을 가지고 있다. 즉, 학습 목표와 수행 목표는 서로 다른 신념을 가지고 있으며, 특히 실패에 대한 반응과 대처 방식에 차이가 있다. 학습 목표와 수행 목표의 개념의 차이를 좀 더 구체적으로 살펴보면 다음과 같다.

첫째, 과제를 수행할 때 가지는 신념에 차이가 있다. 학습 목표를 가진 아이는 과제 수행 시 능력의 발달에 초점을 둔다. 즉, 자신의 능력 개발을 위해 과제를 선택하기 때문에 좀 더 새롭고 도전적인 과제를 선택한다. 반면 수행 목표를 가진 아이는 과제 수행 시 자신의 우월한 능력을 보여 주려고 한다. 즉, 자신이 훌륭하다는 것을 증명해 보이기 위해 도전적이기보다는 보다 더 잘 해낼 수 있는 쉬운 과제나 익숙한 과제를 선택하게 된다(Elliot & McGregor, 2001).

둘째, 수행 상황에 대한 인식의 차이를 보인다. 학습 목표를 가지는 아이는 수행 상황에 처했을 때 새로운 기술을 개발하고 유능성을 향상할 수 있는 기회로 여긴다. 반면 수행 목표를 가지는 아이들은 수행 상황을 단지 성취의 수단으로 여긴다.

셋째, 학습 목표를 가진 아이와 수행 목표를 가진 아이는 실패 상황에서 자기가치에 미치는 영향이 서로 다르다. 그 이유는 실패에 대한 귀인이 다르기 때문이다. 학습 목표를 가진 아이는 실패의 이유를 노력의 부족으로 여긴다. 실패의 원인을 통제 가능한 노력의 부족으로 생각하기 때문에 자기가치에 손상을 입지 않는다. 반면 수행 목표를 가진 아이는 실패의 원인을 자신의 능력 부족으로 여긴다. 그래서 실패 후 자기가치에 손상을 입으며, 다시 과제를 수행하는 것에 대해 기대감을 가지지 못하고 쉽게 포기해 버리게 된다(Dweck, 1990).

넷째, 과업을 선택할 때 다른 양상을 보인다. 학습 목표를 가진 아이는 자신의 능력을 신장할 수 있는 과업을 선호하며, 자신의 능력에 대한 인식과 상관없이 도전적 과제를 선호한다. 그러나 수행 목표를 가진 아이는 긍정적인 결과를 낼 수 있는 과업을 선호하며, 자신의 능력이 낮다고 인식하는 경우 도전적 과제를 피하고 더 쉽다고 생각하는 과업을 선택한다. 혹 자신의 능력이 뛰어나다고 인식하는 경우, 도전적이기는 하지만 실패 위험이 있으면 도전을 쉽게 하지 못하기 때문에 학습 기회를 상실할 가능성이 높다.

마지막으로, 학습 목표를 가진 아이와 수행 목표를 가진 아이는 성과에 대한 생각도 다르다. 학습 목표를 가진 아이는 결과가 노력에 따른 것이라 생각하며, 수행 목표를 가진 아이는 결과가 자신의 능력에 따른 것이라고 생각한다. 즉, 가장 큰 차이는 결과를 맞이할 때 통제 가능한 노력으로 여기느냐, 통제 불가능한 능력으로 여기느냐에 있다(Dweck, 1986). 학습 목표와 수행 목표는 이와 같은 차이점이 있지만 학습 목표를 가지고 있든지, 수행 목표를 가지고 있든지 일반적으로 지능이 다른 것은 아니다. 그러나 성취 상황에서 수행은 다르게 나타날 수 있다. 이러한 목표 지향성이 중요한 이유는 그것이 노력에 대한 인식과 과업 선택에 영향을 주기 때문이다. 학습 목표는 도전적인 과업을 선택하도록 하고, 수행 목표는 도전적인 과업을 회피하도록 한다. 이로 인해 학습 목표를 가진 아이는 새롭고 도전적인 과제를 통해 능력의 수준을 향상할 기회를 가지는 반면, 수행 목표를 가진 아이는 실패의 가능성을 줄이기 위해 새로운 도전과 성장의 기회를 회피하게 될 가능성이 높다.

♥ 주제 관련 명언

　　가파른 언덕을 오르려면 천천히 시작해야 한다(To climb steep hills requires slow pace at first).

- 윌리엄 셰익스피어(William Shakespeare) -

　　모든 것은 다 빼앗을 수 있지만 한 가지만은 빼앗을 수 없다. 그것은 주어진 환경에서 그 사람만이 가지는 태도와 방식이다(Everything can be taken from man but one thing—to choose one's attitude in a given set of circumstances, to choose one's own way).

– 빅터 프랭클(Victor Frankl) –

　　만일 당신이 스스로 할 수 있는 것보다 목표를 낮게 세운다면, 인생의 모든 날이 불행해질 것이다(If you plan on being anything less than you are capable of being, you will probably be unhappy all the days of your life).

– 에이브러햄 매슬로(Abraham Maslow) –

　　만일 네가 어느 곳으로 가고 있는지 알지 못한다면 어느 길을 선택하더라도 상관없다(If you don't know where you are going, any road will get you there).

– 루이스 캐럴(Lewis Carroll) –

♥ 복습
- 멘토링에서 목표 설정에 대한 중요성과 자신의 의견을 기술하시오.
- 학습 목표와 수행 목표를 설명하시오.
- 목표를 설정한 후 목표를 수정할 수 있나요?
- 목표를 설정하는 데 있어서 왜 시간에 대한 감각이 중요한지를 설명하시오.

♥ 추천 도서
Jones, L. B. (2007). 기적의 사명선언문 (송경근 역). 서울: 한언.

2. 도전하기

살면서 저지를 수 있는 가장 큰 실수는
실수할까 봐 끊임없이 걱정하는 것이다.
– 알버트 하버드(Albert Haverd) –

'Fear(두려움)' 라는 단어가 있다. 이것을 풀어 쓰면 다음과 같다.

F(False) + E(Evidence) + A(Appearing) + R(Real)
= 실제로 일어나지 않을 것에 대한 잘못된 증거

두려움이란 실제 일어나지 않은 일에 대한 것이며, 대부분 우리가 스스로 만들어 낸 것이다. 두려움이란 사람이 통제하지 못하는 상황에 빠질 때 강하게 나타난다. 결과에 대한, 미래에 대한, 도전에 대한 두려움은 상황을 통제할 수 없다고 느끼기 때문에 나타난다. 멘토링의 요소에도 도전이라는 범주가 있다. 어떻게 하면 청소년에게 더 크고 바른 도전을 할 수 있도록 할까? 청소년 멘토링에서 도전은 다른 멘토링 범주와 연결되어 있다. 즉, 의미를 부여하고, 목표를 설정하고, 유대감을 통해 심리적 안정감을 갖게 하는 등의 멘토링은 도전적인 삶을 살도록 하는 것과 긴밀하게 연결되어 있다.

도전은 청소년에게 새로운 것에 대한 시도와 어려운 것을 끈질기게 노력하는 마음을 불러일으키는 것이 포함되어 있다. 빠르게 변하는 사회에서는 신기하고 복잡해 보이는 일이 보편적인 것이 되어 가고 있다. 도전은 이렇게 신기하고 어려운 것을 숙달할 수 있도록 지도하는 것이다. 즉, 청소년이 모르는 것에 대한 두려움과 어렵거나 보편적이지 않은 것에 대한 저항을 극복하도록 도와야 한다.

두려움은 다음과 같은 방법으로 이겨 낼 수 있다.

- 멘토는 새롭고 어려운 상황에 직면했을 때 열린 마음과 호기심 넘치는 태도를 보여 줌으로써 모범을 보일 수 있다.
- 멘토는 청소년에게 새롭고, 어려운 과제를 부여함으로써 도전의 기회를 제공해 줄 수 있다.
- 멘토는 청소년이 직면한 새로운 과제에 대한 창의적이고 호기심 넘치고 독창적인 접근을 격려해야 한다.
- 청소년 멘토는 청소년의 성공에 보상을 해야 하며, 청소년이 만족하고 기뻐하는 감정을 반영해야 한다.
- 청소년 멘토는 어려운 과제와 상황 속의 위험 부담에도 예민하고 정확하게 적용해야 한다.

청소년은 실패에 대한 두려움으로 인해 새로운 것과 어려운 과제에 도전하기를 꺼린다. 청소년 지도자는 청소년과의 상호작용을 통해 이러한 두려움을 감소시킬 수 있다. 어떠한 어려움이 발생했을 때, 그 어려움을 세분화해서 스스로 통제하도록 만들 수 있다. 예를 들어, 시험에 대한 막연한 두려움이 있다면 과목별 준비 전략과 시간별 준비 계획을 세우는 법을 통해 두려움을 줄일 수 있을 것이다.

인간은 본능적으로 도전에 대한 갈망이 있다. 어린아이도 젓가락 사용에 도전하고, 옷과 신발을 자신이 직접 착용하려고 하는 것 등이 좋은 예일 것이다. 어린아이가 어려운 일을 할 때 모든 것을 미리 해결해 주는 부모는 이러한 발달과 도전을 방해하는 것이다.

마찬가지로 청소년을 멘토링하기 위해서는 청소년 스스로가 느끼는 새롭고 어려운 과제의 도전을 장려해야 한다. 그뿐 아니라 도전에 방해가 되는 두려움을 없애 주기 위해서 심리적 · 기술적 부분에서 개입을 해야 한다.

1) 적용

(1) 교실

멘토로서의 교사는 학생이 느끼고 있는 어려운 과제에 대한 걱정을 덜어 주어야 한다.

- 멘토로서의 교사는 학생이 자신감을 가지고 새롭고 어려운 과제에 도전하도록 격려해야 한다.
- 멘토로서의 교사는 현재 익숙하지 않은 과제를 섣불리 판단하지 않는 분위기를 조성하여 학생의 지적인 호기심, 독창성 그리고 창의성을 증진시켜야 한다.
- 교사는 학생에게 새롭고 어려운 과제와 난관을 극복한 다른 학생의 예를 제시해야 한다.
- 교사는 학생이 새롭고 어려운 과제를 할 때 자신의 긍정적인 능력에 집중하도록 하여 그들의 성장을 알 수 있도록 해야 한다.

(2) 가정

멘토로서의 부모는 자녀가 성장할 수 있도록 도전의 기회를 마련해 주어야 한다. 무엇이든지 부모가 해 주는 식으로 자녀를 교육해서는 자녀의 발전을 기대하기 어렵다.

- 멘토로서의 부모는 자녀의 호기심을 자극하고, 새로운 영역으로 초대해야 한다.
- 멘토로서의 부모는 스스로가 자녀에게 새로운 영역에 도전하는 본을 보여야 한다.
- 멘토로서의 부모는 자녀가 새로운 환경에 도전하는 것을 막기보다는 어려운 환경에 직면하는 것을 기대하고 그 모습을 보여 주어야 한다.

- 멘토로서의 부모는 자녀의 현재 발달 영역보다 더 발달된 활동을 제공해야 한다.
- 멘토로서의 부모는 자녀가 어려운 활동에 도전할 수 있도록 격려해야 한다.

(3) 청소년 활동

- 청소년에게 복잡한 상황을 해결할 수 있다는 자신감을 심어 주어야 한다. 어려운 문제는 성장의 기회로 볼 수 있도록 하여 도전에 대한 두려움을 이길 수 있도록 해야 한다.
- 회피한 경험이 있는 도전을 청소년이 한 번 더 시도할 수 있도록 용기를 북돋워 준다.
- 멘토로서 청소년지도자는 새롭고 변화된 환경을 긍정적으로 받아들이는 본을 보여 주어야 한다.
- 멘토로서 청소년지도자는 선입견 없이 지지하는 분위기를 조성해 주어야 한다.

2) 이론적 배경: 몰입이론

몰입(flow)은 칙센트미하이(Csikszentmihalyi, 1975)의 연구에서 시작된 것으로, 물 흐르듯이 자연스럽게 자신이 하고 있는 일에 빠져드는 개인의 심리 상태를 이르는 용어다. 칙센트미하이는 몰입이론이 도전 과제에 대한 개인의 능력을 확장시키고, 새로운 것을 시도하도록 요구하는 것이라고 정의하였다. 즉, 외적 동기가 아닌 내적 동기에 의해서 자신의 능력을 최대한 발휘할 수 있고 도전을 한다는 것은 최적의 불일치(incongruity)를 찾는다는 것을 의미한다. 최적의 불일치가 최적의 도전이 된다고 할 수 있다.

그에 따르면, 몰입은 도전(challenge)과 능력(skill)의 함수 관계에 의해 결정된다. 즉, 개인이 수행하는 과제의 도전적인 수준과 개인이 가진 균형을 이루면 몰입 경험을 하게 된다. 칙센트미하이의 몰입이론은 실생활에 많은 시사점을 제공한다. 첫째, 도전과 능력의 균형이라는 조건이 충족되면 대부분의 활동에서 몰입을 경험할 수 있다. 그러므로 외적인 보상에 의한 활동일지라도 분명한 목표와 피드백이 주어지고 도전 수준과 능력 수준이 균형을 이루게 되면 거의 모든 활동에서 몰입을 경험하게 되고 긍정적인 정서를 갖게 된다. 둘째, 몰입은 모든 연령에서 그리고 모든 문화에서 경험이 가능하므로 몰입을 자주 경험하는 사람은 삶의 만족도가 높다.

몰입은 역동적인 정서 상태로서, 내적인 안정감과 주변 환경의 요구, 자신이 속해 있는 집단 구성원의 긍정적인 평가 등의 통합적인 과정을 통해 긍정적인 정서 상태를 갖게 되는 것이다. 이러한 부분의 최적의 통합 과정을 거쳐 사람들로 하여금 절정 경험(peak experience)과 몰입 상태에 빠지도록 유도한다. 몰입 상태가 되면 일정 기간 동안 그 상태가 계속되면서 보다 진전된 상태를 향해 나아감과 동시에 능력이 향상하고 그에 따라 도전 수준도 높여 가게 된다. 이때 과제가 너무 어려우면 불안함을 느끼게 되고, 반면 과제가 너무 쉬우면 지루함을 느껴 충분히 몰입하지 못하게 된다. 그러므로 몰입 상태는 개인이 가진 능력 수준(skill level)과 과제의 난이도(challenge level)가 적절하게 균형을 이룰 때만 경험할 수 있다(Csikszentmihalyi, 1996). 과제의 난이도는 높지만 능력이 부족할 경우에는 불안을, 능력은 우수하지만 과제의 난이도가 낮을 경우에는 지루함을 느낀다. 그리고 능력도 저조하고 과제의 난이도도 낮을 때는 무관심을 경험하게 된다. 몰입 구역(flow zone)은 행위자의 능력과 과제에 대한 난이도인 도전 비율이 적절할 때 몰입 경험을 하게 된다. 즉, [그림 9-1]의 음영 부분에서 몰입을 경험하게 된다.

[그림 9-2]에 제시된 것과 같이 칙센트미하이(1990)는 도전과 능력의 관계에 따라 능력 수준은 높으나 도전감이 부족한 경우 지루함을 느끼고(A2), 능력보다 도전 과제의 난이도가 높은 경우는 불안함을 느낀다(A3)고 하였다. 몰입은 도전 과제와 능력 수준의 적절한 교차점(A4)에 이르러 느끼게 되는 최적의 심리적인 상태다. 낮은 몰입(A1)은 도전 과제의 난이도가 낮고, 그에 해당되는 능력도 낮은 경우로 무관심이라 정의하였다. 예를 들어, 5점 척도로 측정한 도전의 평균

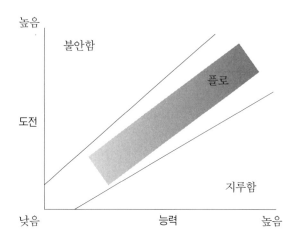

[그림 9-1] **최초의 몰입 모델**

* 출처: Csikszentmihalyi, M. (1975).

값이 능력의 평균값보다 큰 경우는 불안함으로, 도전의 평균값이 능력의 평균값
보다 작은 경우는 지루함으로 구분된다. 그리고 도전과 능력의 평균값이 같은
1을 나타내는 경우(flow ratio 1) 중에서 5점 척도의 중간값 이상을 몰입 상태로 규
정하고, 3 미만인 경우는 도전과 능력이 모두 낮은 무관심의 상태로 규정한다.

청소년에게 이러한 몰입을 경험하도록 지도하기 위해서는 적절한 도전과 자
신의 능력의 균형을 갖게 하는 일이 중요하다. 청소년 멘토는 청소년의 현재 수
준을 염두에 두고 도전할 수 있도록 격려해야 한다. 이러한 몰입 경험은 학습,
활동 등의 영역에서 모두 일어난다. 학습에서 이러한 경험이 힘든 청소년에게
활동을 통해 몰입을 경험하게 하고 격려하는 일은 청소년의 심리적 발달에 큰
영향을 미친다.

몰입 경험을 위한 전제 조건은 크게 세 가지로 분류할 수 있다. 첫째, 정확한
목표(clear goals)가 있어야 한다. 목표는 미리 정확하게 설정하거나, 활동에 참
여함으로써 발전된다. 분명한 목표는 성공적인 수행 여부에 대한 구체적인 정보
를 제시하므로 자신이 의도한 행동에 대해 개인적인 느낌을 강렬하게 갖게 되어

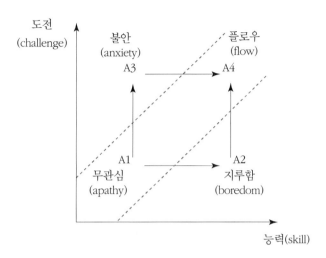

[그림 9-2] 4채널 몰입 모델

* 출처: Csikszentmihalyi, M. (1990).

몰입을 경험할 가능성이 높다.

둘째, 즉각적인 피드백(immediate feedback)이 이루어져야 한다. 명확하고 즉
각적인 피드백은 몰입에 있어서 매우 중요한 요소다. 피드백의 종류는 매우 다
양할 수 있지만 결과는 동일하다. 명확한 피드백은 목표 달성을 위한 구체적인
정보를 제공해 주며, 성취해야 할 목표와 관련하여 수행자가 에너지를 적합하게
투입하는지를 평가하도록 해 준다.

셋째, 도전과 능력의 균형(challenge-skill balance)이 이루어져야 한다. 몰입
경험은 심리적 에너지 보충이 필요한 활동과 적절한 기술을 요구하는 활동에서
나타난다. 칙센트미하이는 개인의 과제에 대한 대처 능력과 평균 이상의 높은
요구 수준 간에 보이는 황금 비율, 곧 능력 대 도전의 황금 비율을 제시하였다.
칙센트미하이(1988)는 몰입의 요소가 앞에서 제시한 몰입의 전제 조건인 선행
단계(antecedents), 몰입의 시작 단계(threshold), 실제적인 몰입의 경험 단계
(experiences)와 몰입의 결과 단계(consequences)를 거치면서 상호 의존적으로
발전한다고 하였다.

이러한 몰입의 전제 조건하에서 얻어지는 주관적인 경험을 정리하면 다음과 같다. 첫째, 과제에 대한 집중(concentration on task at hand)이다. 몰입을 경험하는 순간에는 수행 중인 과제에 완전히 집중하게 된다.

둘째, 행위와 인식의 통합(action-awareness merging)이다. 자신이 하고 있는 활동에 완전히 몰입하게 되면, 그 활동은 자발적이며 동시에 자동적으로 이루어진다. 이때 수행하고 있는 행동과 자신에 대한 인식은 하나로 통합된다. 앞의 두 구성 요소는 몰입의 단계에서 본다면 몰입의 시작 부분이라고 할 수 있다.

셋째, 실패에 대한 두려움으로부터의 자유로움(freedom from worry about failure)이다. 이는 일상에 대한 걱정이나 좌절을 의식하지 않고 자연스럽고도 깊은 몰입 상태에 빠져드는 것으로 통제감(자신감)이 표현된다.

넷째, 자의식의 상실(loss of self-consciousness)을 경험한다. 자의식의 상실은 개인의 자의식이 환경과 일체할 때 경험한다. 예를 들어, 몰입 경험 상태에서 음악가는 우주의 화음을 듣는 것처럼 느낄 수 있고, 운동선수는 팀 전체가 한 몸처럼 움직였다고 느낄 수 있으며, 소설을 읽는 사람은 다른 현실에서 살고 있는 것처럼 느낄 수 있다.

다섯째, 시간 개념의 왜곡(distorted sense of time)이다. 몰입 상태에서는 몇 시간이 몇 분처럼 느껴지기도 하고, 몇 분이 몇 시간처럼 느껴지기도 한다. 대부분의 사람은 몰입을 경험하는 순간이 실제 시간보다 빨리 지나갔다고 보고한다.

여섯째, 자기목적적 경험(autotelic experience)으로서의 몰입을 의미한다. 자기목적적 경험은 인간의 활동 중 외부의 보상과 관련 없는 활동 자체가 목적이 될 때 발생한다. 이러한 경험을 한 사람은 경험 자체를 즐겼다고 볼 수 있다. 몰입의 단계적 흐름에서 볼 때 몰입의 결과라고 할 수 있다. 이러한 몰입의 단계를 그림으로 표현하면 [그림 9-3]과 같다.

칙센트미하이(1988)는 몰입을 정의하는 데 주어진 활동 속에서 개인의 의사소통 기술과 그 활동을 지각하는 도전감에 초점을 두고, 능력과 도전이 어느 수준 이상이 되어야 한다고 했다.

청소년 멘토 역시 활동을 통해 청소년이 몰입할 수 있도록 지도해야 한다. 몰

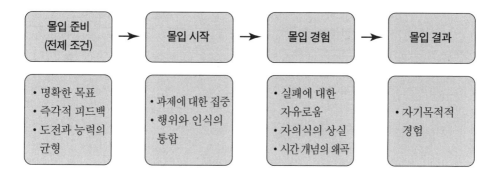

[그림 9-3] 몰입 경험의 단계적 특성

입하는 영역은 청소년의 재능과 흥미가 숨어 있는 곳일 가능성이 높다. 우리 사회의 청소년은 고차원적인 몰입에 어려움을 겪고 있다. 쉬운 단계의 몰입에서 시작하여 난이도가 높은 어려운 단계의 몰입까지 경험하면서 성취감을 느껴야 한다. 몰입에 어려움을 겪게 하는 가장 큰 요소가 있다면 디지털 문화와 함께 등장한 온라인 게임에의 몰입을 들 수 있다. 게임 중독은 우리 청소년이 현대사회에서 고차원적인 목표에 도전하는 용기를 빼앗아 갔다. 청소년 멘토링은 쉬운 단계부터 도전하고 몰입하는 훈련을 통해 더욱 난이도가 높은 수준의 목표에 도전하도록 격려해야 한다.

♥ 주제 관련 명언

새로운 것은 배워야 하고, 복잡한 것은 숙달해야 한다(Novelty is there to be learned and complexity is to be mastered).

– 루벤 포이어스타인(Reuven Feuerstein) –

잔잔한 바다는 노련한 뱃사람을 만들지 못한다(Smooth seas do not make skillful sailors).

– 미국 속담 –

한 사람을 궁극적으로 판단하는 것은 그 사람이 안락하고 편안할 때가 아니라 어려움에 직면했을 때다(The ultimate measure of a man is not where he stands in moments of comfort and convenience. But where he stands in times of challenge and controversy).

– 마틴 루터 킹 주니어(Martin Luther King., Jr.) –

불가능한 것은 종종 시도되지 않은 것이다(The impossible is often the untried).

– 짐 굿윈(Jim Goodwin) –

♥ 복습
• 멘토링에 있어서 학생의 '도전'에 관한 이론에 비추어 자신의 생각을 나누어 봅시다.
• 칙센트미하이의 4채널 몰입 모델에 관해서 설명하시오. 그리고 몰입 모델의 이해가 왜 청소년 멘토링에 중요한가요?
• 몰입의 전제 조건 세 가지를 설명하시오.
• 멘토링을 통해 몰입을 경험하도록 지도할 때 가장 중요한 것은 무엇인가요?

♥ 추천 도서
Csikszentmihalyi, M. (2004). 몰입 (최인수 역). 서울: 한울림.

Movie & Mentoring 9

- **제목** 아름다운 세상을 위하여
- **감독** 미미 레더
- **출연** 케빈 스페이시(유진 시모넷), 헬렌 헌트(알린 맥키니), 할리 조엘 오스먼트(트레버 맥킨니)

♠ 줄거리

사회 선생님인 유진 시모넷(케빈 스페이시 분)은 가장 중요한 것이 질서라고 생각하여 모든 것은 정돈되어 있어야 하며, 그렇지 않을 경우에는 참을 수 없어 하는 성격의 소유자다. 그에 반해 알린 맥키니(헬렌 헌트 분)는 혼자서 열한 살인 아들 트레버(할리 조엘 오스먼트 분)를 키우며 살아가는데, 양육비를 벌기 위하여 라스베이거스의 칵테일 종업원 일 등 두 가지 일을 하며 정신없이 바쁘게 움직이지만, 삶의 비전을 거의 발견하지 못하여 알코올중독자가 되었다.

그녀에게 무엇보다도 큰 문제점은 아들에게 새로운 삶을 안겨 주고 싶어 하지만 마음대로 되지 않는다는 점이다. 유진은 트레버의 학급에 새로운 숙제를 내줬는데, 그 주제는 '자신의 주위를 둘러보고 좋아하지 않는 어떤 대상이 있으면 고쳐라.'다. 만일 좋아하지 않는 주위의 어떤 대상이 사람이라면? 이제 트레버는 이 숙제를 실천하기 위해 나서고, 상처받은 두 영혼 유진과 알린은 트레버를 통하여 새로운 희망과 사랑을 발견한다.

♤ **교육적 의미**

작은 실천, 그것이 가장 중요하다. 세상을 바꾸고 싶다는 생각은 누구나 한다. 그 방법에 대해서 깊이 생각하지만 실천을 하지 않아 그 기적은 일어나지 않을 뿐이다. '도움주기 운동'은 담임선생님의 한마디에 행동으로 옮기는 한 아이가 '도움주기'라는 운동을 실천하면서 시작된다. 그 계획은 단순하다. 내가 세 명의 사람을 도와주면 그 세 사람이 또 다른 사람에게 도움을 주는 것이다.

트레버가 '안 된다, 이상적이다, 유토피아적이다'라는 말을 할 때 부딪히는 상황 가운데서도 그는 결국 씨앗이 필요했을 뿐이다. 그렇게 변화되면 결국 세상은 변할 것이라는 확신을 했으나 세상은 바로 변하지 않았다. 오히려 그것을 이용하는 사람들을 통해 트레버는 상처만 받았다. 하지만 한 아이가 벌인 작은 선행이 도움주기 운동으로 성격이 바뀌면서 세상이 달라지기 시작했다. 그 아이가 행한 작은 씨앗은 결국 민들레 홀씨처럼 퍼져 나갔다. 그것이 기적이 아닐까?

어릴 때는 세상이 바뀌기를 원하나 나이가 들면 자신이 바뀌지 않아서 세상이 바뀌지 않는다는 것을 깨닫는다고 한다. 지금 우리가 실천할 수 있는 가장 작은 일은 무엇일까? 그것이 세상을 바꿀 수 있음을 기억하자!

★ 참고 자료: 네이버 영화

♣ 함께 생각해 보기

• 내가 세상을 변화시킬 수 있는 가장 작은 일은 무엇인지 써 봅시다.

제10장

긍정적 태도와
소속감

1. 긍정적 태도

> 부정적인 사람은 어떠한 기회가 주어져도 어려운 점을 찾아내고,
> 긍정적인 사람은 어떠한 난관 속에서도 기회를 찾아낸다
> (The pessimist sees difficalty in every opportunity. The optimist sees the
> opportanity in every difficulty).
>
> – 윈스턴 처칠(Winston Churchill) –

물이 반 정도 들어 있는 컵을 보면서 어떤 사람은 '물이 반밖에 없다.' 고 생각하는 반면, 어떤 사람은 '물이 반이나 들어 있다.' 고 생각한다. 이것은 심리적으로 긍정적 반응의 정도를 보여 주는 예다. '물이 반밖에 없다.' 고 생각하는 사람은 부정적으로 바라보는 사람이고, '물이 반이나 들어 있다.' 고 생각하는 사람은 그 현상에 대해 긍정적으로 결론을 내린 사람이다. 청소년 멘토는 청소년이

긍정적으로 세상을 볼 수 있도록 격려하고, 청소년이 부정적으로 생각하는 원인을 찾아 제거하는 역할을 해야 한다.

우리는 누구나 세상을 바라보는 틀, 즉 자신만의 안경을 끼고 있다. 그 렌즈의 색에 따라 세상의 빛이 결정된다. 이렇게 세상을 보는 안경은 개인의 환경과 심리적인 요소에 따라 만들어진다. 특히 부모와 가족의 심리적 요인이 많은 영향을 미친다. 청소년과 대화를 하다 보면 심하게 부정적인 경우가 있다.

부정적인 감수성은 앞에서 언급한 역량, 자기절제, 도전 의식, 목표 관리 등과 깊은 관계를 맺고 있다. 만일 부정적인 감수성을 갖고 있는 청소년이라면 역량의 개발, 자기절제, 도전 의식, 목표 관리 등이 어려울 수 있다.

최근 뇌를 연구하는 신경심리학에서는 부정적 감수성과 긍정적 감수성이 뇌의 각각 다른 부분에서 담당한다는 것을 발견하였다. 뇌는 크게 두 가지 일을 한다. 하나는 잘 사용하는 부분을 더욱 활성화하는 것이고, 다른 하나는 사용하지 않는 부분의 연결을 끊는 역할이다. 뇌의 일정 부분을 많이 사용하면 연결망이 활성화(미넬리에이션)된다. 최초 3주는 힘들게 사용하지만, 3개월 정도가 되면 몸에 밴 일이 될 수 있다. 그렇게 긍정적인 부분을 계속 사용하고 훈련하여 긍정적인 부분을 활성화하는 연습을 통해 마음의 회복력을 높일 수 있다는 것이다.

약물 처방 없이 사람의 심리적인 회복력을 높이는 두 가지 방법이 있다. 첫째는 운동 처방이다. 이는 신경심장학으로 표현되는 연구 영역으로 뇌와 심장에 관한 연구다. 뇌가 스트레스를 받으면 심장이 불규칙하게 뛰고, 건강에 심각한 문제를 초래한다. 그런데 최근 연구 결과에 따르면 그 반대로도 작용한다는 것이다. 운동 부족으로 인해 부정맥이 뛰면 뇌가 스트레스를 받는다. 그리고 스트레스를 받은 뇌는 부정적인 부분이 활성화된다. 이는 현대인의 운동 부족이 스트레스를 증가시킨다는 연구 결과를 말해 준다. 청소년 역시 심각한 운동 부족에 노출되어 있을 가능성이 많다. 특히 과도한 입시 체제에 노출되어 있는 우리 청소년의 경우 운동 부족과 스트레스가 상호작용하며 부정적 감수성을 가속화하고 있다.

둘째는 감사하기를 통해 긍정적 감수성을 높이는 방법이다. 감사치료(thank-you therapy)라고도 하는 이 방법의 원리는 정신과 치료에 있어서 감사하기를 반복시키면서 뇌의 활성화된 부분을 연구하여 증명하였다. 감사하기(thank) 위해서는 생각해야(think) 하며 이것을 반복하여 뇌의 긍정적인 부분을 활성화하는 방법이다. 이 치료법은 미국의 정신과 의사 샌디 셔먼(Sandy Sherman)의 연구를 통해 증명되었다.

우리나라의 청소년은 정서적인 능력이 약한 것으로 보고되고 있다. OECD 국가 중에서도 자살률이 1위다. 이는 지적 능력이 세계적인 것에 비해 상반되는 결과다. 이러한 정서적 능력의 저하가 인지교육만을 집중적으로 해 왔던 그간의 교육의 결과일 것이다. 창의적이고 자기주도적인 부분이 제외된 반복을 통한 암기만을 강조했던 인지교육 방법의 폐해라고 할 수 있다.

학교에서는 인지적인 부분, 즉 성적이 낮으면 어떠한 분야에서도 인정받기가 어렵다. 그렇기 때문에 많은 학생은 스트레스와 부정적 감수성으로 가득 차 있고, 부정적인 청소년이 모여 더 부정적으로 되는 시너지 효과가 생겨난다. 이런 것을 방지하기 위해 청소년을 만나는 멘토는 대단히 긍정적인 힘을 갖고 있어야 한다. 그렇지 않다면 부정적인 청소년을 감당하기 어렵기 때문이다.

그런 의미에서 청소년 멘토는 어떠한 경우에도 긍정을 볼 수 있고 말할 수 있는 사람이 되어야 한다. 청소년을 돕고자 하는 멘토는 자문해야 한다. '나는 얼마나 긍정적인 사람인가?' 긍정적인 사람의 특징은 진취적이고, 새로운 방식으로 일을 처리하고, 삶의 다른 영역에 도전한다. 그리고 이런 사람들에게 더 많은 기회가 찾아온다. 이것을 흔히 '마음의 힘'이라고 부른다.

1) 적용

(1) 교실
멘토로서의 교사는 교실에서 학생에게 문제를 긍정적으로 해결할 수 있다는 자유를 느끼도록 해야 한다.

- 교사는 학생이 교사가 쓰는 언어에 얼마나 많은 영향을 받는가를 알아야 한다. 교사가 쓰고 있는 단어는 함축적으로 부정(예, 게으른, 산만한, 바보, 쪼다)과 긍정(예, 훌륭한, 멋진, 최고의)을 나타낸다.
- 교사는 학생에게 긍정적인 것과 부정적인 것 중에 어떤 부분에 집중하느냐에 따라 많은 것이 달라진다는 것을 알려 주어야 한다. 학습자의 감정과 느낌은 효과적인 선택에 대한 능력도 좌우한다.
- 교사는 학생이 미래에 대해 긍정적으로 생각할 수 있도록 지도해야 한다. 그리고 앞으로 맞게 될 어려움도 긍정적으로 바라볼 수 있도록 격려해야 한다.
- 교사는 긍정적인 유명 인물(예, 버락 오바마, 헬렌 켈러)의 예를 들어서 부정적일 수도 있었던 인생이 어떻게 긍정적으로 변했는가를 가르쳐야 한다.

(2) 가정

가정에서 부모의 긍정적인 언어 사용과 표현은 자녀에게 긍정적인 사고를 형성시켜 줄 수 있다. 그 반대의 경우도 마찬가지다.

- 가족은 한 사람이 미래에 성장하게 될 배경이 된다. 부모는 자녀에게 여러 가지 선택과 기회가 가능하다는 것을 알려 주어야 한다.
- 가족은 청소년 자녀에게 어려움을 어떻게 극복하는가를 보여 주거나 긍정적인 방법으로 선택하는 모습을 보여 줌으로써 긍정에 대해 가르쳐야 한다.

(3) 청소년 활동

멘토로서 청소년지도자는 문제에 대해 긍정적인 접근을 독려해야 한다.

- 멘토로서 청소년지도자는 청소년의 부모에게 자녀가 어려움을 이겨 낼 수 있는 가능성, 선택, 전략을 갖도록 알려 주어야 한다.
- 멘토로서 청소년지도자는 사건에 대해 보다 더 긍정적인 답을 찾도록 상황

에 대해서 여러 가지 이야기를 만들어야 한다.

- 멘토로서 청소년지도자는 공동체를 통해 부정적인 요소를 긍정적인 요소로 변화시켜야 한다.

2) 이론적 배경: 해결중심상담

해결중심상담 프로그램은 문제의 원인이 되는 부적응을 교정하거나 문제의 원인을 규명하여 제거하기보다는 내담자가 이미 가지고 있는 자원, 건강한 특성, 과거의 성공적 경험을 발견하고 문제 해결에 활용하여, 단기간 내에 치료 목적을 성취하고자 하는 상담 모델이다(강지영, 2008). 해결중심상담 모델을 통해 청소년 멘토링에 좋은 통찰력을 얻을 수 있을 것이다.

실용주의에 기초하는 해결중심 접근의 목표는 내담자가 변화하고자 하는 방향을 상상하게 하여 그것이 이루어지도록 내담자를 돕는 것으로, 해결중심 단기치료에서는 병리에 대한 진단, 과거사와 문제에 대한 탐색에 중점을 두지 않는다. 즉, 문제가 해결된 미래와 문제가 발생하지 않았던 과거의 상황적 특성에 초점을 맞춘다(Gingerich & Eisengart, 2000). 또한 내담자의 문제 이면에 숨겨진 동기가 있다고 가정하지 않으며, 내담자는 변화하기 위해 최선을 다한다고 본다. 현실은 개인이 부여한 주관적 의미를 따라 구성된다는 사회구성주의에 근거하기 때문에 순수한 호기심을 바탕으로 내담자의 설명에 귀 기울이는 '알지 못함의 자세(not-knowing posture)'를 취한다(Anderson & Goolishian, 1992). 따라서 치료자의 역할은 주도적이지 않다. 같은 맥락에서, 내담자의 '저항'이란 개념을 인정하지 않고(de Shazer, 1984) 오히려 문제에 관심을 가짐으로써 실제로 존재하지 않는 문제를 치료자가 스스로 만들어 내거나 지속시키는 실수를 저지르게 되는 것을 경계해야 한다고 본다(O'Hanlon & Weiner-Davis, 1989). 즉, 해결중심 단기치료는 내담자에 대해 인본주의적인 관점을 지향하며, 이러한 특성은 해결중심 접근의 원리와 철학에 근거한 것이다. 해결중심 접근은 다음과 같은 특징을 지닌다.

- 병리적인 것 대신 성공적인 경험과 이와 관련된 구체적인 방법에 초점을 둔다. 자신의 문제를 다루는 데 있어서 성공하였던 경험에 초점을 두며 그 활용 방안을 찾는다.
- 내담자의 특성, 즉 강점, 자원, 심지어 증상까지도 치료에 활용하여 문제를 해결한다.
- 탈이론적이고 비규범적으로 내담자의 결정을 존중하여 내담자가 원하는 것에 초점을 맞춘다.
- 간단하고 단순한 방법을 일차적으로 사용하며 개입을 최소화하려 한다.
- 사람은 항상 변화하므로, 치료자는 변화를 긍정적인 방향으로 이끌어 해결책이 되도록 한다.
- 현재에 초점을 맞추며 미래 지향적이기 때문에 치료자는 내담자가 현재 할 수 있는 것과 미래의 원하는 모습을 구체화하도록 돕는다.
- 내담자와 치료자의 협력 관계를 중요시한다. 내담자는 자신의 문제에 대해 가장 정통한 사람이다. 따라서 진정한 협력적 치료 관계는 내담자가 치료에 협력하는 것뿐 아니라 치료자도 내담자에게 협력할 때 가능하므로 치료자는 의식적인 노력을 기울이도록 한다(김인수, 송성자, 정문자, 이영분, 김유숙, 1998; 정문자, 송성자, 이영분, 김유순, 김은영, 2008; de Shazer, 1988).

이처럼 실용주의를 지향하고, 인지를 강조하는 철학과 원리 그리고 이에 기초한 간결하고 명료한 기법으로 해결중심 단기치료는 현대사회에 가장 잘 적합한 모델로 인정받고 있다(Nichols & Schwartz, 2001). 반면 해결중심 접근은 해결책을 너무 강조한 나머지 문제에 대해 진술하기를 원하는 내담자의 감정과 경험을 간과한다는 비판을 받기도 한다.

해결중심 접근은 가족 · 집단 · 개인 치료의 형태로 적용되어 정신증, 신경증, 정서적 외상, 정서 · 행동 문제 등 다양한 증상의 개선에 기여하였다. 또한 데종과 동료들(De Jong & Hopwood, 1996)에 따르면, 해결중심 단기치료의 효과는 사후 조사 뒤 실시된 추후 조사에서 더 커지는 것으로 나타나 장기적으로 내담자에게 안정과 만족을 주는 것으로 알려져 있다.

□ 해결중심상담의 구조와 치료 기법

해결중심상담 구조의 가장 큰 특징은, 일반적인 치료 모델에서는 치료 시작 초기에 내담자의 문제를 파악하는 것을 중요시하지만 해결중심 단기치료에서는 '문제 파악을 위한 대화(problem talk)'를 피한다는 것이다. 해결중심 단기치료에서는 문제를 정의하는 데 집중하는 것이 해결책 모색을 비효율적으로 만들어 치료를 장기화하고(Selekman, 1997) 융통성 있는 해결책 탐색을 저해한다(Rokeach, 1950)고 보기 때문이다.

회기 후반부의 자문 시간(consulting break) 역시 해결중심 단기치료에서만 볼 수 있는 독특한 특징이다(Gingerich & Eisengart, 2000). 이 시간에 치료자는 모니터를 통하여 치료 과정을 관찰한 치료팀과 함께 내담자에게 전달할 메시지를 만든다. 메시지는 칭찬, 연결, 과제의 세 부분으로 구성된다. 첫째, 칭찬은 내담자가 성공적으로 수행한 것, 강점을 인정하고 칭찬하는 것이다. 둘째, 연결은 칭찬과 과제를 연결하는 것으로 이후에 부과될 과제에 대한 동기를 부여하는 것이다. 셋째, 과제는 내담자의 유형에 따라 달라지는데 해결중심 단기치료에서는 내담자를 방문형, 불평형, 고객형으로 구분한다.

제삼자에 의해 의뢰되어 온 소위 비자발적인 방문형 내담자에게는 치료에 참석한 것에 대해 감사를 표한 후에 칭찬하고 다시 상담실에 오도록 초청한다. 문제를 인식하고는 있으나 변화를 위해 노력할 의향이 없는 불평형 내담자에게는 문제와 관련된 상황이나 해결책을 관찰하는 과제를 내 준다. 문제에 대한 인식을 갖고 있으며, 변화를 위해 무엇인가 하려는 의지를 가지고 있는 고객형 내담자에게는 해결에 도움이 되는 것을 직접 실천해 보고 오도록 하는 과제를 부여한다(정문자 외, 2008; Lethem, 2002). 그러나 예외적으로 첫 회기에는 내담자에게 첫 상담 공식 과제(formula first session task)(de Shazer & Molnar, 1984)가 일반적으로 사용된다. 첫 상담 공식 과제는 첫 회기와 다음 회기 사이에 계속해서 일어나기를 바라는 일 중 어떤 일이 일어나는지 관찰하라는 것으로, 다른 과제에 비해 첫 회기에 수행률이 더 높고 치료자와 내담자 간의 협력을 증진시키는 효과가 있기 때문이다(Adams, Piercy, & Jurich, 1991).

메시지 전달과 과제 부여는 '문제 해결에 대해 다른 관점을 가지도록 하는 교육적 기능'과 '현재의 어려움은 다른 사람들도 누구나 경험할 수 있다는 정상화의 기능' '현재 상황에 대한 다른 의미를 제공하는 새로운 의미의 기능'을 수행한다(정문자 외, 2008).

드 셰이저(de Shazer)와 동료들이 수십 년에 걸쳐 발전시킨 기법은 문제의 원인과 영향의 파악을 지양하는 해결중심 단기치료의 특성을 잘 보여 준다. 치료자가 내담자와 대화하는 과정에서 기법이 사용되는데, 치료 차원뿐 아니라 효과적인 대화 기술로도 인정받고 있다(Polaschek & Polaschek, 2007). 주요 질문 기법으로는 예외 질문, 기적 질문, 관계성 질문, 척도 질문, 대처 질문을 들 수 있다.

첫째, 예외 질문은 성공했던 경험과 현재 잘하고 있는 것을 발견하기 위한 것으로 우연한 성공을 의도적으로 실시하도록 하려는 목적이 있다. 많은 사람이 생활 속에서 이미 성공적으로 잘하고 있으면서도 의식하지 못하거나 가치를 두지 못할 뿐 아니라 효과적인 행동이 무의식중에 나타나는 경우가 있기 때문이다(Berg, 1994).

둘째, 기적 질문은 내담자가 문제에 집착하는 것에서 벗어나 문제가 해결된 상황을 상상해 보고, 치료 목표를 현실적이며 구체적으로 설정하기 위한 것이다.

셋째, 관계성 질문은 타인의 의견, 생각, 가치관을 타인의 입장에서 알아보는 것으로, 내담자와 다른 사람 간의 상호작용에 대한 통찰과 관계 능력, 타인에 대한 배려, 통제력을 확장시킬 수 있다.

넷째, 척도 질문은 구체적으로 설명하기 어려운 주제에 대해 내담자가 이야기하는 것을 돕기 위한 것으로(Berg & de Shazer, 1993), 내담자가 자신의 변화된 상태나 치료의 효과를 주관적으로 평가하기 위해서도 사용된다.

마지막으로, 대처 질문은 복잡하고 심각한 상황 때문에 희망이 없다고 절망하는 내담자의 사고를 변화시키기 위해 사용된다. 어려운 상황에도 불구하고 버텨

온 이유, 더 나빠지지 않도록 해 온 노력을 발견하도록 돕는다. 대처 질문을 통해 내담자는 자신의 과거에서 성공적인 것을 발견하고, 능력을 확인하게 되어 자신감을 회복하고(De Jong & Miller, 1995), 해결책을 구축하는 근거를 형성하게 된다. 이러한 해결중심 단기치료의 질문 기법은 매우 명료하고 간결하기 때문에 아동부터 노인에 이르기까지 폭넓게 적용할 수 있다는 장점이 있다(김희정, 2007; Nichols & Schwartz, 2001). 이와 같은 해결중심 단기치료의 인간중심적인 철학과 원리, 독특한 구조와 명료하고 간결한 기법은 치료 기간의 단기화와 치료 성과에 기여하기 때문에, 현재 우리나라 임상학자가 가장 선호하는 모델(서진환, 이선혜, 신영화, 2004)로 자리 잡았다.

이러한 해결중심 단기치료는 청소년 멘토링에 있어서 중요한 시사점을 준다. 청소년 멘토링은 일반 상담과 같이 회기를 정하고 정기적으로 만날 수 있다는 보장이 없다. 이는 청소년기의 특징과 연결되어 있다. 장기간에 걸친 구조화된 상담과 달리 덜 구조화되어 있을 가능성이 많은 멘토링의 경우 이러한 문제해결 중심의 접근이 유용할 것이다. 특히 긍정적인 시각에서 강점을 인정하고 칭찬을 사용하여 과제를 부여하는 등의 전략적 접근은 청소년 지도에 좋은 결과를 가져올 수 있다.

♥ 주제 관련 명언

부정적인 사람은 모든 기회에서도 부정적인 요소를 발견하고, 긍정적인 사람은 어떠한 역경에서도 기회를 발견한다(The pessimist sees difficulty in every opportunity. The optimist sees the opportunity in every difficulty).

– 윈스턴 처칠(Winston Churchill) –

세상을 바라볼 땐 부정적이지만, 사람을 볼 땐 긍정적이다(When I look the world I'm pessimistic, but when I look at people I am optimistic).

– 칼 로저스(Carl Rogers) –

우리가 보는 것은 우리가 찾으려고 하는 것에 달려 있다(What we see depends mainly on what we look for).

– 존 러벅(John Lubbock) –

나는 비관론을 믿지 않는다. 만약 무언가가 당신이 원하는 대로 일어나지 않는다면 계속 밀고 나가라. 만약 당신이 비가 올 것이라고 생각한다면 비는 정말로 올 것이다(I don't believe in pessimism. If something doesn't come up the way you want, forge ahead. If you think it's going to rain it will).

– 클린트 이스트우크(Clint Eastwook) –

♥ 복습

• 긍정적 감수성은 멘토링의 다른 요소와 어떤 관계가 있나요?
• 감사치료에 관해서 설명하시오.
• 긍정적 감수성과 뇌의 기능은 어떤 관계가 있나요?
• 해결중심상담과 일반적인 상담은 어떤 차이가 있나요?

♥ 추천 도서

Blanchard, K. (2005). 칭찬은 고래도 춤추게 한다 (조천제 역). 서울: 21세기북스.

2. 소속감

아이는 한 마을 전체가 키운다(It takes a village to raise a child).

– 아프리카 속담 –

청소년 멘토는 청소년에게 가족, 공동체, 문화의 일부로서 소속감을 갖고 있는 것에 대한 중요성을 설명해야 한다. 이러한 소속감은 다른 문화에 대한 이해를 높이고, 인지적·사회적 발달도 증진시킨다.

인간은 사회적 존재다. 과거에는 사회에서 소외된다는 것이 죽음을 의미하였다. 그런데 최근에는 인터넷이 발달하면서 인터넷 공간에 소속되어 대리 만족을 누리며 사는 사람들이 생겨나고 있다. 그러나 소외는 인류가 보편적으로 갖고 있는 심각한 문제라고 할 수 있다. 특히 개인주의가 발달하고 사회가 분화되면서 외톨이가 생겨나고 있다. 그 양상은 다르지만 일본에서의 '오타쿠'나 '히끼코모리' 우리나라의 '은둔형 외톨이'가 대표적인 예라고 할 수 있다. 멘토는 이런 청소년의 특징을 이해하고, 그들이 사회적 존재라는 것을 알려 주고 사람들과 함께할 수 있도록 격려해야 한다.

청소년에게 동아리 활동을 하게 하고, 운동경기나 기타 활동을 장려하면서 사회에 필요한 규칙을 배우게 해야 한다. 그뿐 아니라 다문화 사회가 급속하게 진행되고 있는 현실에서 청소년의 사회적·역사적 배경을 통해 그들의 뿌리를 알게 하고, 민족적·문화적 소속감을 갖게 하는 것이 청소년 멘토의 또 다른 역할이다.

멘토로서의 청소년지도자는 청소년에게 감정적으로 그리고 인지적으로 소속감에 대한 동기부여를 해야 한다. 어느 단체에 속해 있든지 소속감은 그 사람의 능력 발휘와 긴밀하게 연결되어 있다. 자신이 속해 있는 문화권에서 인정하는 일을 하고 싶은 것이 인간의 속성이다.

소속감은 자문화 중심주의 혹은 민족주의를 의미하는 것이 아니다. 우리나라는 급격한 다문화 사회로 진입하고 있다. 지금까지 경험해 보지 못한 다양한 문화와 인종과 언어가 공존하는 사회가 되어 가고 있다. 역설적으로 이러한 다문화 사회에서는 더욱더 소속감이 중요해진다. 특히 바른 국가관과 세계관을 소유하는 것이 무엇보다 선행되어야 할 청소년 지도 영역이다.

인류는 인터넷의 발달로 개인이 소외되고 고립되었을 때 나타나는 사회적 병폐를 이미 많은 영역에서 겪고 있다. 우리 역시 마찬가지다. 그렇기 때문에 소속된 사회에 대한 책임과 참여의식으로 바른 민주 시민이 될 수 있도록 학생을 지도해야 한다. 멘토가 어떤 국가관과 세계관을 갖고 있느냐에 따라 청소년은 많은 영향을 받을 수밖에 없다.

소속감이라는 것은 다른 발달 요소와 연결되어 있다. 자신이 속해 있는 가족의 행동이나 역사적 의미를 찾을 때 소속감은 증가한다. 또한 자신의 가족이 하는 행동과 문화에 대한 이해를 높여 그 관련성을 이해할 때 소속감이 증대된다. 모든 사람이 다른 특징과 모습을 가지고 있다는 것을 느낄 때 우리는 다양성 속에서 개인과 공동체의 의미를 찾을 수 있다.

1) 적용

(1) 교실

멘토로서의 교사는 교실에서 학생이 우리 문화의 중요성과 다른 문화의 전통을 이해할 수 있도록 해야 한다.

- 멘토로서의 교사는 모든 학생이 교실에서 소속감을 느낄 수 있도록 해야 한다. 특히 특별한 교육을 필요로 하는 학생이 이러한 소속감을 느낄 수 있도록 배려해야 한다.
- 멘토로서의 교사는 학생이 속해 있는 집단에서의 역할과 책임을 알려 줘야 한다. 예를 들어, 스포츠 동아리, 음악 동아리, 봉사 동아리 같은 곳에서 자신의 역할을 인식해야 한다.
- 멘토로서의 교사는 학생에게 영향을 주는, 학교 밖에 있는 다양한 지역사회 기관과 연계하여 함께 협력해 나가야 한다.
- 멘토로서의 교사는 다문화가정의 학생에게 자신이 속해 있는 문화를 소개할 수 있도록 '문화의 날' 행사 등을 통해 격려해야 한다.

(2) 가정

멘토로서의 부모는 가정에서 가족의 역사를 이야기해 줌으로써 자녀가 가족의 일원으로서 소속감을 갖게 해야 한다.

- 가족은 서로를 지원하는 책임을 보여 주고, 세대 간 소통에 대한 감각을 발달시켜야 한다.
- 멘토로서의 부모는 자녀에게 가족의 상이한 문화적인 삶 속에서 종교적·사회적 중요성을 설명해 주어야 한다.
- 멘토로서의 부모는 아이들이 체육 동아리, 음악 동아리, 기타 활동을 통해 이러한 그룹에 속해 있다는 것의 중요성을 알려 주어야 한다.
- 가족은 다른 가족과의 상호 이해를 위해서 언어와 종교 혹은 문화의 뿌리를 비교해 줄 수 있어야 한다.

(3) 청소년 활동

멘토로서의 청소년지도자는 청소년에게 자신이 속해 있는 공동체에서의 권리와 책임을 알려 주어야 한다.

- 멘토로서의 청소년지도자는 청소년이 속해 있는 사회를 보다 나은 곳으로 만들 책임이 있다는 것을 교육해야 한다.
- 멘토로서의 청소년지도자는 청소년이 고독감과 혼란을 극복하기 위해 청소년 자신의 뿌리를 알도록 격려해야 한다. 이러한 활동을 통해 청소년의 소속감이 증진된다.
- 멘토로서의 청소년지도자는 방황하는 청소년을 위해 청소년 동아리를 만들어 주어야 한다. 그리고 이러한 동아리에 속하도록 함으로써 소속감과 책임감을 길러 주어야 한다.

2) 이론적 배경: 인간발달 생태학

인간의 발달에 생태학을 적용한 브론펜브레너(Bronfenbrenner)는 인간 발달에 대한 사회생태학을 '인간발달 생태학(ecology of human development)' 이라는 용어를 사용하여 하나의 학문적 관점으로 체계화하였다. 그가 주장한 인간발달 생태학이란 능동적으로 성장하고 있는 개인과 그를 중심으로 관련된 환경이 변화하는 속성 간의 점진적인 상호 적응을 과학적으로 연구하는 학문이다(Bronfenbrenner, 1979). 개인은 능동적이고 역동적인 실체이며, 환경은 즉각적인 환경뿐만 아니라 큰 맥락까지 포함하고 있어서 인간과 환경은 호혜적인 관계에 있음을 강조하였다.

이러한 생태학적 관점은 과거의 발달심리학의 연구에 대한 비판으로 출발한 하나의 관점으로, 종전의 연구가 지니는 한계점을 극복하고자 다음과 같은 것을 강조한다. 이원 체계 이상의 관계, 한 방향으로의 영향뿐 아니라 양방향의 상호 영향, 직접 또는 주된 영향뿐만 아니라 간접 또는 2차적 영향이 고려되어야 한다는 것이다. 또한 사회적 맥락도 중요하게 다루어진다(Bronfenbrenner, 1974). 그 밖에도 객관적인 현실 내에 존재하는 환경보다는 지각된 환경을, 즉각적인 환경보다는 멀리 떨어져 있는 간접적인 환경을 중시한다.

생태학적 관점의 환경 개념은 대인 간의 구조로부터 출발한다. 대인 간 구조의 기본 단위는 이원 체계(dyad)다. 개인이 환경 속에서 다른 사람의 활동에 주의를 기울이거나 참여할 때마다 관계가 성립되는데, 이때 관계가 양방에 모두 존재하면 이원 체계가 성립된다. 이러한 관계는 그 자체가 발달을 위한 결정적인 맥락을 구성할 뿐만 아니라 보다 더 확대된 대인 간 구조인 3인 체계(triads), 4인 체계(tetrads) 등을 형성한다(Bronfenbrenner, 1979).

이원 체계는 여러 경로를 거쳐 발달 과정에 영향을 미치는데, 이원 체계를 형성하는 관계 가운데 학습과 발달을 위한 최적의 조건은 다음과 같다. 즉, 학습과 발달은 성장하는 개인이 강한 정서적 애착 관계를 맺어 온 사람과 함께 점점 더 복잡한 형태의 호혜적인 활동에 참여함으로써 촉진될 수 있으며, 힘의 균형이 점차 성장하는 개인 쪽으로 바뀌어 갈 때 촉진된다. 이처럼 이원 체계에서 핵심이 되는 개념은 호혜성, 점진적으로 증가하는 복잡성, 긍정적인 감정의 상호성, 힘의 균형의 점진적 전이 등이며, 이 속성이 존재하는 이원 체계를 발달적 이원 체계(developmental dyads)라 한다(Bronfenbrenner, 1979).

그러나 한 장면에서 작용하는 대인 간 체계는 반드시 이원 체계만으로 구성되어 있지 않다. 아동의 발달상의 변화를 이해하기 위해서는 주요 양육자로서 역할을 감당하고 있는 어머니, 아버지, 조부모, 교사 등의 성인들에게 직접적인 영향을 미치는 제삼자의 간접적인 영향도 고려해야 한다. 이원 체계의 관계에서 배우자, 친척, 친구 및 이웃과 같은 제삼자가 없거나 혹은 제삼자가 지지적인 역할을 담당하기보다는 파괴적인 역할을 담당할 경우, 체계적인 발달 과정이 파손된다. 즉, 제3의 성인이 양육자와 아동 사이에서 발생하는 복잡한 상호작용과 정서적 애착에 얼마나 그리고 어떻게 개입하고 있는지의 정도가 아동을 중심으로 한 이원 체계에 직접적으로 영향을 미치게 된다(Bronfenbrenner, 1979).

이처럼 인간발달 생태학 관점에서의 환경은 대인 간 구조와 함께 아동 발달을 설명하는 데 매우 중요한 역할을 한다. 브론펜브레너는 아동의 발달과 연관된 환경 체계를 조직화하고 이를 모형화하였다. 그의 인간발달 생태학 모형은 [그림 10-1]과 같이 즉각적인 환경인 미시체계로부터 중간체계, 외체계, 거시체계

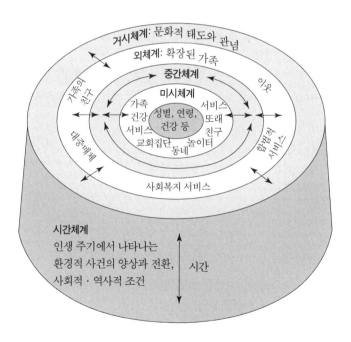

[그림 10-1] 브론펜브레너의 생태학적 발달이론(1977)

에 이르는 네 가지 체계가 러시아 목각 인형 세트와 같이 하나의 구조 안에 다음 구조가 각각 포함되어 있는 새 둥지 모양의 구조 또는 위계적 구조로 개념화되었다(Tietjen, 1989).

(1) 미시체계

가장 직접적인 수준인 미시체계(microsystem)는 특수한 물리적 또는 물질적 특성을 가지고 있는 환경 안에서 경험하는 활동, 역할 그리고 대인관계의 내부 유형을 뜻한다. 이때 환경이란 아동이 직접 얼굴을 마주 대하는 상호작용에 참여할 수 있는 가정, 어린이집, 놀이터 등이다(Bronfenbrenner, 1979). 청소년에게 미시체계는 그들이 살고 있는 장소, 거기서 그들이 함께 생활하는 사람들, 그리고 그들이 함께하는 사건이나 물건이다.

미시체계는 청소년이 직접 접촉하는 친밀한 물리적 환경으로서 청소년의 발달에 강력한 영향력을 행사한다. 생애 초기에는 집과 가족이 미시체계를 대표하지만, 나이가 들면서 놀이터, 학교, 또래 친구, 여름캠프, 교회 등이 중요 미시체계가 된다.

이러한 구조에서 가장 중요한 것은 그것들의 복잡성과 어머니, 아버지, 형제 등과 같은 참여자의 역할과 관계다(Bronfenbrenner & Crouter, 1983). 이러한 요인 모두가 아동의 발달에 지대한 영향을 미치나, 무엇보다 부모와 자녀의 관계는 청소년에게도 매우 중요한 이원체계라고 볼 수 있다.

(2) 중간체계

중간체계(mesosystem)는 미시체계로 구성된 하나의 체계로서, 발달하고 있는 개인이 새로운 환경으로 이동할 때 형성되거나 확대되는 부가적 형태의 상호 연결고리(interconnection)다. 즉, 중간체계는 개인이 능동적으로 참여하는 둘 이상의 환경 간의 상호 관계로 이루어진다.

예를 들어, 가족 경험과 학교 경험의 관계, 학교생활과 직장생활의 관계, 가족 환경과 또래 우정 형성의 관계 등을 들 수 있다. 그 밖에도 두 장면에 적극적으로 참여하는 다른 사람들, 사회적 조직망 내의 중간 고리, 장면 간의 형식 또는 비형식적 의사소통, 한 장면에서 다른 장면에 대해 가지는 지식이나 태도의 정도 또는 성질 등이 있다(Bronfenbrenner, 1979). 학령기에 있는 양과 질에 있어서 풍부한 학교와 가정 관계는 청소년의 발달을 촉진한다.

(3) 외체계

외체계(exosystem)는 청소년이 살고 있는 좀 더 큰 지역사회 장면이다. 청소년이 외체계 의사 결정에 직접 참여하지 않을지라도 이러한 의사 결정은 청소년의 삶에 직접적 또는 간접적으로 영향을 미친다. 외체계는 청소년의 미시체계 및 중간체계의 질을 박탈하거나 강화할 수 있다. 외체계는 청소년이 무엇을 하고, 무엇을 할 수 없을지에 영향을 준다. 외체계에는 친척, 이웃, 가족의 친구, 대중매체, 사회복지 및 법률 서비스 등이 포함된다.

(4) 거시체계

거시체계(macrosystem)는 어느 한 개인의 생활에 영향을 주는 특정한 맥락이 아니라 한 문화나 하위 문화에 존재하는 일반적인 사건과 같은 것에 대해 언급하고 있다는 점에서 이전의 체계와 근본적으로 다르다(Chrystal, 1988). 거시체계란 하위 문화나 문화 전반의 수준에 존재하거나 혹은 존재할 수 있는 하위체계(미시체계, 중간체계, 외체계)의 형식과 내용의 일관성이며, 또한 그 일관성이 기초가 되는 신념체계와 이념이 거시체계에 포함된다(Bronfenbrenner, 1979).

전체적으로 아치처럼 펼쳐 있는 일반 사회 계획을 포괄함으로써 비록 간접적이기는 하지만 청소년 개인의 삶에 중요한 영향을 미친다. 아치처럼 펼쳐 있는 체계 내부에는 발달 촉진적인 신념체계, 자원, 위험 요소, 생활양식, 기회 구조, 인생 과정의 선택권과 사회적 상호작용 유형이 함께 존재하며, 이들은 서로 연관되어 있다. 구체적으로 일반적인 문화, 정치, 사회, 법, 종교, 경제, 교육에 대한 가치관, 공공정책 등이 포함된다.

유대교와 기독교 공통의 문화권, 사회주의 국가, 천주교, 자본주의, 산업국가 등에 대해 언급할 때, 우리는 거시체계 속성을 언급하는 것이다. 거시체계는 사회 관습과 유행을 언급하고, 외모의 매력에 대한 기준을 제시하며, 성별에 따라 적절한 행동과 부적절한 행동을 정의한다. 예를 들어, 메마른 체형을 미와 성적 매력과 동일시함으로써 청소년에게 신경성 식욕부진증(거식증)이나 신경성 폭식증과 같은 섭식장애를 초래할 수 있는데, 이와 같은 문제 행동은 거시체계, 즉 외모에 대한 문화적 기준의 왜곡 때문이라고 볼 수 있다.

(5) 시간체계

마지막으로 시간체계(chronosystem)를 들 수 있는데, 환경에서 일어나는 사건과 사회역사적 환경의 양식을 포함한다. 이혼이 자녀에게 미치는 영향에 대한 연구는 이혼 후 첫 일 년간 부정적인 영향이 최고조에 달하고 그 영향은 딸보다는 아들에게 더 부정적이라는 것을 발견하였다(Hetherington & Parke, 1993). 이혼 후 2년쯤 지나면 가족 간의 상호작용은 덜 혼란스러워지고 안정을 되찾게 된다. 또한 사회문화적 맥락에서 볼 때, 오늘날의 여성은 20~30년 전보다 직업을 갖도록 장려된다. 이와 같은 방식으로 시간체계는 청소년의 삶에 큰 영향을 미친다.

이러한 생태학적 접근은 청소년 멘토링에 있어서 청소년 내부의 문제만을 보는 것이 아니라 청소년을 둘러싸고 있는 환경과의 상호작용을 인식하게 하였다. 상담의 많은 영역이 내담자의 내부에 있는 문제를 찾고 해결하는 곳에 있었다면, 생태학적 접근은 내담자의 환경을 중요하게 생각한다. 이러한 통찰력은 청소년을 지도하는 데 있어서 좋은 관점을 제공한다. 청소년을 사회와 따로 떨어져 있는 존재로 보는 것이 아니라 사회 속의 상호작용의 결과로 봄으로써 큰 틀에서 청소년을 이해하고 지도할 수 있는 이론적 배경을 제시하였다.

♥ 주제 관련 명언

누구든지 자신의 자녀를 가르치는 것은 자녀의 자녀뿐만 아니라 이어지는 세대 전체를 가르치는 것이다(Whoever teaches his son teaches not alone his son but also his son's son, and so on to the end of generation).

– 히브리 속담 –

나는 내가 만난 사람들 중에 한 사람이다(I am a part of all that I have met).

– 앨프레드 테니슨(Alfred Tennyson) –

한 세대는 나무를 심고, 다음 세대는 그늘을 얻는다.

– 중국 속담 –

아이는 한 마을 전체가 키운다(It takes a village to raise a child).

– 아프리카 속담 –

♥ 복습

• 왜 청소년에게 자신과 관련된 가족과 공동체의 역사를 가르쳐야 하나요?
• 브론펜브레너의 생태학적 사회이론을 설명하시오.
• 청소년지도자가 동아리 활동을 활용하여 사회적 안전망을 제공하는 실행 방법에 대해서 토론하시오.
• 소속감이 청소년의 발달에 미치는 영향에 대해서 논하시오.
• 상담에서는 왜 개인적인 인지와 행동을 변화시키는 데 집중하고, 멘토링은 이것과 반대로 사회적 환경에 집중하나요?

Movie & Mentoring 10

〈또래 멘토링〉

- **제목** 세 얼간이(3 Idiots)
- **감독** 라지쿠마르 히라니
- **출연** 아미르 칸(란초), 마드하반(파르한), 셔먼 조쉬(라주)

♠ 줄거리

천재만 갈 수 있다는 일류 명문대학교 ICE, 성적과 취업만을 강요하는 학교를 발칵 뒤집어 놓은 대단한 녀석 란초! 아버지가 정해 준 꿈인 '공학자'가 되기 위해 정작 본인이 좋아하는 일은 포기하고 공부만 하는 파파보이 파르한! 찢어지게 가난한 집에서 병든 아버지와 식구를 책임지기 위해 무조건 대기업에 취직해야만 하는 라주! 친구라는 이름으로 뭉친 '세 얼간이'가 있다! 삐딱한 천재들의 진정한 꿈을 찾기 위한 세상 뒤집기 한판이 시작된다!

♧ 교육적 의미

일류 대학에 들어간 사고뭉치 세 얼간이. 그런데 누가 얼간이일까? 공부만 잘하면 똑똑하고 잘난 사람일까? 사회적인 부를 얻으면 잘난 사람일까? 그 물음에 이 세 얼간이는 과감히 "NO!"라고 외친다. 그런데 이들이 너무 사랑스러워 보인 것은 나쁜일까? 〈죽은 시인의 사회〉의 키팅 선생의 말처럼 한 사물을 한 시각으로만 바라보지 말라고 했던 말을 실천한 란초와 파르한 그리고 라주.

세 얼간이를 무척 싫어하는 바이러스 교수와 차투르. 주입식 교육에 자신이 가장 적합하다고 생각하는 일명 바이러스 교수는 학생이 자신의 뜻을 따르지 않는다고 해서 정학 처리를 할 생각만 하고, 자신 때문에 학생이 죽었음에도 그것에 대해서는 너무나 무신경한 교수이지만, 세 얼간이가 펼친 행동으로 인해 자신의 손자가 살아난 것을 보고 그 역시 변화하게 된다. 그리고 세 얼간이의 행동의 피해자이자 우리와 가장 닮아 있는 차투르. 번듯한 회사에 들어가서 잘사는 모습을 보여 주지만 그것이 다가 아니라는 생각을 더욱 분명하게 보여 주는 인물이다.

세상에서 세 얼간이처럼 사는 사람들을 보며 가끔 '왜 저런 사람들이 이런 행동을 하지?'란 생각을 할 때가 분명 있다. 하지만 그들이 만든 세상은 진짜 자신을 찾고 서로가 진짜 원하는 것을 알아 가는 모험이었다. 한 번의 모험으로 자신이 진짜 원하는 것을 얻는다면 바보로 살지라도 행복한 삶이 아닐까?

★ 참고 자료: 네이버 영화

♣ 함께 생각해 보기

• 어떤 목적을 가지고 공부를 하고, 일을 하고 있는지 자신의 생각을 정리해
 봅시다. 그리고 〈세 얼간이〉의 주인공이 보여 주는 삶을 통해 느낀 삶의 목
 적과 비교해 봅시다.

제3부

청소년
멘토링의 미래

제11장 청소년 멘토링의 미래와 기대

제11장
청소년 멘토링의 미래와 기대

1. 청소년 멘토링의 성장 기대

최근 들어 멘토링에 대한 사회적 기대는 매우 빠른 속도로 확장되고 있다. 청소년 분야뿐만 아니라 사회 전반적으로 확장되면서 멘토링 열풍이 제기되었지만, 사실 멘토링은 오래전부터 성인과 청소년, 기관과 개인 등 다양한 형태로 존재해 왔다.

우리나라에서 멘토링 프로그램을 공식적으로 도입한 시기는 1964년 4월 18일 BBS(Big Brothers) 연맹의 창립에서부터 찾을 수 있다. 우애 · 봉사의 이념을 바탕으로 비행 문제, 불우 청소년을 대상으로 1 : 1 결연사업을 통해 멘토와 멘티의 관계를 유지하였다. 이후 일반 소외 청소년에게까지 확대된 것은 1990년대 후반으로 보고 있다. 아동 · 청소년을 대상으로 구조화된 멘토링 프로그램을 시작한 공식적인 보고는 1997년 서울시교육청 주관하에 학교사회사업 시범 프로젝트의 일환으로 실시된 청소년 결연 프로그램(박현선, 2010 재인용)으로 나와 있다. 그리고 1997년 IMF 이후에는 빈곤의 문제에 관심을 갖고 실직 가정 아동·청소년을 중심으로 멘토링이 이루어졌다(윤대관, 2012).

2000년대 초반까지는 주로 일탈과 비행의 예방을 목적으로 추진된 성매매 가출 청소년 멘토링, 보호관찰 청소년 멘토링, 국가 청소년위원회 주도의 청소년 동반자 프로그램이 운영되었고, 현재까지 그 맥이 이어지고 있다. 특히 대학을 중심으로 이루어지는 멘토링은 서울대에서 SNU멘토링 사업단을 마련하면서 여러 대학을 중심으로 멘토링 프로그램이 운영되는 계기를 마련하기도 하였다. 서울시의 동행 프로젝트에서는 서울시 소재 대학생의 자원봉사 참여를 통해서 학생과 대학생의 일대일 결연과 같은 방식을 적용하기도 하였다. 이후 한국청소년정책연구원에서는 2005년부터 본격적인 멘토링 연구를 시작하여 경험적으로도 청소년 멘토링이 멘토와 멘티에게 긍정적인 효과가 있는 것으로 보고되고 있다(Karcher, 2005; 김경준, 오해섭, 김지연, 정익중, 정소연, 2010).

하지만 청소년 멘토링 효과의 상이한 결과는 한마디로 단언할 수 없으며, 멘토링 기간의 설정, 멘토와 멘티의 선발과 매칭, 교육, 코디네이터와 슈퍼바이저의 존재와 역할 수행, 프로그램의 내용 구성과 운영, 멘토링 과정에 대한 모니터링 등에서의 차이는 청소년 멘토링의 효과에 커다란 영향을 미칠 수 있다고 하였다. 결국 멘토링의 방식과 참여 형태나 구조화의 특성에 따라서 다른 의미를 보일 수 있지만, 결과적으로 보면 멘토링이 청소년의 성장에 긍정적인 영향을 주는 것은 분명하다(Karcher, 2009; Karcher, Davidson, Rhodes, & Herrera, 2010).

한편 2009년부터 시작한 중앙일보 '공부의 신' 프로젝트를 비롯하여, 2011년부터 한국장학재단과 함께 청소년 멘토링 프로그램을 시작한 조선일보 '드림멘토링' 등은 민간 영역에서 멘토링을 전국적으로 확대한 대표적인 사업이라 할 수 있다. 이러한 기회를 통해서 일반 시민도 멘토링의 효능감을 깨닫게 되었고, 더 나아가서 청소년 멘토링을 정부에서도 적극적으로 추진하게 된 계기가 되었다.

특히 청소년을 위한 정부 중심의 멘토링 사업의 가장 대표적인 것으로는 여성가족부의 또래상담사업을 들 수 있다. 이 사업은 멘토와 멘티가 동일한 눈높이를 가진 대상이라는 점과 청소년이 청소년을 대상으로 지지와 격려를 이끄는 계기를 마련하였다는 점에서 특별한 사업이라고 볼 수 있다. 물론 또래상담사업은 2004년 「학교폭력 예방 및 대책에 관한 법률」의 근거에 따라 학교폭력을 예방하고, 대책을 청소년 스스로 마련하고자 하는 차원에서 적극적으로 펼친 사업이라고 할 수 있다.

멘토링의 효과에 영향을 주는 요인 중 하나로 강조되는 것은 멘토링 관계의 질이다(Rhodes, 2007). 멘토와 멘티가 일관적이고 신뢰 관계가 형성된다면 멘토링 관계의 질을 보장할 수 있으며, 둘의 관계가 긍정적으로 지속될 수 있다. 그러나 멘토와 멘티의 관계가 일관적이지 않고 서로를 신뢰하지 못한 채 지속된다면, 멘토링 관계의 질은 낮아지며 부정적인 결과를 도출해 낼 수 있다. 이처럼 멘토링 활동의 핵심 요소는 멘토와 멘티의 관계 자체로, 멘토와 멘티의 관계가 멘토링 활동의 결과를 좌우한다고 볼 수 있다(오미선, 2012).

멘토링이 청소년의 성장에 큰 도움을 주는 것은 [그림 11-1]에서와 같이 청소년이 느끼는 인지적 · 정의적 영역에서의 공감 능력이 특별하기 때문이다. 이는

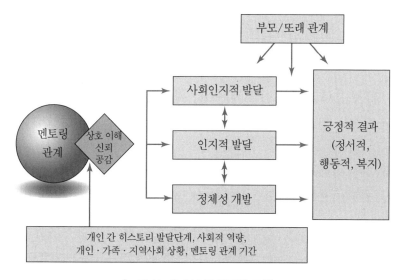

[그림 11-1] 청소년 멘토링 모형

* 출처: Rhodes, J. E. (2005).

단순히 멘토링이 지지나 공감의 수준을 넘어서 개인의 성장에 도움을 주는 다양한 가치를 제공해 주기 때문이라는 점을 알 수 있다. 특히 멘토링이 청소년에게는 인지적 공감과 긍정적 상호작용을 하는 기회를 많이 제공하기 때문에 실제로 다양한 기법과 방법으로 확대되어 갈 개연성은 매우 높다.

멘토링 사업은 관계 구조에 따라 일대일 멘토링 외에도 단체로 이루어지는 그룹 멘토링(group mentoring), 또래 멘토링(peer mentoring), 온라인상에서 이루어지는 e-멘토링 등 다양하게 이루어지고 있다. 여기서 일대일 멘토링은 멘토와 멘티를 일대일로 연계하여 운영하는 형태를 말하며, 그룹 멘토링은 멘토 1명 혹은 여러 명에 멘티 여러 명을 운영하는 형태를 말한다. 특히 지역적으로도 도시와 농촌 간의 자원에 대한 연계 및 서비스의 질이 다르므로, 멘토링을 통해서 전국적으로 자원을 공유하도록 하는 것은 정책적으로 매우 필요한 과제가 된다.

멘토링 프로그램은 청소년에게 정서적 지지 및 이해와 역할 모델의 기회를 제공함으로써 서로 긍정적 관계를 형성하고, 동시에 전문적인 결연관리자에 의해서 감독, 평가, 지원을 받고 있어서 안심하고 신뢰성 있는 봉사자와 함께하고 있다는 믿음을 얻게 된다. 멘토링에 대한 기대치를 보면 다음과 같다.

첫째, 학교 중도 탈락자, 한부모가정 출신의 청소년, 빈곤가정의 청소년 등 비행의 유입이나 잠재 가능성이 큰 청소년을 대상으로 성인이나 또래와의 신뢰 관계를 형성함으로써 긍정적인 기회를 마련해 주는 놀라운 성과를 얻게 한다. 그 결과 청소년 비행에 대한 사후 대책이나 정책적 방안이 아닌 예방적 차원에서 청소년 비행을 통해서 빚어질 수 있는 사회적 비용을 충분히 줄이는 데 크게 기여할 수 있다.

둘째, 멘토링의 목적이 단지 경제적 안녕감을 주는 데 있지 않고, 보다 깊은 내면의 관계인 정서적 결연이 이루어짐으로써 비행 청소년이 갈망하는 정서적 안녕감, 믿음 그리고 사랑이라는 보편적이고 필수적인 생존과 안전에 대한 욕구를 넘어서 자아실현을 이룰 수 있는 기회를 마련해 준다는 점이다. 아마도 자신을 믿고 의지하게 되는 유일한 존재를 옆에 둔다는 자체만으로도 삶의 의미나 목적을 깨닫는 데 무척 좋은 기회가 될 것이기 때문이다.

셋째, 누구나 참여 가능한 프로그램이다. 사실 성인이든 청소년이든 누구에게 자신의 재능을 나눌 수 있는 능력은 얼마든지 존재한다. 특별한 재능을 가진 사람이 타인에게 재능을 기부하는 것이 아니라 자신이 살아온 가치가 있는 사람이면 누구든지 조그마한 재능이지만 타인을 위해 함께할 수 있다. 그러므로 특별한 자격이나 능력, 재능을 필요로 하지 않고서도 자신이 타인을 위해 봉사하고 있다는 생동력을 얻을 수 있는 기회가 된다.

넷째, 비행 및 부적응 청소년을 직접적이고 체계적으로 오랫동안 관리할 수 있는 방식이 된다. 대부분의 프로그램이 갖고 있는 한계는 일회적이고 한시적이어서 오히려 프로그램의 성과가 낮거나 문제를 일으키게 된다. 하지만 멘토링은 단시간에 이루어지는 것이 아니기 때문에 서로의 관계를 오랫동안 유지하게 되고, 자연스럽게 멘토와 멘티가 서로의 활동을 유기적이고 지속적으로 파악하는 관리 체계가 형성된다.

이처럼 멘토링 프로그램은 정서적 지지 및 이해를 기반으로 하고 있기 때문에 다른 어떤 프로그램에 비해서 개인의 공감을 깊이 얻을 수 있고 효과적인 기회를 마련할 수 있다. 따라서 앞으로 다른 어떤 프로그램보다 질적으로나 양적으로도 큰 성장을 이룰 수 있는 개연성이 높다고 할 수 있다.

멘토링과는 다른 개념이지만 외국에서는 이미 프로보노와 같이 자신의 재능을 타인에게 나누어 주는 프로그램이 매우 활성화되어 있다. 프로보노(Pro bono)는 '공익을 위하여' 라는 뜻의 라틴어로 자신의 전문적인 능력을 활용해 봉사하는 '재능 기부' 활동을 말한다.

외국은 매우 다양한 형태로 법조인의 무보수 변론, 디자인 건축 분야의 재능 기부, IT, 교사 심지어 일반 시민도 교육이나 프로보노에서 주관하는 음악회나 오페라의 관람 등을 통해서 재능 기부, 재정 기부 등을 자신의 역량껏 하고 있다. 사실 우리나라도 이러한 방법으로 교육 기부나 재능 기부를 위한 노력을 기울이고 있으나 아직은 초보적 단계이기 때문에 이에 대한 제도적 기반이 형성되고 좀 더 강화되어야 할 필요가 있다. 다만 최근에 확대되는 사회적 기업, 재능 기부, 교육 기부 등은 멘토링의 발전에 매우 긍정적인 영향을 줄 것으로 기대된다.

2. 청소년 멘토링의 발전 과제에 대한 기대

효과적인 청소년 멘토링 활동이 이루어지기 위해서는 멘토링에 참여하는 사람이 멘토링의 의미를 구체적으로 이해하고, 질적인 관계를 잘 형성하도록 하는 충분한 교육이 선행되어야 한다. 특히 코디네이터나 전담 인력이 멘토링 활동의 전반적인 상황을 전문적으로 관리해야만 사업의 성과를 높일 수 있다.

청소년 멘토링 활동의 사전 준비부터 종결까지 멘토링에 대해서 잘 준비할 수 있으면 큰 성과를 거둘 수 있기 때문에 사전 단계에서부터 투입 및 활동 그리고 평가 단계에 이르기까지 멘토링 진행 시기에 맞는 교육을 멘토에게 해야 할 필요가 있다.

특히 청소년에게 멘토링은 단순한 지지 기능을 넘어서 비행을 예방하는 하나의 개입 전략이므로, 무턱대고 시작하기보다는 청소년의 내적 역량을 이끄는 데 대한 청소년의 이해교육 그리고 라포 형성 기법과 간단한 관계 형성 방법, 리더십과 문제해결 프로그램, 더 나아가서는 지역사회 자원으로 멘티를 포함시키도록 지역사회 자원과 프로그램에 대한 숙지 등이 충분히 이루어져야 사업의 성과를 높일 수 있다.

사실 멘토링 프로그램은 21세기의 청소년 비행을 예방하고 긍정적 역량을 갖추도록 하는 예방 전략으로 규정해도 손색이 없기 때문에, 지역사회의 모든 자원을 총망라하여 청소년과 청소년, 청소년과 성인 등 일대일의 정서적 결연 관계를 통해 이들에게 삶의 올바른 방향을 제시하고, 긍정적인 삶을 이어 나가는 기술을 제공하는 기회가 되도록 한다.

또한 멘토링 프로그램은 지역사회에 산재한 다양한 청소년 지지 기반을 하나로 묶어 주는 통합적 요소로서 작용할 수 있으며 서로 간에 긴밀한 협력 속에서 지역사회 중심의 정책을 펼치는 핵심 기능을 할 수 있다. 따라서 멘토링 사업의 발전을 위해서는 다음과 같은 몇 가지 방안을 구체적으로 확대하는 시도가 이루어져야 한다.

1) 멘토링의 확대와 관련된 정책 강화

사실 멘토링은 '멘토와 멘티가 만나는 사업'이라는 단순한 관점에서의 프로그램이 아니라 청소년을 대상으로 하는 각종 사업이나 프로그램을 멘토링이라는 과정에서 움직이게 하는 틀이라고 할 수 있다. 그곳에서 만나는 대상인 청소년과 지도자, 청소년과 성인, 청소년과 청소년 등 모든 대상이 바로 멘토일 수 있고 또한 멘티일 수 있다.

그러므로 이들을 위한 프로그램은 다양하고 많이 개발할수록 좋다. 이미 우리 사회에서 청소년을 위한 각종 활동과 프로그램이 많이 시행되고 있으나, 상당 부문은 개별적이고 단기간에 이루어지는 일회적 성격이 강하다. 따라서 이러한 프로그램보다는 가급적 장기적이고 지속적으로 참여하되 성인과 멘토가 계속하여 참여하도록 하는 형태의 프로그램이나 교육을 지지하는 정책을 표방해야 한다.

지금까지 청소년 분야에서 멘토링과 관련한 대표적인 활동으로는 또래상담과 같은 형태만 존재한다. 그만큼 장기적이고 지속적인 프로그램이 부족하다는 말이다. 하지만 활동이나 프로그램에서 멘토링을 접목할 개연성이 높은 활동은 얼마든지 존재한다. 예를 들면, 청소년 동아리 활동 등을 보면 선배 기수나 후배 기수 간의 연계가 쉽게 이루어질 수 있는 형태의 프로그램이 다수 존재한다. 따라서 이러한 형태를 강화하고, 지속적으로 이루어질 수 있는 다양한 유형의 프로그램을 정책적으로 개발해 주어야 한다.

2) 교육 기부의 제도화 방안 모색

청소년의 교육에 대한 다양성이 요청되는 만큼 교육부에서도 학교교육의 질적 강화를 위해 사회적 자원을 적극적으로 활용하는 교육 기부 운동을 시작하였다. 이러한 시도는 교육의 핵심 과제가 더 이상 교사나 학교 자원만으로는 불가능하다는 점과 청소년의 다양한 욕구를 학교에서 폐쇄적으로 채워 주기 어렵다는 점을 인식한 것이다.

교육 기부란 기업, 대학, 공공기관, 개인 등 사회가 보유한 인적·물적 자원 및 재능을 유치원이나 초·중등 교육 활동에 직접 활용할 수 있도록 비영리로 제공하는 것을 의미한다(교육과학기술부, 2010).

획일적인 교과중심 교육에서 학습자 중심의 유연한 교육, 다양하고 특성화된 체험 활동 과정이 중시되는 흥미 있는 교육을 실시하기 위해서는 사회 자원의 활용이 효율적이기 때문이다. 특히 기업은 최근 들어 사회적 역할에 대한 기대가 높아지고 있기 때문에 교육 기부에 적극적으로 참여할 가능성이 높으며, 실제 참여하게 되면 각 분야의 전문성, 다양한 자원 시설 등 교육을 위해 활용할 수 있는 우수한 자원을 갖추고 있어 교육적 효과를 기대할 수 있다(김이성, 이상원, 조현준, 2012: 309). 하지만 무엇보다 교육 기부의 내용 등은 청소년에게 직접적 서비스를 제공하는 것이므로 청소년에게 기업이나 사회가 축적해 온 선도적 기능이나 기술을 교육 자료로 활용할 수 있는 기회가 확대되어야 한다.

3) 민간기구의 멘토링 참여 제공

외국의 경우 멘토링의 형태는 아니지만 다양한 형태의 기술과 자원을 학교나 청소년에게 제공하고 있는데, 과학기술 분야에서는 미국, 영국과 같은 주요 선진국의 경우 이미 1900년대 말부터 연구기관 및 기업 등이 참여하는 모습을 보이고 있다. 미국항공우주국(NASA)이나 미국지질조사국(USGS)의 Outreach 프로그램, 일본 도요타자동차의 Science Outreach 등, 학생이 쉽게 접할 수 있는 물품의 개발 과정, 실현 과정을 직접 체험함으로써 과학기술의 인식도나 접근성을 높이는 시도가 확산되고 있다.

또한 2013년 6월 20일 중국의 실험용 우주정거장에서 중국 전역 8만 개 학교 6000만 명의 학생에게 지상에서는 보기 어려운 우주 실험 학습을 실시한 것은 학생에게 우주 및 과학에 대해 진지한 관심을 이끌어 내는 계기로 작용하기에 충분했다. 이러한 학습은 정부나 특정 시설에서는 불가능하므로, 국가와 민간이 자원을 공유하고 학생에게 학습의 장을 만들어 주는 계기를 제공해 주어야 한다.

4) 다양한 형태의 멘토링 방식 개발

이제 멘토링 방식은 시공간에 구애받지 않는다. 이미 IT 산업의 확산으로 물리적 장소의 제약 때문에 멘토와 멘티의 관계가 유지되기 어려운 상황은 매우 드물게 되었다. 따라서 다양한 형태의 멘토링 프로그램을 개발하고 이끄는 노력을 보여 주어야 한다. 예를 들면, 사이버, ON-OFF Line, 지역 간, 학교 간, 학교 폭력 피해자 및 가해자, 비행, 일탈, 경제적 지지 등 수많은 형태의 이름으로 이루어질 수 있는 멘토링 사업이 존재한다. 어떤 것은 개인의 심리적 지원일 수도 있고, 어떠한 사업은 개인의 직업이나 진로의 안정성을 추구하는 내용일 수도 있다. 따라서 지금보다 더 다양한 형태의 멘토링 유형과 틀을 제시하고, 참여자의 다양성을 요구하는 시도가 확대되어야 한다.

5) 상시적 멘토링의 기회 마련

누구나 멘토가 될 수 있지만, 어느 곳에서 어떻게 참여하는지는 각기 다른 형태를 보인다. 따라서 개인의 재능을 기부하고 멘토링에 쉽게 참여하도록 하는 지역사회의 재능기부센터의 상설화가 이루어져야 한다. 자신이 거주하는 지역사회 시설(청소년수련관, 사회복지관, 평생교육관, 도서관, 박물관 등)을 활용하여 멘토링 참여 공간을 일원화하고 홍보하며 알리려는 노력이 필요하며, 멘토와 멘티 자원을 체계적으로 관리하여 문제가 발생하지 않도록 하는 방안이 함께 제시되어야 한다.

6) 전문적 멘토링 교육 인력 양성 체계 확립

청소년 멘토링 활동은 심리적 발달과 신체적 변화가 일어나는 청소년에게 조언자이자 지지자인 역할 모델을 제공한다는 점에서 중요하다고 볼 수 있다. 그런데 멘토와 멘티가 일관적이지 않고 신뢰할 만하지 못하다면 멘토링 관계의 질이 낮아져 둘의 관계가 긍정적으로 지속될 수 없을 뿐만 아니라 청소년에게는 커다란 부정적 요소로 작용하여 일생에도 큰 영향을 미치게 된다.

일반적으로 보면 멘티가 지각하는 정서적 공감이 인지적 공감에 비해 멘토링 관계에 보다 많은 영향을 미치는 것으로 나타났으며, 이는 멘토링 관계에서는 멘티가 지각하는 정서적 공감이 강조되어야 함을 의미한다. 따라서 멘토가 학교 성적이 낮다고 인식하고 있는 멘티를 만날 경우, 멘티의 자아존중감을 높이는 것에 대한 진지한 고민이 필요하며, 자아존중감을 높여 주기 위해 적극적으로 칭찬과 지지를 해 주어야 한다(윤대관, 2012).

결국 멘토에게 멘티와 정서적 공감을 통해 관계를 맺는 방법을 알려 준다면 멘토와 멘티는 보다 효과적으로 관계를 형성할 수 있을 것이다. 멘토와 멘티의 관계 형성은 멘토링 활동의 초기에도 중요하지만, 이를 지속하는 것 또한 중요하다. 따라서 멘토링 활동 담당자 또는 멘토링 코디네이터는 멘토링 활동 중에도 멘토가 멘티의 기분과 상황을 정확히 이해하고 반응할 수 있도록 하는 교육이 매우 중요하다. 결국 이러한 인력을 체계적으로 양성하는 시스템이 반드시 마련되어야 한다.

부록

크자 멘토링 프로그램 설계안

(크자 멘토링 워크북 참조)

프로그램명: 나의 성찰 1

프로그램 목적	프로그램 개요
• 활동에 대한 의미를 안다. • 학생 자신이 자신의 강점에 기대를 갖도록 한다.	• 대상: 초 · 중등학생 • 소요 시간: 50분 • 진행 방식: 모둠 또는 전체 활동

목표	활동 내용	준비물 & 비고
긍정게임을 통해 활동을 체험하고, 라포를 형성한다.	♥ '친구와 친해져요' 게임 ① 모든 참가자가 원을 만들어 둥글게 앉는다. ② 멘토가 술래가 되어 앉아 있는 한 학생 앞에 가서 "당신은 당신의 이웃을 사랑하십니까?"라고 묻는다. ③ 질문을 받은 학생이 "네." 하면 대답한 학생 양옆 두 학생이 자리를 교체한다. 이때 술래는 빈자리를 차지할 수 있다. 술래가 빈자리를 차지하지 못하면 다시 술래가 된다. ④ 질문을 받은 학생이 "아니요."라고 대답하면, 술래는 다시 "그럼 어떤 이웃을 사랑하십니까?"라고 질문한다. 이때 학생은 앉아 있는 사람들 중에 정하여 답한다. 예를 들어, "저는 안경 낀 이웃을 사랑합니다."라고 대답한다. 이때 안경을 착용한 학생은 모두 일어나 다른 학생이 앉아 있었던 좌석으로 옮겨 앉고 술래는 빈 의자에 앉는다. ⑤ 마지막 의자에 앉지 못한 학생이 술래가 된다.	인원수보다 1개 적은 의자 (15분)
잘하는 활동과 잘하지 못하는 활동을 찾아 기록한다.	① 멘토는 미리 준비한 활동의 이미지를 학생에게 보여 준다. ② 학생은 교재 9쪽을 편다. ③ 학생은 자신이 잘하는 활동과 잘하지 못하는 활동을 교재의 해당 칸에 적는다. ④ 적은 내용을 돌아가며 나눈다(이때 가능하면 참여한 모든 학생이 발표할 수 있도록 기회를 준다).	활동 이미지, 교재, 필기도구 노트북 또는 사진 (20분)
예상 강점 지능을 기록한다.	① 9쪽에서 적은 활동을 보고 학생 자신이 어떤 지능이 높을지 질문하고, 그 지능을 활동지에 적게 한다. ② 활동지에 적은 내용을 발표한다. ③ 오늘 활동을 통해 느낀 점을 적는다. ④ 학생끼리 소감을 나눈다. ⑤ 다음 시간에 할 내용을 소개한다.	교재, 필기도구 (15분)

프로그램명: 나의 성찰

프로그램 목적	프로그램 개요
• 다양한 심리검사를 통해 자신을 객관적으로 파악한다.	• 대상: 초 · 중등학생 • 소요 시간: 45분 • 진행 방식: 모둠활동

목표	활동 내용	준비물 & 비고
다중지능과 청소년 활동 역량에 대하여 설명하고 검사를 실시한다.	① 동영상을 시청한다. ② 다중지능에 대하여 설명한다(부록 64~65쪽 참고). ③ 성격 유형에 대하여 설명한다(부록 68쪽 참고). ④ 청소년 활동 역량에 대하여 설명한다(부록 69쪽 참고).	교재 부록 참고 동영상 '아이의 사생활' (10분)
	• 다중지능검사, 성격유형검사를 실시한다(부록 61~63쪽, 66~67쪽 참고). - 다중지능, 성격 유형, 청소년 활동 역량에 대한 정식 검사를 희망하는 경우에는 YSM에 연락한다.	약식검사의 경우 교재 부록 61~63쪽 또는 정식 검사의 경우 다중지능검사지와 답안지, 정식 청소년 활동 역량검사지와 답안지, 활동지/필기도구 (30분)
	① 다중지능 약식검사 • '그렇다.' 라고 답한 문항의 개수를 해당란에 적는다. • 가장 숫자가 높은 것이 강점지능, 낮은 것이 약점지능이다. • 강점지능과 약점지능 두 개를 해당하는 칸에 적는다. ② 성격유형검사 • 각 문항을 읽고 좌우 문항 중에서 자신에게 더 맞는 쪽에 ∨ 표시를 한다. • 검사를 마치면 ∨ 표시가 많은 쪽의 알파벳을 순서대로 기록한다. • 자신에게 해당하는 설명을 확인한다(부록 68쪽 참고).	교재 (10분)

프로그램명: 나의 확신

프로그램 목적	프로그램 개요
• 다중지능검사 결과를 통해 자신의 잠재력을 발견한다. • 성격유형검사를 통해 자신의 성향을 파악한다. • 청소년 활동 역량검사 결과를 통해 강점과 약점 역량을 파악한다.	• 대상: 초 · 중등학생 • 소요 시간: 50분 • 진행 방식: 모둠활동

목표	활동 내용	준비물 & 비고
다중지능검사 결과를 통해 학생이 자신의 프로파일을 확인하고, 강점지능과 약점지능을 기록한다.	① '나의 성찰 1' 시간에 나눴던 학생 자신의 강점에 대하여 생각하고 나눈다. ② 정식 검사를 진행한 경우 멘토는 학생에게 다중지능, 성격유형 및 청소년 활동 역량검사 결과지를 나눠 준다. ③ 학생은 자신의 결과를 확인한다(약 10분). ④ 여덟 가지 지능 중 어떤 지능이 높은지 기록한다. ⑤ 자신의 생각과 검사 결과가 같은지 기록한다. ⑥ 기록한 내용을 나눈다(이때 다른 사람의 결과와 비교하지 않도록 지도한다).	정식 검사의 경우 다중지능 결과지, 성격유형 결과지, 청소년 활동 역량 결과지, 교재, 필기도구 (20분)
	① 교재 12쪽을 펼쳐서 자신의 다중지능검사 결과를 기록한다. ② 강점지능 두 가지와 약점지능 두 가지를 기록한다. ③ 기록한 내용을 다른 학생들과 나눈다. ④ 자신이 생각한 것과 결과가 다를 경우 왜 그럴지 생각하고 기록한다. ⑤ 기록한 내용을 나눈다.	다중지능 결과지, 활동지/필기도구, 중등: 부모님 MI 평가 결과 (20분)
	① 오늘 활동을 통해 느낀 점을 기록한다. ② 기록한 내용을 나눈다. ③ 정식 검사를 진행한 경우 검사 결과를 '크자 바인더'에 보관한다.	크자 바인더 (10분)

프로그램명: 나의 현재와 미래

프로그램 목적	프로그램 개요
• 강점지능에 대한 미래의 역할을 계획한다.	• 대상: 초 · 중등학생 • 소요 시간: 45분 • 진행 방식: 모둠활동

목표	활동 내용	준비물 & 비고
학생들이 자신의 강점지능과 관련하여 미래에 어떤 일을 하고 싶은지 계획한다.	♥ '나 이런 사람이야~'게임 ① 멘토는 학생들에게 메모지를 한 장씩 나눠 준다. ② 학생은 메모지에다 자신의 강점지능 또는 장점을 두 가지씩 적는다. ③ 학생은 메모지를 두 번 접어 바구니에 넣는다. ④ 멘토는 바구니에 있는 메모지를 한 장씩 꺼내 적힌 단어를 말해 준 다음, 누구에 대한 설명인지 맞히기를 한다. ⑤ 맞히기를 할 때 '하나, 둘, 셋'을 센 뒤에 모든 학생이 동시에 해당 학생을 가리키도록 한다. ⑥ 가장 많이 맞힌 사람이 우승한다.	메모지, 필기도구, 바구니 (10분)
	① 교재 15쪽을 펼친다. ② 지난 시간에 심리검사 결과를 통해 객관적으로 알게된 자신의 강점을 생각한다. ③ 학생은 자신의 강점지능과 비전을 활동지에 적는다. ④ 기록한 강점지능과 비전이 서로 연관이 있는지 생각하여 활동지의 해당란에 표시한다. ⑤ '그래서?'에 관련이 있는 경우와 없는 경우 앞으로 학생이 어떻게 할 것인지 각오를 적게 한다.	활동지, 필기도구, (20분)
	① 교재 17쪽에 제시된 KFC 창업자에 대한 내용을 읽는다(관련 동영상을 감상한다). ② 15쪽의 '그래서?' 란에 기록한 각오와 17쪽을 읽고 난 후의 느낌을 적는다(동영상이 있는 경우 동영상을 보고 난 후의 소감을 적는다). ③ 기록한 내용을 나눈다. ＊ 숙제: 『구약성서』 창세기 37장, 39~46장 읽기 　　　　이집트 왕자 2 요셉 시청(드림웍스)	KFC 관련 동영상, 노트북, 교재, 필기도구 (15분)

프로그램명: 개인의 특성(I_Individuality)

프로그램 목적	프로그램 개요
• 자신의 특성에 대해 성찰한다. • 자신감을 가진다.	• 대상: 초 · 중등학생 • 소요 시간: 50분 • 진행 방식: 모둠 또는 전체 활동

목표	활동 내용	준비물 & 비고
자신의 특성을 기록하여 발표한다.	♥ 빙고게임(3×3) ① 학생은 성경에 등장하는 지도자의 이름을 빈칸에 적는다(요셉, 모세, 이사야, 미리암, 다윗, 느헤미야, 사무엘, 다니엘, 사울, 여호수아 등). ② 학생이 빈칸을 다 채우면 멘토는 게임 규칙을 설명한다. ③ 순서를 정하여 돌아가며 자신이 적은 지도자 이름 중 한 명씩 불러 주고 그 사람을 지운다(이때 다른 학생도 같은 이름을 적었을 때 지울 수 있다). ④ 가장 먼저 좌우, 양 대각선으로 일직선이 되도록 세 개씩을 다 지운 사람이 '빙고'라고 외친다. ⑤ 빙고를 가장 먼저 외친 사람이 승리한다(게임을 시작하기 전 한 개의 일직선이 너무 빨리 될 것 같다면 일직선 개수는 조정할 수 있다).	교재 20쪽, 필기도구 (10분)
	① 버퍼링에서 가장 많이 기록된 지도자는 누구인지 알아본다. 왜 그 사람을 적었는지 이야기를 나눈다. ② 요셉에 대하여 알고 있는 사람이 있는지 확인한다. ③ 요셉을 알고 있는 학생 중 한 사람이 모르는 다른 사람에게 요셉을 설명한다. ④ '요셉'에 대한 동영상을 시청한다. ⑤ 요셉이 어떤 사람인지 교재의 해당 칸에 적는다. ⑥ 기록한 내용을 발표한다.	요셉 관련 동영상 (이집트 왕자 2), 교재 21쪽, 필기도구 (20분)
	① 학생 자신이 어떤 사람인가를 생각하며 활동지에 적게 한다(교사는 학생이 다른 사람을 의식하지 않고 학생 자신의 생각을 긍정적으로 표현할 수 있도록 돕는다. 지능, 성격, 역량 등 자신의 강점을 가능한 한 많이 적도록 격려한다). ② ①에서 적은 내용을 발표한다(이때 다른 학생이나 교사가 부정적인 말을 하지 않도록 주의를 주고, 발표한 내용을 들은 후에 발표한 학생이 자신감을 가질 수 있도록 박수를 치며 환호해 준다). ③ 활동을 통해 느낀 내용을 23쪽에 기록한다. ④ 기록한 내용을 발표한다.	교재 22쪽, 필기도구 (20분)

＊관련 서적: 『구약성서』 창세기 37장, 39~46장.

프로그램명: 나의 역할(D_Domain)

프로그램 목적	프로그램 개요
• 자신의 특성과 관련된 흥미 있는 역할을 찾고, 그 역할에 대해 고찰한다.	• 대상: 초 · 중등학생 • 소요 시간: 55분 • 진행 방식: 모둠 또는 전체 활동

목표	활동 내용	준비물 & 비고
여러 가지 직업에 대하여 알아보고 자신의 강점과 관련한 희망직업에 대해 기록한다.	① 평상시 자신이 알고 있는 직업에 대해 생각해 본다. ② 교재 24쪽을 펴고 아는 대로 직업의 이름을 적는다. ③ 자신이 알고 있는 직업이 몇 가지인지 그 개수를 해당란에 기록한다. ④ 24쪽에 있는 지문을 읽는다. ⑤ 직업 스무고개 게임을 진행한다. • 멘토는 메모지 한 장을 학생에게 나눠 준다. • 학생은 자신이 가장 잘 아는 직업 이름을 메모지에 적는다(직업에 대하여 잘 알아야 질문에 대한 대답을 잘할 수 있다). • 모든 학생이 가위바위보를 한다. • 이긴 학생의 직업 이름이 적힌 메모지를 멘토에게 제출한다. • 학생은 순서대로 그 직업에 대하여 이긴 학생에게 묻되 대답은 '예'와 '아니요'로만 한다. • 질문은 20개까지 할 수 있고 20개가 되면 학생은 상의하여 그 직업이 무엇인지 맞힌다. • 질문이 20개까지 이어지지 않았어도 정답을 안 경우 직업을 맞힐 수 있다(정답 맞히기는 한 직업당 한 번만 가능하다).	교재 24~25쪽 (15분)
	① 26쪽과 27쪽을 펴고 다 함께 읽으면서 표시한다(표시할 때는 각 지능과 관련한 다양한 역할(직업)을 보고 학생이 관심 있었거나 희망하는 곳에 표시한다). ② 자신이 표시한 역할(직업)의 이름을 27쪽의 빈칸에 모두 적는다. ③ 기록한 역할(직업)을 보면서 자신이 미래에 정말 희망하는 직업을 선택하여 색연필로 동그라미를 친다(선택하기가 힘든 경우에는 관심 있는 역할을 세 가지 선택하여 동그라미를 친다).	교재 26쪽, 필기도구, 색연필 (15분)
	① 교재 28쪽을 편다. ② 27쪽에서 선택한 희망 역할(직업)을 해당란에 적는다. ③ 멘토는 학생이 선택한 역할(진로)에 대하여 자세하게 알아볼 수 있도록 해당 진로카드를 나눠 준다. ④ 학생들은 진로카드에 나온 자신의 희망 역할에 대하여 세밀하게 읽는다.	진로카드, 교재 28~29쪽 (25분)

목 표	활동 내용	준비물 & 비고
	⑤ 28쪽에 제시된 표에 희망 역할(직업)의 '하는 일', 그 역할을 감당하기 위해 공부해야 하는 내용(전공), 그 역할(직업)에 필요한 강점, 그 역할을 희망하는 이유, 그 역할을 위해 앞으로 준비할 것 등을 기록한다. ⑥ 기록한 내용을 나눈다. ⑦ 오늘 활동을 통해 느낀 내용을 27쪽에 기록하고 나눈다.	

| 프로그램명: 나의 환경(F_Field) | |

프로그램 목적	프로그램 개요
• 인적필드를 작성하고 미래 역할을 위한 필요한 인적필드를 만들어 간다.	• 대상: 초 · 중등학생 • 소요 시간: 55분 • 진행 방식: 모둠 또는 전체 활동

목표	활동 내용	준비물 & 비고
미래 역할을 위한 인적필드를 작성한다.	♥ 땅따먹기 게임 ① 땅바닥에 정사각형(90cm×90cm)을 그린다. ② 한 사람에 하나씩 모서리 가장자리에 엄지와 중지를 최대한 길게 뻗어 부채꼴 모양을 만들어 선을 표시하여 자신의 영역을 만든다(사각형의 모서리가 4개이므로 게임 인원은 4명 또는 4팀 이하로 제한한다). ③ 가위바위보를 하여 순서를 정한다. ④ 순서가 된 학생이 먼저 자신의 영역에 말을 놓고 사각형 내의 영역에 말을 두 번 튕기고 세 번째는 자신의 영역으로 말이 들어오도록 한다(이때 말이 멈추었던 자리를 표시한다). ⑤ 말이 안전하게 자신의 영역으로 들어오면 출발한 곳으로부터 직선으로 표시하여 자신의 영역을 넓혀 그린다. ⑥ 말이 안전하게 들어오면 보너스 영역을 가질 수 있다(넓혀 그린 영역 위에 한 뼘을 재서 그 땅을 차지한다). ⑦ 순서에 따라 게임을 진행하고, 가장 넓은 필드를 가진 사람이 우승한다. ⑧ 게임을 할 때 자신의 땅을 넓히기 위해 어떻게 했는지 기록한다. ⑨ 기록한 내용을 나눈다.	평평한 땅, 돌맹이 또는 빳빳한 용지, 말(인원 또는 모둠 수대로), 연필, 자(30cm), 지우개 (20분)
	① 교재 31쪽을 펼친다. ② 자신과 관련된 사람들을 생각하며 그 이름을 '나의 관계 목록'에 기록한다(이때 관련된 사람이란 단순히 이름을 알거나 얼굴을 아는 정도가 아니라 자신과 직접 관계를 맺고 있는 사람을 적는다).	교재 31쪽, 필기도구 (20분)
	① 32쪽을 펼친다. ② 31쪽에서 기록한 '나의 관계 목록'을 보고 '나'를 중심으로 한 관계 지도를 그린다. ③ 그려진 지도를 보고 학생 자신의 미래 역할과 관련하여 인생에 반드시 필요한 인적필드를 색연필로 표시한다(학생이 자신의 꿈을 이루기 위해 반드시 필요한 사람이 그려진 관계 지도에 없는 경우에는 색연필을 이용하여 '나'를 중심으로 직접 연결하여 추가로 표시한다). ④ 학생은 돌아가며 그려진 인적필드에 대해 발표한다. ⑤ 오늘 활동을 통해 느낀 내용을 33쪽에 기록하고 나눈다.	교재 32~33쪽, 색연필, 필기도구 (15분)

프로그램명: 사명 선언문

프로그램 목적	프로그램 개요
• 삶의 존재 이유를 찾는다. • 사명 선언문을 작성한다.	• 대상: 초·중등학생 • 소요 시간: 60분 • 진행 방식: 모둠 또는 전체 활동

목표	활동 내용	준비물&비고
사명 선언문을 작성 한다.	① 사명 맞추기 게임을 한다. • 학생이 테이블을 중심으로 모둠별로 둥글게 둘러앉는다. • 중앙에 미리 준비한 사명 문구 카드와 그 사명에 대한 인물 카드를 보이지 않게 펼쳐 놓는다. • 차례가 된 학생이 먼저 카드 두 장을 선택해서 모든 학생이 내용을 볼 수 있도록 있던 자리에 뒤집어 놓는다(이때 사명 문구와 인물이 일치하면 카드를 획득한다. 일치하지 않을 경우에는 원래 있던 자리에 그대로 카드를 둔다). • 가장 많이 카드를 얻은 학생이 우승한다. • 카드에 있는 인물에 대해 이야기를 나눈다. • 카드 세트를 보면서 무슨 관련이 있는지 이야기한다. ② 사명이 무엇인지 생각해 보게 하고 발표한다(34쪽 상단 참고) ③ 39쪽을 읽는다. ④ 34쪽을 펼쳐 사명문 작성 시 알아야 할 사항에 동그라미를 그리고 답(38쪽 하단)을 확인한다. • 한 문장으로 만든다. • 초등학생도 이해할 수 있도록 만든다. • 쉽게 외울 수 있도록 만든다.	사명카드, 교재 34쪽, 39쪽 필기도구 (20분)
	① 35쪽에 있는 '열정 대상'을 보고 자신의 '열정 대상'이 무엇인지 찾는다(자신의 '열정 대상'이 없는 경우에는 별도로 기록한다). ② 핵심 가치를 찾는다. ③ 36쪽을 펼쳐 자신에게 의미 있는 동사를 찾는다. ④ 37쪽 상단의 빈칸에 히어링에서 찾은 '열정 대상', 의미 있고 흥미로운 동사, 핵심 가치를 각각 기록한다. ⑤ 사명문을 작성한다. • 사명문의 예 - '내 사명은 내 주위 사람이 성장하고, 도전하며, 잠재력을 키울 수 있는 환경을 만들고 고취하며, 유지하는 것이다.' - '우리 YSM의 사명은 대한민국 청소년의 참된 행복을 위하여 연구하고 가르치며 봉사하는 것이다.'	교재 35~37쪽, 예쁜 종이, 액자, 필기도구, 색연필 (30분)

목표	활동 내용	준비물 & 비고
	– '우리 교회의 사명은 ○○ 지역의 하나님을 모르는 사람들에게 주님의 사랑을 전하고 교육하며 실천하게 하는 것이다.' ⑥ 완성된 사명문을 예쁜 종이에 다시 옮겨 적고, 액자에 끼워 학생의 방에서 가장 잘 보이는 곳에 두도록 한다(기대하고 기도하고 노력하면 반드시 이루어질 것이라는 소망 가지기).	
	① 완성된 사명문을 발표한다. ② 오늘 활동을 통해 느낀 소감을 적는다. ③ 소감을 나눈다.	교재 38쪽, 필기도구

프로그램명: 시간 관리 1

프로그램 목적	프로그램 개요
• 시간 관리의 중요성을 인식한다. • 시간 관리를 실천한다.	• 대상: 초 · 중등학생 • 소요 시간: 50분 • 진행 방식: 모둠 또는 전체 활동

목표	활동 내용	준비물&비고
시간 관리의 중요성을 인식하고 시간 관리를 실천하기 위한 목록을 작성한다.	① 시계 게임을 한다. • 한 사람의 리더를 세운다(교사가 먼저 진행해도 된다). • 팔을 구부리고 손바닥을 바깥으로 향하게 한 뒤에 양손을 2박자에 맞추어 손바닥을 왼쪽, 오른쪽으로 동시에 흔든다. 흔들면서 시계 소리를 입으로 낸다(시계 소리는 자유롭게 낸다). • 흔드는 중에 리더가 "한 시를 칩니다."라고 하면 박수를 한 번만 친다(리더가 외치는 숫자에 따라 박수를 친다). 박수를 치고 나면 바로 시계 소리와 함께 손을 움직인다(박자에 맞추어 할 수 있도록 연습한다). • 게임이 익숙해지면 '두 시 반' '열세 시' 등 혼동될 수 있는 시간을 이야기한다. • 틀리는 사람이 있으면 그 사람이 리더가 된다. • 가장 잘하는 모둠이나 사람이 있으면 그 팀을 칭찬한다. ② 멘토는 시계를 착용하고 있는 사람이 있는지를 묻고 42쪽 해당란에 적도록 한다. • 있는 경우: 왜 시계를 착용했는지 묻는다. • 없는 경우: 멘토의 시계를 보여 주며 멘토가 왜 시계를 가져왔을지 질문한다('시간 관리'라는 말을 유도하기 위함이다). ③ 시간을 알아야 하는 이유를 기록하고 그것을 나눈다.	시계, 교재 42쪽 (10분)
	① 교재 43쪽의 문항을 같이 읽으면서 자신에게 해당하는 곳에 표시한다. ② '예'의 개수를 세고 개수를 기록한다. ③ 44쪽을 펼친다. ④ '예'의 개수에 기초하여 44쪽의 표에 점을 표시한다. ⑤ 시간 관리와 관련하여 자신이 어떤 유형에 해당하는지를 빈칸에 적는다. ⑥ 돌아가며 자신에게 해당하는 유형에 대한 설명을 소리 내어 읽는다.	활동지 (20분)
	① 시간 관리를 잘하기 위해 어떻게 해야 하는지 45쪽의 빈칸에 들어갈 말을 생각하여 기록한다. ② 멘토는 학생이 다 쓸 때까지 충분히 시간을 준다. ③ 답을 맞힌다(46쪽 참고).	활동지 (20분)

목 표	활동 내용	준비물&비고
	④ 시간 관리 10가지 원칙을 소리 내어 함께 읽는다(이때 학생은 자신이 잘 지키지 못하는 문항에 동그라미를 친다). ⑤ 46쪽을 펼친 후에 시간 관리를 잘하기 위해 오늘 활동에서 다짐한 내용을 빈 칸에 기록한다. ⑥ 기록한 내용을 나눈다.	

프로그램명: 시간 관리 2

프로그램 목적	프로그램 개요
• 우선순위에 의해 하루의 시간표를 작성한다.	• 대상: 초 · 중등학생 • 소요 시간: 50분 • 진행 방식: 모둠 또는 전체 활동

목표	활동 내용	준비물 & 비고
자신이 원하는 활동의 우선순위를 정하고, 주어진 상황을 고려한 최선의 하루 시간표를 작성한다.	① 거울게임을 진행한다. • 멘토는 학생 수만큼 메모지를 준비한다. • 학생 수 1/2만큼 노래를 정하여 준비된 메모지에 적되 한 곡을 메모지 두 개에 적어 두 번 접는다. • 노래 시작 구호와 함께 학생들은 쪽지에 적힌 노래를 부른다. • 같은 노래를 부르는 사람을 찾아 짝을 짓고, 짝을 지은 학생은 노래를 멈춘다. • 학생은 짝과 가위바위보를 해서 진 사람이 거울이 된다. • 거울이 된 사람은 이긴 사람이 하는 대로 1분간 따라 한다(거울은 주인이 하는 대로 움직인다). • 역할을 바꾸어 진행한다. ② 교재 48쪽을 펼쳐 거울이 되어 본 느낌을 기록한다. ③ 기록한 내용을 나눈다. * 게임 의도: 자신이 의도하지 않은 행동을 할 때 실수, 불안 등을 경험하게 된다.	학생 수만큼의 쪽지, 학생 수 절반만큼의 노래 제목(학생들이 아는 노래), 교재 48쪽 (10분)
	① 교재 49쪽을 펼쳐 하나님께서 우리에게 선물로 주신 하루 동안 꼭 하고 싶은 일들을 적는다. ② 기록한 내용을 보면서 우선순위를 정해 문장 앞에 번호를 적는다. ③ ②에서 기록한 내용을 짝과 나눈다.	교재 49쪽, 필기도구 (20분)
	① 50쪽을 펼쳐 히어링에서 작성한 목록을 보고 우선순위를 고려하여 최선의 하루 시간표를 작성한다(단, 계획할 수 있는 하루 시간은 9~22시다). ② 최선의 시간표를 발표한다. ③ 최선의 시간표를 만들면서 있었던 일을 기록한다(계획에 넣고 싶었으나 넣지 못한 것, 계획에 넣고 싶지 않았으나 넣어야 한 것, 힘든 점, 고민했던 점 등) • 시간 관리의 필요성을 느끼도록 하는 데 주안점을 둔다. ④ 기록한 내용을 발표한다. ⑤ 오늘 활동에서 느낀 점을 기록한다. ⑥ 기록한 내용을 발표한다.	교재 50쪽, 필기도구 (20분)

	프로그램명: 크자 멘토링(나의 일주일)

프로그램 목적	프로그램 개요
• 한 주간의 생활을 돌아본다. • 전인적인 향상을 위해 해야 할 일을 실천한다.	• 대상: 초 · 중등학생 • 소요 시간: 45분 • 진행 방식: 모둠 또는 전체 활동

목표	활동 내용	준비물 & 비고
한 주간의 시간표를 작성하고 영성, 지성, 정서, 체력을 향상시키기 위해 해야 할 일을 기록한다.	♥ 기억력 게임 ① 모든 사람이 둘러앉아 처음 게임을 시작하는 사람이 언제, 누가, 무엇을 하는지 이야기한다. ② 두 번째 학생은 먼저 이야기한 사람의 말을 반복해서 이야기하고, 추가로 언제, 누가, 무엇을 하는지 이야기한다. ③ 계속하다 틀린 사람이 있으면 그 사람이 처음부터 다시 시작한다(게임을 진행할 때 같은 내용이 반복되지 않도록 한다). * 게임 의도: 일주일은 정해져 있으나 일주일 동안 해야 할 일이 많이 있기 때문에 계획하여 실천하면 효과적임을 알리기 위해서다.	(5분)
	① 교재 53쪽을 펼친다. ② 학생은 한 주간의 생활표를 작성한다(작성할 때는 계획의 의미보다는 평상시에 자신이 일주일을 어떻게 보내고 있는지를 작성한다). ③ 학생들은 자신이 작성한 한 주간의 계획을 보고 영성(영), 정서(심), 지성(지), 건강한 신체(체)의 내용을 각각 색연필로 구분한다[영(신앙생활), 심(자기 계발), 지(자습 시간) 체(신체 단련), 노는 시간(미디어, 유흥 등), 수면 시간(검정색) 등].	교재 53쪽, 필기도구, 색연필(빨강, 초록, 노랑, 갈색) (30분)
	① 교재 54쪽을 펼친다. ② 평상시 건강한 생활을 위해 학생이 어떻게 시간을 사용하는지 영 · 심 · 지 · 체의 시간을 각각 계산하여 해당란에 기록한다. ③ 느낀 점을 기록하고 발표한다.	교재 54~55쪽, 필기도구 (10분)

프로그램명: 학습 플래너의 작성

프로그램 목적	프로그램 개요
• 학습 플래너를 작성하는 방법을 안다. • 학습 플래너를 작성하고 실천한다.	• 대상: 초 · 중등학생 • 소요 시간: 50분 • 진행 방식: 모둠 또는 전체 활동

목표	활동 내용	준비물 & 비고
학습 플래너의 작성의 필요성과 작성 방법을 숙지하고, 학습 플래너를 작성한다.	♥ '습관 맞추기' 게임 ① 멘토는 학생들에게 메모지를 한 장씩 나눠 주고 학생들이 자신의 좋은 습관을 세 가지씩 적게 한다. ② 메모지를 두 번 접어 바구니에 넣는다. ③ 메모지를 한 장씩 뽑으면서 누구 것인지 맞힌다. ＊ 게임 의도: 누구나 습관이 있고, 계획하는 것도 습관임을 알게 하기 위해서다.	메모지 (인원수), 필기도구, 바구니 (5분)
	① 교재 57쪽을 펼쳐 지혜롭게 학습하려면 어떻게 해야 하는지 기록하게 하고, 그 내용을 서로 나눈다(기대하는 답: '계획한다' 교재 59쪽 참고) ② 학습 플래너 작성법에 대해 적게 한다. 　P ― Prayer(기도) 　L ― Learning-plan(학습 계획 또는 하루 계획을 작성) 　A ― Action(실천) 　NN ― Note & Note[학습한 내용 기록(노트) 또 기록] 　E ― self-Evaluation(스스로 평가) 　R ― Re-start(처음부터 다시 시작) ③ ②에서 적은 내용을 확인한다(59쪽 참고). ④ 학습 플래너를 작성할 때 주의 사항이 무엇인지 기록한다(예, 매일매일, 꾸준히, 실현 가능한 것으로, 구체적으로) ⑤ ④에서 적은 내용을 발표하고, 부족한 부분은 멘토가 알려 준다(59쪽 참고).	교재 57쪽, 필기도구 (15분)
	① 교재 58쪽을 펼친다. ② 내일의 계획표를 작성한다(계획하는 것을 습관화할 수 있도록 학습하는 시간 이외의 시간도 계획한다). ③ 계획한 내용을 발표한다(다른 학생은 발표하는 학생에게 부족한 부분이 있을 경우 조언한다. ④ 멘토가 조언한다. ⑤ 오늘 활동을 통해 느낀 내용을 기록하고 나눈다(플래너를 통한 멘토링을 시작한다).	교재 58쪽, 필기도구 (30분)

크자 멘토링 – '숨겨진 나 발견하기' 활동지의 예

시간 관리 2

노력한 만큼의 효과를 기대하기 위해서 시간 관리는 필수적이다.

🔔 **버퍼링**
• 나처럼 해 봐요.

따라 해 보세요!

1. 멘토는 학생 수만큼 메모지를 준비합니다.
2. 학생 수 절반만큼의 노래를 정하여 메모지에 미리 적은 후에 두 번 접어 놓습니다.
3. 학생이 메모지를 한 장씩 뽑아 적힌 노래를 확인합니다.
4. 멘토가 '시작' 구호를 외치면, 학생은 일제히 적힌 노래를 부르며, 자신과 같은 노래를 부르는 사람을 찾아 짝을 이룹니다.
5. 짝이 마주 서서 가위바위보를 합니다.
6. 진 사람과 이긴 사람이 각각 한 줄에 서서 이긴 사람이 하는 행동을 진 사람이 거울이 되어 그대로 따라 합니다.
7. 일 분 동안 지속합니다.
8. 역할을 바꾸어 시도합니다.

• 내가 거울이 되어 상대방을 따라 할 때 어떤 느낌이 들었나요?

🔔 히어링

신 나는 오늘! 하루를 선물로 받았어요.
오늘 하루 동안 내가 꼭 하고 싶은 일을 적고, 중요도에 따라 번호를 적으세요.

⬤ _____

⬤ _____

⬤ _____

⬤ _____

⬤ _____

⬤ _____

⬤ _____

⬤ _____

⬤ _____

⬤ _____

⬤ _____

⬤ _____

⬤ _____

셰어링

선물로 받은 오늘 중 내가 활용할 수 있는 시간은 아침 9시부터 밤 10시까지입니다. 다음 표에 히어링에서 작성한 '할 일 목록'을 보고, 우선순위를 고려하여 최선의 하루 시간표를 작성하세요(단, 우리가 평상시에 할 일은 오늘도 계획에 넣어 작성하세요. 예: 식사)

Time Table	
09:00~10:00	
10:00~11:00	
11:00~12:00	
12:00~13:00	
13:00~14:00	
14:00~15:00	
15:00~16:00	
16:00~17:00	
17:00~18:00	
18:00~19:00	
19:00~20:00	
20:00~21:00	
21:00~22:00	

• 꼭 하고 싶었는데 계획표에 넣지 못한 것은 무엇인가요?

• 하고 싶지 않았지만 계획표에 넣어야 한 것은 무엇인가요?

• 계획표를 작성하면서 힘든 점은 무엇이었나요?

• 오늘 활동을 통해 느낀 내용을 기록해 보세요.

명언

짧은 인생, 시간 낭비로 더욱 짧아진다.　_ S. 존슨

계획이란 미래에 대한 현재의 결정이다.　_ 피터 드러커

승자는 시간을 관리하며 살고, 패자는 시간에 끌려 산다.　_ J. 허비스

부록 3　청소년 활동 역량 개발 멘토링 다이어리

멘 토:	멘 티:
날 짜:	장 소:
멘토링 회기: 8회기 중 (　　) 회기	팀 명:

멘토링 주제	• 이번 만남을 통해 기대하는 방향과 목적에 대하여 정리해 봅시다.
마음 열기	• 멘토링을 위한 마음을 여는 활동으로 무엇을 했는지 기록해 봅시다.
활동 내용	• 멘토링 활동에 대한 내용을 기록해 봅시다.
정리 & 성찰하기	• 멘토링을 통해 느낀 점과 반성해야 할 부분 그리고 통찰한 것 등을 정리해 봅시다.

⊙ Photo Diary

• 멘토링 중 가장 남기고 싶은 장면을 붙여 주세요.

부록 4   청소년 역량 개발 멘토링 프로그램 활동지

(청소년용 교재)

□ **자아 역량**

♥ 마음 열기
• 나를 나타내는 이미지 '3 물' 에게 물어봐요.

 – 동 물:

 – 식 물:

 – 사 물:

♥ 마음 나누기
• 그들은 나를 이렇게 부릅니다(나의 주변 사람은 나를 어떻게 부르나요?).

 – 가 족:

 – 친한 친구:

 – 그냥 친구:

♥ 마음 정하기
• 가장 마음에 드는 호칭 두 가지를 선택하세요(① 마음에 드는 호칭, ② 자기 이름 넣기).

  − 나는 (①   ) (②   )입니다.

♥ 마음 정리하기
• 이제는 말할 수 있다.
  * 나는 누구인가? 자신에 대한 생각을 정리해 보기
  * 남들이 말하는 자신이 아닌 내가 생각하는 나는 어떤 사람인지 정리해 봅시다.

(지도자용 교재)

□ **자아 역량**

〈청소년 활동 역량 개발 멘토링 교재 사용 유의 사항〉
　이 교재는 청소년 활동을 통한 역량 개발 멘토링 교재입니다. 다음과 같은 사항에 유의하여 지도하시기 바랍니다.

- 약 15분간 지도자는 청소년이 활동의 주체가 될 수 있도록 돕는 코치 혹은 가이드로서의 역할을 합니다.
- 정답을 주고자 하지 말고, 청소년들이 스스로 주제에 가까이 다가갈 수 있도록 격려해줍니다.
- 청소년의 전인적인 역량을 개발하기 위한 교재임을 기억하고 다양한 영역들이 균형있게 성장할 수 있도록 합니다.

♥ 마음 열기
- 나를 나타내는 이미지 '3 물' 에게 물어봐요.

　- 동물:

　- 식물:

　- 사물:

〈도움돌〉
　자신을 나타내는 주변의 다양한 것들을 통해 자신의 이미지를 상징적으로 표현해 볼 수 있습니다. 정리할 시간은 1~2분 정도 주고, 시간 내에 생각을 정리하지 못하는 경우에는 다른 사람들의 의견을 듣고 결정해 볼 수 있습니다.

♥ 마음 나누기
• 그들은 나를 이렇게 부릅니다(나의 주변 사람들은 나를 어떻게 부르나요?).

　－ 가족:

　－ 친한 친구:

　－ 그냥 친구:

〈도움돌〉

　'가족'이라는 큰 영역으로 설정한 것은 현대사회에서 가족 구성원의 정형화가 깨지고 있기 때문입니다. 한부모 혹은 조부모 가정에서 살아가는 청소년들이 늘어나고 있기 때문에 그들의 가족 형태가 어떤지 알 수 있는 시간이 되시기 바랍니다.

♥ 마음 정하기
• 그중에서 가장 마음에 드는 명칭은 무엇인가요? 그 이유는 무엇인가요?

〈도움돌〉

　－ 주변에서 자신을 부르는 호칭 중에서 가장 마음에 드는 단어를 쓰게 합니다.
　－ 왜 그것이 마음에 들었는지 설명합니다.

♥ 마음 정리하기
• 이제는 말할 수 있다.
  ＊나는 누구인가? 자신에 대한 생각을 정리해 보기

〈도움돌〉
나를 둘러싸고 있는 주변의 것으로 나를 표현해 보고, 나를 아는 사람들이 나를 어떻게
생각하고 있는지 알아보았습니다. 무엇보다 중요한 것은 하나님은 나를 어떻게 생각하고
있는가 하는 것입니다. 이 과정을 통해 자신은 어떤 사람인지 새롭게 알게 된 것을 중심
으로 정리해 보는 시간을 가집시다. 시간이 짧으면 돌아가면서 피드백하는 시간으로 활
용하고, 시간이 충분하다면 글로 써서 발표해 봅시다.

부록 5

청소년 멘토링 자원봉사 활동

– ○○시 자원봉사센터 청소년 멘토링 사례(자원봉사센터, 2012)

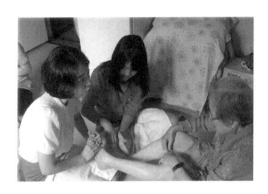

1. 사업 개요

- 사업명: 청소년 멘토링 '꿈의 날개'
- 사업 기간: 2012. 5. 24. (목) ~ 2012. 11. 10. (토)
- 사업 배경: 사회적으로 문제가 되고 있는 '학교폭력, 집단 따돌림, 청소년 자살 등'의 문제에 대한 청소년들의 정서를 지원함과 동시에 타인(멘토)과의 상호작용을 통한 동행 체험 프로그램과 자원봉사 활동 등을 결합시켜 프로그램을 개발하는 것이 필요하다고 판단되었다. 따라서 센터에서는 지역 내 청소년들의 정서 지원 및 문제해결을 위해 청소년 멘토링 '꿈의 날개'를 기획 · 진행하고자 하였다.

2. 주요 사업 내용

- 정서 · 진로 지도: 대학생 멘토와 중 · 고등학생 멘티 간 일대일 정서 및 진로 지도
- 봉사활동(교육, 간담회): 발 마사지 사전교육 이수 후 지역 양로원 발 마사지 봉사활동, 제3세계 빈곤국가 기아 체험 봉사활동
- 문화예술: 과천과학관 천체 관측 '여름밤 천체 프로그램' 체험
- 신체 단련: 어울터 체험학습장에서 서바이벌 게임과 등반 체험

3. 세부 진행 내용

프로그램	사업 진행 내용 및 수행 방법	인 원	일 시
모 집	• 멘토 모집 및 선정 기준 - 지역아동센터, 관내 중학교와 연계하여 대상 학생 추천 요청 - 전문봉사단 및 단체에 청소년 멘토 신청 공문 발송 - 1365 포털사이트, 과천센터 홈페이지에 모집 공고 - 과천시 거주 학부모 중 자원봉사나 청소년 교육에 관심 있는 성인 - 사회복지, 청소년상담 등 관련 분야 전공, 교육 이수 경험이 있는 성인 - 다양한 직업 세계를 소개할 수 있도록 진로 선택에 도움을 줄 수 있는 직장인 - 청소년들의 진로나 학습 설계, 생활 전반에 멘토가 되고 싶은 대학생 • 멘티 모집 및 선정 기준 - 청소년 수련관 대학생 자원활동가 멘토 신청 의뢰 - 1365 포털사이트, 과천센터 홈페이지에 공고 - 지역아동센터, 학교와 연계한 저소득층 중학생 - 학교와 연계한 학교폭력 관련 위기 청소년 중학생 - 1365 포털사이트에 멘토링을 신청한 중학생		6. 25. (월) ~ 7. 6. (금)
홍 보	• 과천시청 홈페이지와 1365포털 사이트, 관내 기관에 공문 발송하여 멘토링 사업 홍보		
면접 및 선발	• 멘티는 지역 유관 기관의 추천을 받아 저소득층 청소년 6명을 선발하고, 9명은 1365 사이트를 통해 선발함 • 심사 과정은 서류, 전화 인터뷰, 개인 면접 등의 방법으로 이루어짐	멘토 15명 멘티 15명	7. 9. (월)
청소년 멘토링 발대식 및 결연식	• 멘토와 멘티의 첫 대면 인사와 결연 인정서, 서약서 등 작성 • 멘토교육(강사 김세광/고신대 교수) - 청소년 멘토링 이해와 멘토의 역할	멘토 10명 멘티 9명 19명	7. 14. (토)
진로 및 정서 지원 1차 멘토링	• 멘티들의 적성에 맞는 진로 찾기와 학교, 가정생활 전반에 걸친 멘토와 멘티 간 일대일 정서 지원 멘토링	멘토 15명 멘티 15명 30명	7. 28. (토), 7. 30. (월) ~ 7. 31. (화)

프로그램	사업 진행 내용 및 수행 방법	인원	일시
자원봉사 활동 (교육)	• 구세군 양로원에 거주하시는 어르신에게 발 마사지를 봉사하기 위하여 발 마사지 전문 봉사자들에게 교육 이수	멘토 11명 멘티 9명 20명	8. 11. (토)
자원봉사 활동	• 세계 빈곤국가의 실정 강의 및 기아 간접체험, 기금 마련 홍보 등 봉사활동에 참여	멘토 4명 멘티 9명 13명	8. 18. (토), 8. 25. (토)
문화예술 활동	• 과천과학관 천체관측소에서 여름밤 별자리 천체 관측 및 우주쇼 관람	멘토 12명 멘티 12명 24명	8. 31. (토)
자원봉사 활동	• 구세군 양로원 어르신들에게 발 마사지 봉사활동과 말벗 봉사를 통해 지역사회 소외계층을 위한 봉사활동	멘토 13명 멘티 10명 23명	9. 8. (토)
체력 단련 활동	• 과천 어울터 체력 단련 체험장에서 등반 체험과 서바이벌 게임에 참가하여 체력 단련	멘토 9명 멘티 11명 21명	10. 20. (토)
진로 및 정서 지원 2차 멘토링	• 멘토링 초기에 설정했던 목표 수행 달성 정도 및 향후 진로, 학습 계획, 사회적·정서적 지지에 대한 멘토링	30명	11. 3. (토)
평가회	• 평가회를 통해 멘토와 멘티의 계속적인 활동 여부와 일지 분석을 통한 동행 프로그램 욕구를 중심으로 질 높은 프로그램 운영 논의 • 그동안의 멘토링 활동을 정리하고 반성할수 있는 시간을 마련, 우수 멘토와 멘티 표창	30명	11. 17. (토)
종결 후 관리	• '꿈의 날개' 프로그램 종결 후에도 동행 프로그램 욕구를 반영한 프로그램 운영, 사례관리 등을 통하여 청소년 문제해결에 기여하고자 함.	-	-

참고문헌

KYC 좋은친구만들기운동(2006). 십대와 친구하기. 서울: 시금치.

강순희(2009). 과학 교육에서 창의적 문제 해결력에 대한 고찰. 한국과학교육학회 2009년
　　도 55차 정기총회 및 동계학술대회. 한국과학교육학회: 학술대회 논문집.

강용원, 이현철(2010). 기독교교육 연구를 위한 질적 연구의 필요성과 활용. 고신신학, 12,
　　223-251.

강지영(2008). 해결중심 집단상담 프로그램이 결손 가정 아동과 일반 가정 아동의 대인 및
　　사회성에 미치는 효과. 전주교육대학교 교육대학원 석사학위 논문.

교육과학기술부(2010). 창의적 미래인재 양성을 위한 교육기부 운동 안내. 교육과학기술부.

교육과학기술부(2012). 13년 학생 정신건강 주요사업 추진계획 발표. 교육과학기술부 보
　　도자료.

권일남(2009). 청소년 활동역량 지표진단지의 표준화와 관련 프로그램 개발. 천안: 국립중앙청소
　　년수련원.

권일남(2010). 청소년의 역량 강화를 위한 창의적 체험활동 그리고 지원방안. 청소년 4개
　　학회 공동정책 토론회. 여성가족부.

권일남 외(2006). 청소년수련활동인증제 효과분석 및 인증기준 개선 방안 연구. 국가청소년위원
　　회, 한국청소년진흥센터.

권일남 외(2007). 인증수련활동 참여 청소년 만족도 조사 및 효과성 측정 방안 연구. 국가 청소년위원회, 한국청소년진흥센터.

권일남 외(2008). 청소년 역량 과 프로그램영역 및 대표 프로그램 개발. 국립중앙청소년수련원.

권일남 외(2009). 청소년의 활동 역량 지표진단지의 표준화와 관련 프로그램 개발. 국립중앙청 소년수련원, 명지대학교.

권일남, 김태균(2009). 청소년의 역량개발을 위한 청소년활동영역구성에 관한 연구. 미래청 소년학회지, 6(3), 67-89.

권일남, 김태균, 최진이, 이상경(2012). 청소년 활동론. 서울: 학지사.

권일남, 오해섭, 이교봉(2010). 청소년 활동론. 고양: 공동체.

권일남, 정철상, 김지호, 김영철(2007). 청소년 활동지도론. 서울: 학지사.

김경준, 오해섭(2011). 청소년의 사회적 참여 활성화를 통한 저소득 가정 아동 지원방안: 청소년의 지 역사회 참여 패러다임 전환을 위한 멘토링 활성화 정책 방안. 서울: 한국청소년정책연구원.

김경준, 오해섭, 정익중, 오미선(2011). 청소년의 사회적 참여 활성화를 통한 저소득가정 아 동 지원 방안 II: 청소년 멘토링 시범사업 운영 및 효과 측정. 서울: 한국청소년개발원.

김경준, 오해섭, 김지연, 정익중, 정소연(2010). 청소년의 사회적 참여 활성화를 통한 저소 득 가정 아동 지원 방안 연구 I: 청소년 멘토링 활동을 중심으로. 서울: 한국청소년 정책연구원

김경준, 오해섭(2011). 청소년의 사회적 참여 활성화를 통한 저소득 가정 아동 지원 방안 II. 서울: 한국청소년정책연구원.

김경준, 오해섭, 김지연, 정익중, 정소연(2010). 청소년의 사회적 참여 활성화를 통한 저소 득가정 아동 지원 방안 연구 I : 청소년 멘토링 활동을 중심으로. 서울: 한국청소년 정책연구원.

김기종(2002). 움직임 발달 프로그램이 아동의 창의성에 미치는 영향. 춘천교육대학교 교 육대학원 석사학위 청구논문.

김남숙, 김승현(2011). 아동청소년멘토링 활성화를 위한 멘토 FGI 연구. 경영교육논총, 67, 387-403.

김세광(2013). 페이스북과 창의적 교수법을 활용한 기독교교육 방법의 새로운 가능성 모색. 신앙과 학문, 18(3), 37-73.

김세웅, 장경로(2005). 멘토링이 대학 스포츠 선수생활 만족과 선수생활 몰입에 미치는 영 향. 한국체육 제6호.

김수미(1996). 메타 인지 개념의 수학 교육적 고찰. 서울대학교 박사학위 논문.

김수임, 윤숙경, 이자명, 신선임, 김은향(2012). 청소년 멘토링 길라잡이. 서울: 학지사.

김수정(2011). 청소년 멘토링 프로그램을 통한 사회적 자본 형성 가능성 탐색. 성균관대학교 석사학위 논문.

김순규, 이재경(2007). 연구논문: 빈곤청소년의 심리·사회적 적응을 위한 멘토링 프로그램의 효과성 연구. 청소년학연구, 14(5), 75-98.

김언주(1998). EQ의 이해. 충남대학생 생활연구, 제25집, 17-3.

김영채(1995). 사고와 문제 해결 심리학: 인지의 이론과 적용. 서울: 박영사.

김영한, 이상우(2007). 피그말리온 리더십. 서울: 렌덤하우스 코리아.

김윤숙(2008). 실제적 지능 향상 프로그램 개발 및 효과성 검증. 한국교원대학교 대학원 박사학위 청구논문.

김이성, 이상원, 조현준(2012). 학교 교육을 위한 기업의 교육기부 참여에 대한 교사의 인식 조사 연구. 한국초등교육, 23, 4.

김인수, 송성자, 정문자, 이영분, 김유숙(1998). 무엇이 좋아졌습니까?. 서울: 동인.

김재춘(2007). 구성주의이론에 나타난 학생의 지식구성 능력의 비판적 검토: Vygotsky 이론을 중심으로. 교육과정연구, 18, 2.

김정휘, 주영숙, 하종덕(2002). 교육 심리학 입문. 서울: 원미사.

김지연(2009). 비행청소년 멘토링 운영을 위한 다기관 협력체제 구축방안 연구: 비행청소년 멘토링 운영지침 개발. 한국청소년개발원 연구보고서, Vol. 2009, No. 1.

김지연(2010). 청소년 멘토링 활동 운영 매뉴얼. 한국청소년개발원 연구보고서, Vol. 2010, No. 12.

김지연(2011). 청소년 멘토링활동 운영 매뉴얼. 서울: 한국청소년정책연구원.

김지영(2003). 학습지원 전략으로서 비계 설정을 활용한 수업설계 방안. 경북대 교육대학원석사학위 논문.

김희정(2007). 문제아동을 위한 해결중심 가족치료의 효과에 관한 연구. 한국가족치료학회지, 15(2), 277-299.

노효진(2007). 학교폭력의 실상과 그 대처방안. 계명대학교 교육대학원.

박서영, 김성웅(2012). 멘토의 자기효능감이 멘토링 프로그램 만족도에 미치는 영향: 코디네이터 역할의 조절 효과 검증. 청소년학연구, 9, 6.

박소연(2007). 지능의 위계적 모형과 실제적 지능의 관계. 숙명여자대학교 대학원 박사학위 청구논문.

박영희(2010). 요양 보호사의 근무환경이 직무 스트레스에 미치는 영향. 대구한의대학교 박사학위 논문.

박종원(1992). 상대론 기초개념 변화에 있어서 초인지 역할. 서울대학교 대학원 박사학위 논문.

박진규(2010). 청소년문화. 서울: 학지사.

박현선(2010). 고위험 청소년을 위한 멘토링 프로그램의 효과 분석: 프로그램 과정 산물의 매개 효과를 중심으로. 한국사회복지연구, 제41권 제1호, 175-201.

박현수(2006). 멘토링사업이 청소년에게 미치는 영향에 대한 연구: 연수구 교육복지투자우선지역 중심으로. 인천대학교 행정대학원 석사학위 논문.

방진희(2004). 저소득 한부모 가정 청소년의 심리·사회 적응향상을 위한 멘토링 프로그램 효과성 연구. 사회복지실천, 4, 113-142.

배현옥(2005). 한국청소년의 학교부적응에 대한 멘토링 효과분석, 동아대학교 사회복지대학원 석사학위 논문.

서울대학교 도덕심리연구실(2003). 성공지능 진단검사 활용 안내서. 서울: (주)대교.

서진환, 이선혜, 신영화(2004). 한국의 가족치료 임상현장: 전국 현장조사. 한국가족치료 어디까지 왔나? 한국가족치료학회 제19회 추계학술대회 발표자료집.

손병규(2010). 비공식적 멘토링 경험이 자아존중감과 대인관계에 미치는 효과 연구. 총신대학교 목회신학전문대학원 목회학과 박사학위 논문.

송인섭(2010). 자기주도학습. 서울: 학지사.

신재한(2006). Vygotsky의 언어 및 사고발달이론에 따른 비계 설정 수업설계 방안. 초등교육연구, 19, 2.

신혜은, 최경숙(2002). 아동의 메타인지 조절의 미시 발생적 변화. 한국심리학회지, 15(2), 33-53.

심혁재(2012). 진로 멘토링에서 멘토가 지각하는 교육적 가치관에 관한 질적연구. 성균관대학교 교육대학원 석사학위 논문.

양현주(1998). 동작교육 방법에 따른 유아의 창의성에 관한 연구. 전남대학교 교육대학원 석사학위 청구논문.

여성가족부(2011). 청소년백서.

여성가족부(2012). 청소년백서.

오미선(2012). 멘티가 지각하는 멘토의 공감능력이 멘토링 관계와 멘티의 자아존중감에 미치는 영향. 명지대학교 일반대학원 석사학위 논문.

오미선, 권일남(2012). 멘토의 공감능력이 멘토링 관계와 멘티의 자아존중감에 미치는 영향. 청소년학 연구.

오정수(2003). 빈곤 아동과 삶의 질: 기회 보장. 한국아동복지학회 제 9외 학술대회 자료집.

오해섭, 김경준, 모상현(2011). 멘토링 운영 매뉴얼 및 교육 프로그램. 서울: 한국청소년정책연구원.

원정숙(2005). Selman의 사회조망 능력(Social Perspective Taking) 기법을 이용한 사례연구. 강남대학교 대학원 사회복지학 석사학위 논문

유성경, 오익수, 안희정, 이소래(1999). 청소년 탈비행화 조력을 위한 효과적인 개입전략 개발. 청소년상담연구, 1-139.

유성경, 이소래(1999). 청소년 탈비행화 조력을 위한 효과적인 개입전략 개발연구. 한국청소년상담원.

유영만(2006). 한국기업의 최근 HRD 혁신과 인재육성 전략: 딜레마 탈출을 위한 변주곡(變奏曲). 한국인적자원개발학회 학술연구발표회 발표논문집, 5-33.

윤대관(2012). 청소년 멘토링프로그램에서 멘토의 성장에 관한 질적 연구. 명지대학교 대학원 석사학위 논문.

이권옥(2005). 성공지능과 학습습관 및 학습 동기와의 관계. 한국교원대학교 교육대학원 석사학위 청구논문.

이난영(2000). 일반청소년과 비행청소년의 심리: 사회적 지지 비교연구. 경기대학교 대학원 석사학위 논문

이동원(1995). 인간교육과 협동학습. 서울: 성원사.

이동혁, 유성경(2000). 한국인의 상담에 대한 태도에 관한 분석적 연구. 한국심리학회지 상담 및 심리치료, 12(2), 55-68.

이복원(2008). 청소년의 애착요인 및 자아존중감이 진로 성숙에 미치는 영향. 숙명여자대학교 대학원 석사학위 논문.

이복희, 김종표, 김지환(2011). 청소년 교육론. 서울: 학지사.

이상경(2010). 청소년수련관 활동프로그램의 역량중심 분류화 분석연구. 명지대학교 대학원 박사학위 논문.

이선경(2008). 과학적 사고에 관한 예비 과학교사와 개념 정교화 과정. 한국과학교육학회지, 28(8), 937-954.

이영옥(2009). 중재교육교수법. 중재교육연구소.

이재희(2001). 고등학생 멘토링 경험과 관계. 충북대학교 대학원 석사학위 논문.

이정규, 나동진, 김진철(2006). 분석지능, 창의지능, 사고양식이 학업 성취도에 미치는 상대적 예측력. 교육방법연구, Vol. 18, No. 1.

이정선(2002). 청소년쉼터의 서비스품질 측정에 관한 연구. 성균관대학교 대학원 석사학위 논문.

이정식(2004). 지능과 창의성의 발달 경향성 분석: 유아기에서 청소년기까지. 경성대학교

대학원 박사학위 청구논문.

이종연(1995). The effects of mentoring on students' self-concepts and future-self images. 조지아 대학교 박사학위 논문.

이지성(2011). 빨간약. 서울: 성안당.

이지은, 이수진(2012). 멘토링 효과에 영향을 미치는 대학생 멘토의 요인. 교육논총, 31.

이창호(2011). 아동의 의사소통 교육. 서울: 양서원.

이현아(2004). 청소년 대상 멘토링에 대하여. 서울신학대학교논문집 제16집, 405-431.

이홍민, 김종인(2003). 핵심역량 핵심인재: 인적 자원 핵심역량 모델의 개발과 역량 평가. 서울: 리드리드출판.

임성애(2011). 초등학생의 성취 목표 지향성과 학습 몰입의 관계에서 학업적 자기효능감의 매개효과. 경북대학교 교육대학원 석사학위 논문.

자원봉사센터(2012). 청소년 멘토링 실무 매뉴얼.

전선영(2012). 가출청소년의 심리 · 사회적 적응을 위한 멘토링 프로그램 효과에 관한 연구. 상담평가연구, 5, 1.

정무성(2005). 청소년 멘토링 프로그램 선호와 참여의지에 관한 연구. 청소년학연구, 12, 2.

정무성, 남석훈(2005). 청소년 멘토링 프로그램 선호와 참여의지에 관한 연구. 청소년학연구.

정문자, 송성자, 이영분, 김유순, 김은영(2008). 해결중심단기치료. 서울: 학지사.

정지영(2005). 성공지능 검사에서의 능력에 대한 성차 연구. 숙명여자대학교 대학원 석사학위 청구논문.

조영미(1999). 학교장면에서의 실제적 지능의 유용성. 이화여자대학교 대학원 석사학위 청구논문.

조재연(2012). 청소년 사전. 서울: 마음의 숲.

조재영(1996). 수학 수업활동 과정에서 학생의 메타인지적 능력 신장 방안 탐색. 한국교원대학교 대학원 박사학위 논문.

조현준, 김이성, 박태윤(2011). 정부 출연 연구기관의 창의적 체험활동 활성화를 위한 교육기부 활동 참여에 대한 교사들의 인식과 요구 분석. 학습자중심교과교육연구, 11, 4.

채형일(2001). 보호관찰대상 청소년을 위한 멘터링 프로그램의 효과성 연구. 서울대학교 대학원 석사학위 논문.

천정웅, 김민, 김진호, 박선영(2011). 차세대 청소년학 총론. 서울: 양서원.

천정웅, 남부현, 김상화(2012). 청소년 멘토링. 서울: 양서원.

최영훈(2009). 신체활동 증진 프로그램이 유아의 놀이성 및 창의성에 미치는 영향. 경희대학교 대학원 박사학위 청구논문.

최윤희(2005). 멘토링 프로그램 효과성에 관한 연구: 청소년 · 미디어 · 기업 연계를 중심으로. 고려대학교 대학원 석사학위 논문.

하대연(2004). R. Sternberg 지능 이론의 발달: 의의, 국내 연구 및 과제. 한국심리학회지: 문화 및 사회문제, *11*(1), 157-180.

하대현(1998). 실제적 지능은 실제로 유용한 개념인가? 암묵적 지식을 중심으로. 산업교육연구, 3, 107-134.

하성민(2001). 비행청소년을 위한 멘터링 프로그램 효과성 연구: 보호관찰대상 청소년을 중심으로. 한림대학교 사회복지대학원 석사학위 논문.

하태정(2013). 창조경제 구현을 위한 과학기술시스템 발전방향. 창조경제 새로운 발전 패러다임. 서울: 경제인문사회연구회.

한국청소년정책연구원(2011). 청소년의 지역사회 참여 패러다임 전환을 위한 멘토링 활성화 정책 방안, 연구보고서.

한국청소년활동진흥원(2012). 청소년 자원봉사 또래 멘토링 봉사활동 담당자 연수 자료집.

한상철(2008). 청소년학: 청소년 이해와 지도. 서울: 학지사.

한정우(2002). 결손가정 청소년을 위한 멘토링 프로그램의 효과 연구. 대구가톨릭대학교 사회복지대학원 석사학위 논문.

허수정(1996). 스포츠 프로그램 참여가 유아의 창의성 발달에 미치는 영향. 이화여자대학교 대학원 석사학위 청구논문.

황희숙(1994). 초인지적 학습전략 훈련이 학습전략 사용 및 독해 과제 수행에 미치는 효과. 부산대학교 대학원 박사학위 논문.

기 사

장윤형(2012. 9. 12). 청소년 자살로 인한 사망률, 10년 새 14% 급증. 쿠키뉴스.

한갑수(2012. 9. 10). 청소년 자살 · 우울 상담건수 급증. 파이낸셜뉴스.

Adams, J. F., Piercy, F. P., & Jurich, J. A. (1991). Effects of solution-focused therapy's 'Formula first session task' on compliance and outcome in family therapy. *Journal of Marital and Family Therapy, 17*(3), 277-289.

Ames, C. A. (1992). Classrooms: Goals, structures, and student motivation. *Journal of Educational Psychology, 84*(1), 261-271.

Anderson, F., & Shannon, A. (1995). Measuring the impact of product mix heterogeneity on manufacturing overhead cost (The Accounting Review).

Anderson, H., & Goolishian, H. (1992). The client is the expert: A not-knowing approach to therapy. In S. McNamee & K. Gergen (Eds.), *Therapy as social construction*. Newbury Park: Sage Publications.

Bandura, A. (1977) *Self efficacy: Toward a unifying theory of behavioral change*. Psychological Review, 84(2), 191-215.

Bandura, A. (1982). *Self efficacy Mechanism in human agency*, American Psychologist, 37, 122-147.

Bandura, A. (1986). *Social foundation of thought and action: A social cognitive theory*. Englewood Cliffs, NJ: Prentice Hall.

Bandura, A. (1993). peceived Self efficacy in cognitive Development and Functioning. *Educational Psychologist*, 28(2), 117-148.

Bandura, A. (1997a). *Leadership and performance beyond expectations*. New York: Free Press.

Bandura, A. (1997b). *Self-efficacy: The exercise of control*. New York: W. H. Freeman.

Bandura, A. (2004). 변화하는 사회 속에서의 자기효능감 (윤운성 역). 서울: 학지사.

Bandura, A., & Wood, R. (1989). Effect of perceived control ability and performance standards on self-regulation of complex decision making. *Journal of Personality and Social Psychology*, 41, 586-589.

Berg, I. K. (1994). *Family based service: A solution-focused approach*. New York: Norton.

Berg, I. K., & de Shazer, S. (1993). Making numbers talks: Language in therapy. In S. Friedman (Ed.), *New language of change*. New York: Guilford.

Berlew, D. E., & Hall, D. T. (1966). The socialization of managers: Effects of expectations on performance. *Administrative Science Quaterly*, 11, 207-223.

Blanchard, K. (2005). 칭찬은 고래도 춤추게 한다 (조천제 역). 서울: 21세기북스.

Brameld, T. (1955). *Philosophies of education in culture perspective*. New York: The Dryden Press.

Bronfenbrenner, U. (1974). Developmental research, public policy and the ecology of childhood. *Child Development*, 45, 1-5.

Bronfenbrenner, U. (1977). Toward an experimental ecology of human development.

American Psychologist, 32, 513-531.

Bronfenbrenner, U. (1979). *The ecology of human development: Experiments by nature and design.* Cambridge, MA: Havard University Press.

Bronfenbrenner, U., & Crouter, A. C. (1983). The evolution of environmental model in developmental research. In P. H. Mussen (Ed.), *In Handbook of Child Psychology.* New York: John Wiley & Sons.

Brookover, B. W. (1969). Review Note-Pygmalion in the classroom: Teacher expectation and pupils' intellectual development. *American Sociological Review, 34*, 283.

Brown, A. (1987). Metacognition, Executive control, self-regulation, and other more mysterious mechanisms. In F. E. Weinert & R. H. Kluwe (Eds.), *Metacognition, motivation and understanding.* Hillsdale, NJ: Lawrence Erlbaum Associates, 65-116.

Brown, A. C., Branford, J. D., Ferrara, R. A., & Champion, J. C. (1983). Hearing, Remembering and Understanding. In P. H. Mussen (Ed.), *Handbook of Child Psychology.* New York: John Wiley & Sons.

Bruner, J. S. (1976). *Play: its role in development and education.* New York: Basic books.

Chapman, G. B., & McCauley, C. (1993). Early career achievements of National Science Foundation(NSF) graduate Applicants: looking for pygmalion and Galatea effects on NSF winners. *Journal of Applied Phychology, 78*(5), 815-820.

Chrystal, C. A. (1988). Ecological perspectives on emotional disturbance. *Journal within a Journal: ERIC Document Reproduction* NO. ED 307-728.

Coleman, M., Rowland, B., & Robinson, B. (1990). Latchkey children and school-age child care: A review of programming needs. *Child and Youth Care Quarterly, 18*(1), 39-48)

Conway, C. (1995). Mentoring Managers in Organisations. *Equal Opportunities International, 14*(3/4), 1-52.

Crawford, K. S., Thomas, E. E., & Fink J. J. (1980). Pygmalion at the sea: Improving the work effectiveness of low performers. *The Journal of Applied Behavioral Science, 16*, 482-503.

Cross, D. R., & Paris, S. G. (1988). Developmental and Instructional Analyses of Children's Mentacognition and Reading Comprehension. *Journal of Educational Psychology,*

80(2), 131-142.

Csikszentmihalyi, M. (1975). *Beyond boredom and anxiety*. San Francisco: Jossey-Bass.

Csikszentmihalyi, M. (1988). *Optimal experience: Psychological studies of flow in consciousness*. Cambridge: Cambridge University Press.

Csikszentmihalyi, M. (1990). *Flow: The psychology of optimal experience*. New York: Harper and Row.

Csikzentmihayli, M. (1996). *Creativity: flow and the psychology of discovery and invention*. New York: Harper Collins.

Csikzentmihayli, M. (2004). 몰입 (최인수 역). 서울: 한울림.

De Jong, P., & Hopwood, L. E. (1996). Outcome research on treatment conducted at the brief family therapy center, 1992-1993. In S. D. Miller, M. Hubble & B. L. Duncan. *Handbook of solution focused brief therapy*. San Francisco: Jossey-Bass.

de Jong, P., & Miller, S. (1995). How to interview for client strengths. *Social Work, 40*(6), 729-736.

de Shazer, S. (1984). The death of resistance. *Family Process, 23*, 11-21.

de Shazer, S. (1988). *Clues Investigating solution in brief therapy*. New York: Norton.

de Shazer, S., & Molnar, A. (1984). Four useful interventions in brief family therapy. *Journal of Marital and Family Therapy, 10*, 297-304.

Denny, N. W., & Palmer, A. M. (1981). *Adultage differences on traditional and practical problem-solving measures. Journal of Gerontology, 36*, 323-328.

Dunphy, L. (2008). Developing pedagogy in infant classes in primary schools in Ireland: learning from research. *Irish Educational Studie, 27*(1), 55-70.

Dweck, C. S. (1986). Motivational processes affecting learning. *American Psychologist, 41*(10), 1040-1048.

Dweck, C. S. (2008). 학습동기를 줄여 주는 공부원리 (차명호 역). 서울: 학지사 (원전은 2000년 출판)

Dweck, C. S., Chiu, C., & Hong, Y. (1995). Implicit theories and their role in Judgements and reactions: A world two perspectives. *Psychological Inquiry, 6*, 267-285.

Dweck, C. S., & Leggett, E. L. (1988). A social cognitive approach to motivation and personality. *Psychological Peview, 95*(2), 256-273.

Eden, D. (1990a). Consultant as a Messiah: Applying expectation effects in managerial consultation. *Consultation*, *9*, 37-50.

Eden, D. (1990b). Pygmalion without interpersonal contrast effects: Whole groups gain from raising manager expectations. *Journal of Applied Psychology*, *75*(4), 394-398.

Eden, D. (1992). Leadership and expectation: pygmalion effects and other self: fulfilling prophecies in organization. *The Leadership Quarterly*, Volume 3, 271-305.

Eden, D., & Aviram, A. (1993). Self expectancy training to spped reemployment: Helping people to help themselves. *Joural of Applied Psychology*, *78*(30), 352-360.

Eden, D., & Kinnar, J. (1991). Modeling Galatea: Boosting self efficacy to increase volunteering. *Journal of Applied Psychology*, *76*(6). 770-780.

Eden, D., & Shani, A. B. (1979). *Pygmalion goes to boot camp: Expectancy, leadership, and trainee performance*. Paper presented at the meeting of the American Psychological Association, New York.

Eden, D., & Zuk, Y. (1995). Seasickness as a self fulfilling prophecy: Raising self efficacy to boost performance at sea. *J Pygmalion*, *80*(5), 628-635.

Elliot, A. J., & McGregor, H. A. (1999). Test anxiety and the hierarchical model of approach and avoidance achievement motivation. *Journal of Personality and Social Psychology*, *76*(4), 628-644.

Elliot, A. J., & Mcgregor, H. A. (2001). A 2×2 archivement goal framework. *Journal of Personality and Social Psychology*, *80*(3), 501-519.

Erikson, E. H. (1959). *Identity and The Life Cycle*. New York: International University Press.

Flavell, J. H. (1979). Metacognition and Cognitive Monitoring: A New Area of Cognitive-Developmental Inquiry. *The American Psychologist*, *34*(10), 906-911.

Flavell, J. H., Miller, P. H., & Miller, S. A. (2003). 인지발달 (정명숙 역). 서울: 시그마프레스.

Frankl, V. E. (1967). *The will to meaning: Foundations and Applications of Logotherapy*. New York: New American Library.

Frankl, V. E. (1986). *The doctor and the soul: From psychotherapy to logotherapy*. New York: Vintage Books.

Frankl, V. E. (1995). 죽음의 수용소에서 (김충선 역). 서울: 청아출판사.

Frankl, V. E. (2003). 삶의 의미를 찾아서 (이희재 역). 아이서브.

Frankl, V. E. (2005). 삶의 의미를 찾아서 (이시형 역). 서울: 청아출판사.

Gardner, H., Krenchevsky, M., Sternberg, R. J., & Okagaki, L. (1994). *Intelligence in context: Enhancing students' practical intelligence for school*. In K. Mcgilly (Ed.), Classroom lessons: Integrating cognitive theory classroom practice. The MIT Press.

Garofalo, J., & Lester, F. K. (1985). Metacognition, cognitive monitoring, and mathematical performance. *Journal for Research in Mathematics Education*, *16*(3), 163-176.

Gingerich, W, J., & Eisengart, S. (2000). Solution-Focused Brief Therapy: A review of the outcome research. *Family Process*, *39*(4), 477-498.

Giono, J. (2005). 나무를 심은 사람 (김경온 역). 서울: 두레.

Goleman, D. (2011). SQ 사회지능 (장석훈 역). 파주: 웅진지식하우스.

Hetherington, E. M., & Parke, R. D. (1993). *Child psychology: A contemporary viewpoint*. New York: McGraw-Hill.

Howe, J. (2012). 크라우드소싱: 대중의 창조적 에너지가 비즈니스의 미래를 바꾼다 (박슬라 역). 파주: 리더스북.

Jeikielek, S. M., Morre, K. A., Hair, E. C., & Scarupa, H. (2002). mentoring: A promising strategy for youth development. Child Trends Research Brief series. Washington, DC: Child Trends.

Johnson, D. W., & Johnson, R. T. (1975). *Learning Together and alone: cooperation, competition, and indivisualization*. Englewood Cliffs, NJ: prentice Hall.

Johnson, D. W., & Johnson, R. T. (1989). *Cooperation and competition: Theory and research*. Edina, MN: Interaction Book Company.

Johnson, D. W., & Johnson, R. T. (1999). *Learning Togather and Alone: Cooperation, Competition, and Individualization*. Boston: Allyn and Bacon.

Johnson, S. (2007). 멘토 (안진환 역). 서울: 비즈니스북스.

Jones, L. B. (2007). 기적의 서명선언문 (송경근 역). 서울: 한언.

Judy, M. K., Carl, J., & Mark, H. (2007). mentoring: Theory and Practice.

Karcher, M. J. (2005). The effect of developmental mentoring and high school mentors' attendance on their younger mentees' self-esteem, social skills, and connectedness. *Psychology in the Schools, Vol. 42, No. 1*, 65-77.

Karcher, M. J. (2009). Increases in academic connectedness and self-esteem among high school students who serve as cross-age peer mentors. *Professional School Counseling, 12*(4), 292-299.

Karcher, M. J., Davidson, A., Rhodes, J. E., & Herrera, C. (2010). Pygmalion in the program: The role of teenage peer mentors' attitudes in shaping their mentees' outcomes. *Applied Developmental Sciences, 14*(4), 1-16.

King, A. S. (1970). Mangerial relations with disadvantaged work groups: supervisory expectations of the underprivileged worker. Unpublished doctoral dissertation, Texas tech university.

King, A. S. (1974). Expectation effects in organizational change. *Administrative Science Quarterly, 19*, 221-230.

Kram, K. E., & Isabella, L. A. (1985). Mentoring Alternatives: The Role of Peer Relationships in Career Development. *The Academy of Management Journal, 28*(1), 110-132.

Lethem, J. (1994). *Moved to tears, moved to action: Solution focused brief therapy with woman and child.* London: B.T.

Lethem, J. (2002). Brief solution focused therapy. *Child and Adolescent Mental Healyh, 7*(4), 182-192.

Lewin, K. (1935). *A Dynamic Theory of Personality.* New York: McGraw Hill.

Massimini, F., & Carli, M. (1986). La selezione psicolocica umana trabiologia ecultura. In F. Massimini & P. Imghilleri (Eds.), *L' Esperienza quotidiana: Teoria eme to do d' analisi.* Milan: Franco Angeli.

Mcleod, J., & Shanahan, M. (1993). Poverry, parenting and children's mental health. *American Sociologicl Review, 58*, 351-366.

Merton, R. K. (1948). The self fulfillling prophecy. *Antioch Review, 8*, 193-210.

Nelson, T. O., & Narens, L. (1994). Why Investigate Metacognition? In J. Metcalfe & A. P. Shimamura (Eds.), *Metacognition: Knowing about knowing.* Cambridge, Mass: MIT Press, 1-25.

Nichols, M., & Schwartz, R. (2001). 가족치료: 개념과 방법 (김영애, 정문자, 송성자, 제석봉, 심혜숙, 김정택, 정석환, 김계현 역). 서울: 시그마프레스.

O' Connor, J. (2000). Bibliometric analysis of pedagogy literature in adapted physical activity. Texas Woman' s University.

O' Hanlon, W. H., & Weiner-Davis, M. (1989). *In search of solutions: A new direction in psychotherapy*. New York: Norton.

Parry, S. B. (1996). The quest for competencies: Competency studies can help you make HR decision, but the results are only as good as the study. *Training, 33*(7), 48–56.

Parsloe, P. (Ed.) (1999). *Risk assessment in social care and social work*. London: Jessica Kingsley Publishers.

Pintrich, P. R. (2000). Multiple goals, multiple pathways: The role of goal orientation in learning and achivement. *Journal of Educational Psychology, 92*, 544–555.

Pintrich, P. R., & DeGroot, E. V. (1990). Motivational and self-regulated learning components of classroom academic performance. *Journal of Educational Psychology, 82*(1), 33–40.

Polaschek, L., & Polaschek, N. (2007). Solution-focused conversations: A new therapeutic strategy in well child health nursing telephone consultations. *Journal of Advanced Nursing, 59*(2), 111–119.

Reuven, F. (1980). *Instrumental enrichment*. Illinois: Scott, Foreman and Company.

Rhodes, J. E. (2005). A model of youth mentoring, handbook of youth mentoring. In D. L. DuBois & M. J. Karcher (Eds.). Thousand Oaks, CA: Sage Publication.

Rhodes, J. E. (2007). Fostering Close and Effective Relationships in Youth Mentoring Programs, Research in Action.

Rhodes, J. E., Grossman, J. B., & Resch, N. L. (2000). Agents of Change: Pathways through which mentoring relationships influence adolescents' academic adjustment. Child development.

Rokeach, M. (1950). The effect of perception time upon rigidity and concreteness of thinking. *Journal of Experimental Psychology, 40*, 206–216.

Rosental, R., & Jacobson, L. (1968). *Pygmalion in the classroom: Teacher expectation and pupils' intellectual development*. New York: Holt, 4Rinehart & Winston.

Schank, R. C. (2007). *Cave man educational technology. e-learning innovation and global cooperation in the digital era*. proceedings of 'e-Learning Global Leaders Conference, 2007', COEX, Seoul, sep. 19–20, 2007, KERIS, pp. 41–53.

Schoenfeld, A. H. (1987). What's all the fuss about metacognition? In A. H. Schoenfeld (Ed.), *Cognitive science of mathematics education*. Hillsdale, NJ: Lawrence Erlbaum Associates, 189–215.

Schultz, D. (1992). 성장심리학 (이혜성 역). 서울: 이화여자대학교 출판부.

Selekman, M. D. (1997). *Solution focused therapy with children*. New York: The Guilford Press.

Selman, R. L. (1980). *The growth of interpersonal understanding: Developmental and clinical analyses*. New York: Academic Press.

Shere, M., Maddux, J. E., Mercandante, B., Prentice Dunn, S., Jacobs, B., & Rogers, R. W. (1982). The self efficacy scale: Contruction and validation. *Psychological Reports, 51*, 663-671.

Spencer, L., & Spencer, S. (1993). *Competence at work: Models for superior performance*. New York: John Wiley & Sons.

Spencer, R. (2006). Understanding the mentoring process between adolescents and adults. *Youth & Society, 37*(3), 287-315.

Sternberg, R. J. (1985). Beyond IQ: *A triarchic theory of human intelligence*. New York: Cambridge University Press.

Sternberg, R. J. (1999). The theory of successful intelligence. *Review of general psychology, 3*, 292-316.

Sternberg, R. J., & Grigorenko, E. (2000). *Teaching for successful intelligence: To increase student learning and achievement*. Skylight training and publishing Inc.

Sternberg, R. J., & Lubart, T. I. (1995). *Defying the crowd*. New York: The Free Press.

Sternberg, R. J., Okagaki, L., & Jackson, A. S. (1990). Practical intelligence for success in schools, *education leadership, 48*(1), 35-39.

Sternberg, R. J., & Wagner, R. K. (1986). *Practical intelligence: Nature and origins of competence in the every world*. New York: Cambridge University Press.

Sternberg, R. J., Ferrari, M., Clinkenbeard, P. R., & Grigorenko, E. L. (1996). Identification, instruction, and assessment of gifted children: A consturct validation of a triarchic model. *Gifted Child Quarterly, 40*, 129-137.

Sternig, P. J. (1984). Finding meaning in existential guilt. *The international Forum for Logotherapy, 7*, 46-49.

Stoddard, D. A. (2005). 마음으로 하는 멘토링 (박경철 역). 서울: 국제제자훈련원.

Tietjen, A. M. (1989). The ecology of children's social support networks. In D. Belle (Ed.), *Children's social networks and social support*. New York: Jhon Wiley & Sons.

Tomlinson, C. A. (1999). Mapping a route toward differentiated instruction. *Educational Leadership*, 57(1), 12-16.

Tomlinson, C. A. (2001). *How to differentiate instruction in mixed ability classroom* (2nd ed.). Alexandira, VA: ASCD Publication.

Tomlinson, C. A. (2005). How to Differentiate Instruction in Mixed. *Ability Classrooms* (2nd ed.). Upper Saddle River, NJ: Pearson, Merrill Prentice Hall.

Tomlinson, C. A., & McTighe, J. (2006). *Integrating differentiated instruction and understanding by design*. Alexandria, VA: Association for Supervision and Curriculum Development.

Urdan, T. C., & Maehr, M. L. (1995). Beyond a two-goal theory of motivation and achivement: A case for social goals. *Review of Educational Research*, 65(3), 213-243.

Vivino, B. L., Thompson, B. J., Hill, C. E., & Ladany, N. (2009). Compassion in psychotherapy: The perspective of therapists nominated as compassionate. *Psychotherapy research : journal of the Society for Psychotherapy Research*, 19(2), 157-171.

Vygotsky, L. S. (1986). *Thought and language*. Massachusetts: The MIT Press.

Vygotsky, L. S. (1987). Thinking and speech(N. Minick, Trans). In R. W. Rieber & A. S. Carton (Eds.), *The collected works of L. S. Vygotsky: Volume 1: Problems of general psychology*. New York: Plenum.

Vygotsky, L. S. (2009). 마인드 인 소사이어티 (배희철, 김용호 공역). 서울: 학이시습.

Vygotsky, L. S. (2011). 생각과 말 (정회욱 역). 서울: 살림터.

Wallace, B., & Adams, H. (Eds.) (1993). *Worldwide perspectives on the gifted disadvantaged*. Bicester, Oxford, UK: AB Academic Publishers.

William, S. A., Denny, N. W., & Schadler, H. (1983). Elderly adult, preception of their own cognitive development during the adults years. *International journal of aging and human development*, 16, 147-158.

Zachary, L. (2000). *The mentor's facilitating effecning relationships*. San francisco: Jossey-Bass.

참고 사이트

http://blog.naver.com/peerd?Redirect=Log&logNo=120043812749

http://doing2learn.eu/en/mentoring-handbook

http://goham20.com/254

http://k.daum.net/qna/view

http://news.kukinews.com/article/view.asp?page=1&gCode=cul&arcid=0006432535&
    cp=nv

http://news.naver.com/main/read.nhn?mode=LSD&mid=sec&oid=014&aid=00027208
    52&sid1=001

http://speralist.blog.me/120132885408

http://www.12manage.com/

http://www.12manage.com/methods_mentoring_ko.html

http://www.dcnews.in/news_list.php?code=society&id=303556

http://www.mentoringgroup.com/trainingoptions.html

찾아보기

〈 인명 〉

〈 내용 〉

저자 소개

• **권일남**
　서울대학교 대학원 교육학 박사
　서울시의회 정책위원
　현 명지대학교 청소년지도학과 교수
　　명지대학교 사회교육대학원 군상담심리사 특별과정 주임교수
　　여성가족부 청렴옴부즈만위원
　　법제처 국민법제관
　　안전행정부 지방행정연수원 겸임교수
　　서울시 청소년육성위원
　　한국스카우트연맹 중앙이사
　　서울, 경기 청소년특별회의 추진단장

〈주요 저서〉
청소년활동론: 역량개발중심(공저, 학지사, 2012), 군 상담심리학개론(공저, 교육과학사, 2011), 청소년활동지도론(공저, 학지사, 2008) 등

• **마상욱**
　명지대학교 대학원 청소년지도학 교육학 박사
　현 (사)청소년불씨운동대표
　　명지대청소년활동연구소 이사
　　YSM평생교육원장
　　다중지능연구소 연구위원 청소년멘토
　　극동방송 클릭비전 '비전노트' 진행
　　파워캠프연구소장, 크자캠프연구소장

〈주요 저서〉
크자멘토링(YSM출판부, 2013) 크자 멘토링: 숨겨진 나 발견하기(공저, YSM출판부, 2013), 숨겨진 나 발견하기(공저, 소야, 2009), 청소년을 위한 행복한 리더십(소야, 2009), 아빠가 쓴 서른세 번째 편지(소야, 2009) 등

• 김세광

　명지대학교 대학원 청소년지도학 교육학 박사
　청소년정책연구원 집필 및 위촉연구원
　멘토, 멘티 교육 프로그램 및 청소년 시민역량 프로그램 개발
　현 고신대학교 기독교교육과 조교수
　　청소년멘토링 프로그램 개발 전문가
　　회복적 정의 워크숍 전문가 및 강사(한국평화교육훈련원)

〈주요 저서〉
학교폭력 예방 및 대책(공저, 학지사, 2014), 크자멘토링: 숨겨진 나 발견하기(공저, YSM, 2013),

청소년을 위한
멘토링 이해와 실제

2014년 2월 20일 1판 1쇄 발행
2014년 8월 20일 1판 2쇄 발행

지은이 • 권일남 마상욱 김세광
펴낸이 • 김 진 환
펴낸곳 • (주) **학지사**

      121-838 서울특별시 마포구 양화로 15길 20 마인드월드빌딩 5층

대표전화 • 02) 330-5114   팩스 • 02) 324-2345

등록번호 • 제313-2006-000265호

홈페이지 • http://www.hakjisa.co.kr
커뮤니티 • http://cafe.naver.com/hakjisa

ISBN 978-89-997-0278-5 93370

정가 16,000원

저자와의 협약으로 인지는 생략합니다.
파본은 구입처에서 교환하여 드립니다.

이 도서의 국립중앙도서관 출판시도서목록(CIP)은 서지정보유통지원시스템
홈페이지(http://seoji.nl.go.kr)와 국가자료공동목록시스템(http://www.nl.go.kr/kolisnet)
에서 이용하실 수 있습니다.
(CIP제어번호: CIP2014005384)